실패 없는 젠더 표현 가이드북

실패 없는 젠더 표현 가이드북

혼잣말도 바꾼다

일본신문노련 젠더 표현 가이드북
편집팀 지음

조지혜 옮김

차례

2장 웹에서 일어나는 일: 변화하고 변화할 수 있는 의식과 규칙

3장 성폭력 보도 현장에서

추천사

수많은 실패가 모여

이혜미 『한국일보』 기자
젠더 뉴스레터 '허스펙티브'

뉴스룸은 언어의 전장(戰場)이다. 매일 같이 어떤 표현을 쓸 것인가를 두고 사투가 벌어진다. 의혹이라고 여지를 남길 것인지, 비리라고 단정 지을 것인지, 혹은 범죄 사실에 대해 어디까지 표현할 것인지, 어떤 이슈가 '오늘' 얼마나 중요한 가치가 있어 얼마만큼의 분량으로 작성해 지면의 어디 즈음에 배치할 것인지 등 매 순간 뉴스룸 구성원의 판단을 요한다. "이것도 기사라고 썼냐", "발로 써도 이것보단 낫겠다" 등 비난을 하루에도 몇 번씩 마주하게 되는 '언론 불신의 시대'임은 틀림없지만, 언론사 밥을 10년 가까이 먹고 있는 나는 확신한다. 제대로 된 언론사에서 만들어내는 기사라는 상품은, 기실 무척 정교한 집단 사고 시스템이 만들어낸 협업의 산물이라는 것을.

'신문지'를 스마트폰의 스크린이나 노트북 모니터가 대체한 지는 오래. 하나의 기사에 독자는 1분 남짓 머물 뿐이지만, 그 1분을 위해 기사가 만들어지는 과정은 대강 이렇다.

현장에서 기자가 팩트를 건져 올려 200자 원고지 기준

5-10매 상당의 기사를 출고하고, 데스크는 제1의 독자가 되어 기사를 다듬는다. '데스킹'은 단순히 윤문 과정만을 의미하지 않는다. 기사의 논리 구조에 빈틈이 없는지, 빠트린 팩트는 없는지, 표현에 윤리적 문제가 있지는 않은지 등을 총체적으로 판단하는 일이다. 데스크 승인 후 교열 작업까지 마치면, 기사는 이제 거의 완제품의 모습을 갖춘다. 하지만 마지막 단계가 남았다. 바로 편집이다. 지면만 발행할 때에는 편집 기자가 레이아웃을 짜고 큰 제목과 부제를 단다. 기사의 핵심과 새로운 사실을 정확하게 간파해 명료하게 표현해내는 것이 편집 기자의 일. 이 책의 2장 「웹에서 일어나는 일」에서 상세하게 설명되었듯, 디지털 시대에 이르러서는 웹 편집 과정을 별도로 거친다. 예컨대 지면 기사에는 '미국'을 '美'로 축약해서 표기했을지언정, 한자에 익숙하지 않은 누리꾼들과 포털 검색 시스템 등을 고려해 '미국'으로 바꿔쓰는 식의 온라인 편집이 추가된 것이다. 즉, 하나의 기사가 출고되기까지 적어도 너덧의 손을 거치게 된다. 그야말로 '노동집약적'인 과정이다.

그 말인즉슨, 뉴스룸에서 생산하는 기사의 많은 요소가 '사람'에게 달려 있다는 얘기다. 이 지점에서 젠더 표현은 결코 예외가 될 수 없으며, 최근 들어 더욱 빈번하게 논쟁이 벌어지는 최전선이다. 한국 사회의 여느 조직과 다름없이, 언론사 역시 구성원의 성인지감수성이 균일하지 않은 터라 단어 하나, 혹은 제목 표현을 두고 내부 토론이 치열하다(물론 오늘날 척박해진 저널리즘 환경 아래, 토론 문화와 저널리즘에 대한 고집이 살아 있는, 혹은 가치를 고민할 여유가 있는 일부 언론사에서만 볼 수 있는 광경일지도 모른다).

이 과정을 알지 못한 채 기사라는 결과물만 본 독자들은 아마 자주 이런 황당한 생각을 했을 것이다. '왜 같은 언론사인데도 기사마다 표현과 관점이 이렇게 천차만별인 거야?' 답은 간단하다. 기사는 '누구'의 손을 거쳐 만들어졌느냐에 따라 관점, 표현, 분량 면에서 상당히 다른 모습으로 만들어지는 상품인 것이다.

'젠더 표현'을 둘러싼 3개의 꼭짓점

2021년부터 『한국일보』 젠더 뉴스레터 '허스펙티브'를 발행하기 시작했다. 회사 내 주 업무는 아니었다. 『경향신문』, 『부산일보』 등 몇몇 매체에서는 '젠더 데스크'라는 보직을 마련했다. 앞서 언급했던 뉴스룸 내 균일하지 못한 젠더 감수성을 보완하기 위한 자리이다. 『한겨레』는 젠더팀을 운용하고 있다. 'N번방', '딥페이크 성범죄' 등 산적한 젠더 관련 의제를 면밀히 다루려 애쓰는 매체와 팀, 그리고 기자들이 눈에 띄기 시작했고, 실제로 우수한 기사들을 써냈다.

이를 바라보며 당시엔 무엇이든 '해야 한다'고 생각했던 것 같다. 2015년 기자 생활을 시작한 뒤, 2016년 강남역 살인 사건을 마주했고, 2018년 혜화역 앞 수만 명의 여성들이 집결해 불법 촬영 규탄 시위를 벌일 때에는 현장 취재도 나섰다. 그뿐만 아니라 여성 직능인으로 살아가면서 피부로 느낀 바도 적지 않았다. 여성학에 깊게 심취한 대학생은 아니었지만, '생각하는 여성'이라면 필경 깨달을 수밖에 없는 한국 사회의 성차별과 여성 억압을 목격하면서 페미니즘은 나의 삶으로 들어왔다. 기자로서 낮에는 조직 내에서 맡은 본업을 하되, '가욋일'로 젠더 뉴스레터를 발행하기 시작했다.

만 3년 가까운 시간 동안 젠더 뉴스레터를 홀로 이끌어 오면서 조직 안팎에서 어려움이 없었다면 거짓말일 것이다. 하지만 뉴스레터 업무가 자아내는 감정의 80퍼센트는 기쁨과 보람, 사명감 같은 것들이다. 1만 명을 훌쩍 뛰어넘은 독자를 확보하고, 기존의 뉴스 생산 체계에서 누락되기 쉬운 젠더 관점을 이렇게나마 메운다는 직업적 자부심이 '사서 하는 고생'을 감당하는 원천이 됐다.

젠더 표현에 섬세한 접근을 고민하는 기자는 '젠더 표현'을 둘러싼 3개의 꼭짓점이 만들어내는 삼각형 안에 갇혀 매일 같이 팽팽한 줄타기를 한다. 그 세 꼭짓점으로 말할 것 같으면, 1 시대의 변화를 쉽사리 따라가지 못하는 뉴스룸 조직, 2 기자가 사회 보다 몇 걸음은 더 앞서나가기를 바라는 고관여 독자들, 3 변화의 맥락을 모두 따라가기는 버겁거나, 다른 안건에 더 가중치를 두는 일반 독자들이다. 이 세 주체가 만들어내는 긴장감 사이 어딘가 놓인 기자는 자신의 역할을 두고 끝없이 번뇌한다.

> '하나의 기사를 써내기 위해 경합하는 표현 중 어떤 것을 택해야 하는가. 표현이 의식을 지배한다면, 넓게 통용되는 표현보다 조금 더 올바르지만 다소 급진적인 표현을 채택해도 되는가.

> 그것을 택했을 때에 조직 내 동의하지 않는 구성원을 어떤 전략으로 설득할 것인가. 그 과정에서 조직 내의 공격에서 스스로를 어떤 논리로 방어하고 의견을 관철할 수 있을 것인가. (채택 시) ③의 독자들에게 그간의 사회 논의가 진행되어온 맥락을 어떻게 충분히 전달하면서 명확하고 간결한 기사를 써낼 수 있을 것인가. (채택하지 않을 시) 젠더 표현을 고민하는 기자에게 조금은 선도적인 역할을 기대하는 ②의 독자들이 반감을 가져 이탈할 가능성을 차단하면서도, 동시에 이 같은 선택을 설득할 수 있을 것인가.'

저널리스트로서의 나, 여성으로서의 나, 페미니스트로서의 나, 그리고 한 회사의 조직원으로서의 나라는 정체성이 켜켜이 쌓이는 가운데, 그 어느 것 하나도 훼손하지 않으면서 떳떳한 결정을 매 순간 내리는 것. 그것이 저널리즘 속에서 젠더 감수성의 영토를 넓히는 기자의 몫이라고 생각한다. 이 지난한 과정이 자아내는 20퍼센트의 감정은 '혼란'과 '곤란'이다.

하나의 예를 함께 보자. 아래는 '임신중지권'을 다룬 어느 날의 뉴스레터 중 한 대목을 그대로 발췌했다.

임신중지? 낙태?

> 허스펙티브는 일관적으로 '임신중지'라는 표현을 쓰고 있습니다. 다만 허스펙티브 자체 콘텐츠가 아닌, 다른 한국일보 기사의 경우 수정 권한이 없기 때문에 '낙태'라는 표현을 그대로 가져오고

있습니다.

영어사전에서 '낙태'를 검색하면 abortion이라는 결과가 나와요. 예컨대 임신중지권 운동을 벌이는 외신의 기사에는 abortion이라는 표현이 나오지만, 이를 번역한 한국 기사는 모두 낙태라고 표현하죠. 왜냐하면 출산을 하지 않기로 결정한 여성의 그 행위 자체에 대한 사전상 단어가 '낙태'이기 때문이에요.

낙태는 한자어로 落胎. 말 그대로 태아를 떨어트린다는 겁니다. 으스스하죠? 그럼 원래 단어인 abortion의 어원은 어떨까요. 저는 언어학자는 아니지만, 인터넷을 통해 추정해본 라틴어 단어의 뿌리는 이렇습니다. ab(아니다)+orio/oriri (존재) 혹은 aboriri(miscarry/실패하다, 무산하다)로부터 현재의 abort/abortion이라는 단어가 유래한 것으로 보입니다. 존재가 사라지다, 없어지다 혹은 실패하다 같은 '무산'의 뉘앙스는 있지만, 낙태라는 표현처럼 '태아를 떨어뜨리다'는 강력한 편견을 담고 있지 않습니다. '낙태'가 임신한 여성의 상황과 처지, 건강은 고려하지 않은 채 모성애와 죄책감만 강요하는, 가부장적 규범이 강하게 작동하는 표현인 이유입니다. 미국 내에서는 한 발자국 더 나아가 '임신중지' (abortion)와 '재생산권/생식권'(reproductive rights)이라는 단어 사이에서 팽팽한 긴장감이 있습니다. 다만 여러 차례 뉴스레터에서도 말씀드렸듯, 허스펙티브는 언어라는 틀에 너무 매몰되는 태도도 지양합니다. 무척 필요한 이야기인데, 언어가 예민하지 않다고 해서 내용 자체를 부정하는 것은

> 여성들의 세계를 확장하는 데에 별 도움이 되지 않는다고 생각하기 때문입니다. 우리가 쓰는 언어는 예민하고 섬세하게 조율하려 노력할게요. 하지만 이따금 너그럽고 유연하게 표현의 차이를 포용해주세요!

이 같은 상술은 '뉴스레터'라는 비교적 형식에 한계가 없는 콘텐츠이기에 가능한 것이다. 분량, 서술 방식에 있어 기사보다 훨씬 제약이 덜하다. 하지만 일반 기사라면? 아마 '임신중지권'이라고 써도 일련의 과정을 거치며 '낙태권'이라고 교정될 가능성이 크다. 혹은 '임신중지권(낙태권)' 같은 식으로 괄호 안에 표기를 넣는 것이 현실적 대안이 될 것이다. 하나 이 같은 경우, 대부분 독자는 왜 기사 혹은 기자마다 '임신중지권'과 '낙태권'이라는 두 단어를 혼용하는지 이해할 길이 없다. 이는 독자들에게 어떻게든 정확한 정보를 전달해야 하는 저널리스트로서의 본분에 충실한 걸까. 불과 이 같은 고민을 하는 기자가 생겨난 지 몇 해 되지 않은 뉴스룸에서는, 뾰족한 답을 찾을 방도가 없다. 그저 비슷한 고민을 하는 기자들과 머리를 맞대어 조금씩 더듬어나갈 뿐.

한국의 「젠더 보도 가이드라인」

올림픽 시즌이 되면 언론노조 산하 언론사의 게시판에는 성차별 보도에 대한 경각심을 일깨우는 커다란 포스터가 곧잘 붙는다. 2024 파리 올림픽을 앞두고도 '성평등 올림픽'이라는 제목의 포스터가 떡하니 붙었다. '보도하기 전 꼭 체크하자!'라는 부제를 달고서.

포스터 아래에는 '취재 시'와 '보도 시'로 나누어 무심코 사용하기 쉬운 성차별적 표현을 방지하기 위한 체크리스트가 있었다. 항목은 △남성 선수라면 하지 않을 질문을 준비하지 않았는지 △경기의 결과와 과정에서 드러난 선수의 역량을 중심으로 질문을 준비했는지 △여성 선수를 외모 중심으로 묘사하거나, 여성 선수의 외모를 평가하는 발언을 하지 않았는지 △여성 선수를 특별한 맥락 없이 아내 혹은 어머니 역할과 관련하여 설명하지 않았는지 △여성 경기의 특성을 남성 경기보다 열등한 것으로 묘사하지 않았는지 △여성 선수의 외모를 중심으로 영상화하지 않았는지 △특별한 맥락 없이 여성 선수의 신체 일부를 부각하여 영상화하지 않았는지 등이었다.

이렇게 조목조목 조심해야 할 점을 사전에 알렸음에도 불구하고, 올림픽 기간 내내 눈살 찌푸리게 하는 성차별적 보도 관행은 반복됐다. 일례로 탁구 동메달리스트 신유빈을 다룬 기사는 제목마다 '삐약이'라는 별칭을 앞세웠는데, 이는 신 선수를 한 사람의 국가대표이자 프로페셔널로 취급하기보다는 귀여운 존재로 낮잡아 보려는 시선이 깔려 있다. 공기소총 은메달리스트 김예지 선수를 '엄마 총잡이'라면서 경기 실력과 무관한 어머니라는 역할과 연결 짓는 관행도 반복됐다. 더 절망적인 것은 직장인 익명 애플리케이션 '블라인드'의 언론인 게시판에서 남성(추정) 기자들은 이 같은 올림픽 성차별 보도 관행을 지적하는 기사를 '끌올'하며 마녀사냥과 조리돌림을 일삼았다는 것이다. 그들의 요지는 '페미들이 뉴스룸을 장악해서 이런 기사가 나온다'는 것이었다.

뉴스룸 안팎의 상황이 이러할진대 매사 모든 젠더 표현에 대한 가치 판단이 개별 기자의 몫으로만 남는다면 기자들은 얼마나 외롭고 고독할까. 과중한 업무 부담과 책임에 번아웃을 토로할지도 모른다. 이따금 '그냥 관행대로 해버리자'라는 매너리즘이 불쑥 고개를 들 수도 있다. 더 이상 성인지 감수성을 갖춘 보도를 양심적인 개인의 의지에만 맡길 수 없는 이유다.

최근 기자들이 시시각각 참고할 수 있는 '젠더 보도 관련 가이드라인'이 잇따라 만들어지고 있는 것은 무척 반가운 일이다. 2023년 언론노조 성평등위원회가 낸 「젠더 보도 가이드라인」(이하 「가이드라인」)은 언론인이 현업에서 적용할 수 있는 사실상 최초의 범용 가이드라인이다. 앞서 2021년 『한겨레』 역시 '젠더 보도 가이드라인'을 만들어 배포했지만, 이는 개별 언론사의 것이라 모든 언론인이 활용하기에는 어려움이 컸다. 「가이드라인」은 '젠더', '성인지 감수성', '성역할 고정관념', '젠더 기반 폭력' 등 보도에 젠더 관점을 적용하기 위해 알아둬야 할 개념을 정의함과 동시에 취재 과정과 보도 시에 유의할 점들을 상황과 사례 별로 제시하면서 바쁜 제작 과정 속에서도 언론인이 손쉽게 참고할 수 있도록 실용성을 높였다.

일례로 가이드북은 취재 시 △취재원의 성별 등은 다양한가 △취재원을 선정할 때 성별에 따라 관련 영역을 한정하여 생각하지 않았는가 △취재원에게 질문할 때 성역할 고정관념에 근거한 질문은 없었는가 등을 생각해볼 지점으로 제시한다.

특히 '전문가 섭외'는 언론뿐 아니라, 한국 사회가 전방위적으로 반드시 성찰해야 할 지점이다. 2024년 9월 통일부 주최로 열린 국제한반도포럼(GKF)에 앞서 콜린 크룩스 주한 영국대사가 불참을 통보한 일이 화제가 된 바 있다. 전체 연사 21명 중 단 1명만이 여성인, 성평등하지 않은 패널 구성에 대한 항의적 성격이라는 보도가 잇따랐다. 남성 일색인 패널이 보여주는 바는 명징하다. '한반도의 평화와 안보, 외교전략 등을 논의하는 것은 남자의 일'이라는 것이다.

이런 추론은 미디어에서 성 역할과 여성이 어떻게 재현되는가와도 일맥 상통한다. TV와 신문 보도에서 정치와 경제, 국방과 외교 등 국가 현안을 논의하는 전문가는 왜 대다수 남성일까. 반면, 심리나 양육, 교양, 문화, 소비 영역의 전문가로는 항상 여성이 등장한다. 정신의학과 전문의 오은영 박사나 곽금주 서울대 심리학과 교수가 대표적이다. 이 같은 구분은 미디어 이용자로 하여금, 국가 현안과 관련한 고도의 역량을 지닌 이는 주로 남성이며 대중 생활과 밀접한 영역은 여성의 몫이라는 고정관념을 부지불식간에 각인시킨다.

뉴스가 아닌 시사·보도 프로그램에서도 이 같은 관행은 되풀이된다. 서울YWCA는 매해 「대중매체 양성평등 내용 분석 보고서」를 발간하는데, 대선이 있어 정치 이슈가 폭발적으로 증가했던 2022년 기준 시사·보도 프로그램의 출연자 성비는 여성이 66명(20.2퍼센트), 남성이 261명(79.8퍼센트)으로 남성이 여성에 비해 약 4배(59.6퍼센트포인트 격차) 더 많이 등장했다. 성비 격차만 두고 봤을 때 △2019년 52.0퍼센트포인트 △2020년 57.4퍼센트포인트 △2021년 52퍼센트포인트에 비해 더욱 악화한 수치다.

여성 출연자를 활용하는 방식에도 문제가 많았다. 보고서에 따르면 법조인, 교육전문가, 정치인 분야에서 출연자의 직업군의 성비 격차가 가장 컸다. 실제 대학 교원과 법조계의 여성 비율이 30퍼센트를 바라보고 있음에도, 방송 속 성비는 실제보다 더욱 불균형하게 그려졌다. 여전히 "남자는 이래야", "여자는 이래야" 같은 식의 성역할 고정관념이 자리하고 있는 것이다.

물론 섭외를 담당하는 쪽에서도 항변은 있을 것이다. 이미 여러 번 매스컴에 출연한 남성 출연자들을 섭외하는 게 '안전하다'는 것이다. 또한 몇몇 전문 영역에 있어서는 정말로 여성 전문가가 희소하고, 그마저도 일정 등을 고려하면 섭외하기가 어렵다는 것이 주된 이유다. 그 어려움을 이해 못 할 바는 아니나, 관성에 따른 수월한 섭외가 결국 다양한 성별·연령·계급·직업 등을 가진 구성원의 견해를 배제하는 결과를 낳는다는 것을 미디어 종사자들은 꼭 명심해야 한다. 부지불식간에 수용자들에게 잘못된 고정관념을 심을 수 있음도 늘 주의해야 한다.

영국 공영방송 BBC의 '50:50 원칙'이 큰 귀감이 된다. 2018년 공식적으로 시작한 이 프로젝트는, 출연자나 취재원의 절반을 여성으로 구성하겠다는 선언이다. 이를 위해 BBC는 뉴스, 음악, 스포츠 프로그램 등의 성비 모니터링을 진행하고 있다. 2022년 기준 BBC 콘텐츠의 61퍼센트는 여성이 절반 이상 등장한다.

물론 사안에 따라 매 순간 '성평등'을 우선 가치로 두고 의사결정을 내리기 어려울 수는 있다. 하지만 만일 패널·취재원의 성비를 규정하는 대원칙을 각 조직이 이미 갖추고 있었다면, 통일부 포럼이나 언급된 시사·보도 프로그램과 같은 성차별적 상황이 발생할 수 있었을까. 적어도 '잘못된 방향'으로 가고 있다는 이정표 역할은 사전에 할 수 있지 않을까.

그럼에도 남은 고민들은 뉴스룸의 몫

미디어에서 재현되는 인물들의 성비나 성역할 고정관념 등이 올바른 젠더 표현을 위해 갖춰야 할 '형식적' 부분이라면, '내용적' 측면에서 오늘날 뉴스룸에서 경합하는 젠더 표현들은 더 까다로운 논의를 요한다. 여전히 '정답'이 없는 문제이기도 하다. 결국 맥락에 맞는 표현을 '선택'할 수밖에 없고, 왜 이런 용어를 선택했는지는 기자의 몫으로 남는다.

다음은 실제 기사를 쓰며 마주했던 젠더 표현과 관련된 고민들 중 '극히 일부'의 사례다.

출산율? 출생률? 저출산? 저출생?

"'저출산'을 왜 '저출생'이라고 쓰는지는 알겠는데, 그럼 출산

율도 출생률이라고 써야 하는 건가? 너는 어떻게 쓰니?" 평소 정확하고 명료한 언어를 구사하는 한 선배가 물었다. 불과 몇 주 전, 정부의 저출생 정책에 대한 칼럼을 쓰며 같은 고민을 했던 내 모습이 떠올랐다. 표준국어대사전에도 나오지 않고, 국립국어원도 답해주기 어려운 이런 판단은 결국 기자가 '어떤 표현을 선택하느냐'의 결과로 귀결된다. 이따금 논쟁적인 표현을 사용하는 것이 까다로워, 쓰려는 주제를 바꾸고 싶은 마음이 들기도 한다.

"우선 학술 용어 측면에서 '출생률'(birth rate)과 '출산율'(fertility rate)은 다른 개념이에요. 출생률은 인구 1,000명당 태어난 출생아 수이고, (합계)출산율은 가임기 여성 인구를 토대로 나온 수치이기 때문에 통상 기사에서는 그 수치를 정확히 명명하는 단어를 사용해야죠. 다만 여기서부터는 현상에 대한 해석인데요. 여성계에서는 '저출산'이라는 단어가 낮다(低)는 것과 출산을 결합해 여성에게 책임을 전가하는 표현이라는 지적을 해왔어요. 그런 의미에서 저도 '현상'을 의미할 때에만 출생이 적다는 차원에서 '저출생'이라고 표현하고 있어요."

문제는 이렇게 스스로 논리를 갖추고 있다고 할지라도, 기사에는 이 같은 고민을 담을 수 없기에 오해의 가능성이 상존한다는 것이다. 또, 현재 정부의 '저출산고령사회위원회' 같은 공식 명칭은 그대로 언급하면서, 기사 내에는 '저출생'이라고 표기함으로써 독자에게 혼란을 더할 여지도 있다. 점점 '저출생'이라는 표현이 일상 생활 속에서도 자주 등장해서일까.

최근 들어서는 보수 성향 신문도 ‘저출산’ 대신 ‘저출생’을 채택하는 추세다.

김 씨? 김 여사?

문재인 정부 초기, 영부인인 김정숙 여사에 대한 ‘호칭 논란’이 언론사를 휩쓸었다. 요지는 현직 대통령의 부인에게 ‘씨’라는 호칭을 쓰는 것은, 대통령을 무시하는 처사라는 항의였다. 특히 이 같은 의견은 한겨레 같은 진보 성향 매체에 집중됐다. 한겨레는 1988년 창간 때부터 대통령 부인들을 모두 ‘○○○ 대통령 부인 ○○○ 씨’로 표기하다가 2017년 사고(社告)를 내고 대통령 부인 존칭을 ‘씨’에서 ‘여사’로 바꾼다고 알렸다. 한겨레는 여러 차례 칼럼과 알림 등에서 영부인에 대해 ‘씨’라는 호칭을 써온 것에 대해 독자들의 오해와는 다르다고 일관적으로 설명했다. 노무현 정부 시절인 2007년에도 같은 논쟁이 벌어졌는데, 편집장급 기자는 칼럼에서 “권위주의적 색채를 지우려는 뜻이 있었다”고 설명한다. 또 “남성과 여성을 구분하는 호칭을 가급적 배제하자는 뜻도 있었다”고 덧붙였다.

‘여사’ 호칭을 주장하는 이들은 ‘씨’가 오늘날 아랫사람을 칭하는 호칭이라 반박한다. 맞는 말이다. 은사나 회사 선배 등 윗사람을 두고 ‘씨’라고 부르는 경우는 없다. 하지만 민주주의 사회에서 선출한 대통령과, 그로 인해 영부인이 된 대통령 배우자는 국민의 ‘윗사람’인가? 언론의 ‘윗사람’인가? 다음에 여성 대통령이 당선될 경우, 그 남성 배우자는 어떻게 부를 것인가. '여사'(女史)가 아닌 '남사'(男史, 이런 단어는 없다)라 부를 것인가.

하나의 '실패 없는 젠더 표현'이 생명력을 얻기까지

나카쓰카 구미코 일본신문노련 전 특별중앙집행위원은 이 책의 서문에서 "젠더 표현은 지금 전 세계의 리터러시(literacy·문해력)"라고 했다. '젠더 표현에 하나의 정답은 존재하지 않고, 넓디넓은 스펙트럼 안에서 더듬어가며 당대에 적합한 언어를 저널리즘으로 구현하는 것'이라는 의미로, 타국의 그러나 성평등에 관한 한 거의 같은 수준을 공유하고 있는 뉴스룸에 몸담고 있는 나는 받아들였다.

'실패 없는 젠더 표현'이라는 것은 기실 처음부터 무수한 실패가 쌓이고서야 존재할 수 있는 언어들이다. 무심코 사용한 차별어에 대한 독자 항의를 받고 부끄러움에 고개 숙여보고, 한때 아무도 사용하지 않는 젠더 표현을 기사 곳곳에 꿋꿋이 사용해보고, 공론장에서는 경합하는 언어 표현의 당위성과 공감을 얻기 위해 끊임없이 논박하는 등 수많은 언론인이 뉴스룸 안팎에서 시행착오를 겪은 결과, '실패 겪은 젠더 표현'이 뿌리내릴 환경이 마련된 것이다.

그러므로 앞으로 우리가 해야 할 일은, 종국에 살아남은(그리고 살아남을) 이 젠더 표현들을 일상생활에서 혹은 신문

지면에서, TV 화면에서 마음껏 사용하는 일이다. 이 무해하고 차별적이지 않은 언어가 '현재'에 더 깊게 뿌리내리도록 하기 위해서.

한국어판 서문

일본신문노동조합연합은 일본의 신문사 및 뉴스통신사에서, 그리고 프리랜서로 활동하는 기자들의 모임입니다. 일본어와 일본 사회에 숨어 있는 무의식적 혹은 의식적 성차별과 편견이 담긴 말, 표현에 대한 문제 제기가 한국의 독자에게 가닿을까 반신반의했습니다만, 이렇게 한국어판이 간행된다는 소식을 듣고 집필자 모두 크게 기뻐하고 있습니다.

조금 개인적인 이야기로 시작해보겠습니다.

이 책의 원고를 모으고 정리한 저는 약 30년 전인 1993년, 연세대학교에서 교환학생으로 10개월간 공부한 경험이 있습니다. 기숙사에서 지내며 이따금씩 대중목욕탕을 이용하곤 했죠. 어느 날, 때밀이 침대 위에 누워 있던 저에게 '아줌마'가 불쑥 질문을 던졌습니다. "처녀예요?" 처녀를 한자로 쓰면 '處女', 일본에서는 '성경험이 없는 여성'을 가리킵니다. 알몸으로 사실상 무방비 상태였던 저는 '뭐 이런 걸 묻지?'라는 생각에 순간 위축되었지만, 이내 한국에서는 처녀가 '결혼하지 않은 여성'도 의미한다는 걸 떠올리고는 "네…" 하고 고분고분 대답했습니다.

당시에 배웠던 한국어 중에 가장 충격적이었던 단어는 '노처녀'였습니다. 한국 독자들께는 길게 설명할 필요가 없는 단어겠죠. 이번에 도서관에 가서 한일·일한사전을 열 권가량 조사해봤더니, 2000년대에 들어서 출간된 사전에서도 '처녀'

와 '노처녀'의 뜻풀이는 다르지 않았습니다. '처녀'란에는 '처녀가 아이를 낳아도 할 말은 있다'라는 속담도 실려 있었습니다. 일본 속담으로는 '도둑한테도 얼마간 변명거리가 있다'(盜人にも三分の理)가 여기에 해당하겠네요.

'처녀가 아이를 낳아도 할 말은 있다'라는 속담을 좀 더 들여다보면, 여성은 결혼해 남편이 된 남성에게만 몸을 허락해야 한다는 함의가 있습니다. 여기에서 벗어난 사람은 나쁜 짓을 저지른 사람이 되죠. 약 10년 전 한국에서 비혼 한부모에 대해 취재할 때, 한 지원 단체의 활동가는 "'미혼모'라는 사실은 죄가 아닙니다. 중요한 건 그 여성이 당당하게 살아갈 수 있어야 한다는 겁니다"라고 말했습니다. 사전에만 남아 있는 일이 아니라 현실의 문제임을 여실히 증명하는 호소입니다.

한국어나 한국 문화를 부정하려는 게 아닙니다. 말 자체보다도 그 말을 사용할 때의 '의식'이나 그 말에 담긴 '생각', 그 말을 긍정하고 재생산하는 '사회'에 대해 고찰해보자는 뜻입니다. 그런 표현들이 누군가의 힘을 꺾거나, 입을 막거나, 발을 밟고 있으니까요. 그 누군가란 성별을 이유로 사회의 구석으로 내몰리거나 괴로운 삶을 강요당하는 이들입니다.

2024년의 오늘은 어떨까요. 세계경제포럼이 각국의 통계를 기반으로 발표하는 『세계 젠더 격차 보고서 2023』(*Global Gender Gap Report 2023*)에 따르면, 한국의 '젠더 격차 지수'(Gender Gap Index)는 146개국 중 105위였습니다. 일본은 더욱 뒤떨어진 125위입니다.[1]

일본이 2000년대 전반부터 젠더 백래시를 경험하며 젠더에 관한 발언 등이 위축되어가는 동안, 한국에서는 젠더와 관련된 연구 및 출판이 진전되었다고 알고 있습니다. 『82년생 김지영』이 큰 인기를 얻은 것도 그 연장선이었겠지요. 일본에서도 많은 사람이 읽었습니다. 또한 한국에서는 '미투'(#MeToo) 운동이 일본보다 빠르고 폭넓게 일어났죠. 영화계에서는 성폭력 예방 교육과 피해자 지원을 위한 '한국영화성평등센터'가 설립되었고, 언론계에서는 방송 제작부터 조직의 성별 구성비까지 젠더 평등의 관점에서 목표를 설정한다고 들었습니다.

넷플릭스로 보는 한국 드라마에는 남성의 비위를 맞추려고 애쓰지 않는 여성이 자주 주인공으로 등장합니다. 일본의 시청자, 특히 여성들이 언제나 힘을 얻습니다. 일본 페미니즘 전문 잡지가 '우리는 한국 드라마로 강해진다'라는 특집을 기획할 정도입니다. 한편으로는 여전히 성별에 기반해 역할

1

편집자 주 젠더 격차 지수는 자원과 기회의 '수준'(level)보다 그것에 대한 접근 가능성의 '격차'를 측정합니다. 경제 참여와 기회, 교육 성취도, 건강, 정치 권한 부여 등의 항목을 평가합니다. 1에 가까울수록 양성평등이 잘 이뤄졌다고 봅니다. 한국은 2024년 146개국 중 94위를 기록해 2023년에 비해 11순위, 점수로는 0.680에서 0.696으로 0.016점 상승했습니다. 눈에 띄게 순위가 낮아진 항목은 '유사 업무 내 임금 평등' 항목으로, 2023년 76위에서 2024년 84위로 하락했습니다. 고질적으로 점수와 순위가 모두 낮은 항목은 '국회의원, 고위 공무원 및 관리자'입니다. 이 항목의 2023년 평가는 0.171점, 128위, 2024년에는 0.195점, 127위입니다. 해마다 대상 국가의 수가 달라집니다. 순위는 상대적 숫자일 뿐이므로, 각 항목별 평가에 주목해야 합니다.

과 권력이 분배된다는 사실도 전해 듣고 있습니다. 여성과 남성 모두 가부장제에 인생을 휘둘리고 남성을 우선하는 규칙에 가로막혀 있습니다.

사람들의 생각이 말과 표현을 낳고 사회에서 지지를 얻으면 이를 반영한 정책이 생겨납니다. 동시에 제도가 언설을 정당화하고 사람들을 이끌면서 개인의 사고에 뿌리내리기도 합니다. 말과 표현은 사회 구조와 상호 보완 관계에 있습니다. 그렇기에 '젠더'라는 렌즈를 통해 평소에 사용하는 말과 표현 방법을 똑바로 바라보아야 합니다.

젠더 표현은 지금 전 세계의 리터러시(literacy)입니다. 공통의 경험을 지닌 우리가 연대하면 더욱 새로운 일이 일어날 것입니다.

이러한 기회를 주신 일본과 한국의 출판사, 관계자 여러분께 감사드립니다.

언젠가 한국 독자 분들과 직접 대화할 수 있는 날이 오기를 마음 깊이 기원합니다.

2024년 5월
모든 집필자를 대신하여
나카쓰카 구미코 신문노련 전 특별중앙집행위원

들어가며

"젠더 평등을 하루 빨리 실현하려면, 우리의 표현부터 재검토해야 한다."

이 책은 현역 기자들이 느낀 강한 위기감에서 태어났습니다

우리는 신문 기자 및 프리랜서 저널리스트이자, 일본신문노동조합연합(신문노련) 소속 전국지, 지방지, 뉴스통신사 등의 노동조합원입니다.

미디어업계는 지금도 압도적인 남성 중심 사회입니다. 일상생활 속의 뉴스는 이 압도적 다수파의 시점에서 취재되고 가치가 결정되며 제목이 붙습니다. 물론 여성 기자도 있고 성별에 관계없이 한 사람 한 사람이 큰 뜻을 품고 일하지만, 어떤 뉴스를 어떻게 위치 지어 보도할지 결정하는 자리에 가까워질수록 여성의 비율은 낮습니다.[1]

1 편집자 주 영국 옥스퍼드대 부설 로이터저널리즘연구소가 2024년 3월 8일 발표한 『뉴스 미디어의 여성과 리더십』(*Women and leadership in the news media*) 보고서에 따르면 한국 언론사의 여성 편집·보도국장(top editor) 비율은 20퍼센트로, 조사 대상 12개 국가 중 9번째에 그쳤습니다. 미국(43퍼센트), 영국(40퍼센트), 핀란드(36퍼센트) 등이 상위권을 차지했고 남아프리카공화국 (29퍼센트), 독일·홍콩·스페인(각 25퍼센트), 브라질(23퍼센트) 등이 뒤를 이었습니다. 한국보다 여성 고위 에디터 비율이 낮은 국가는 케냐(13퍼센트), 멕시코(6퍼센트), 일본(0퍼센트) 등이었습니다. 「한국 언론사 여성 편집·보도국장 비율 20퍼센트…12개국 중 9번째」, 『기자협회보』, 2024년 3월 14일 참조.

그 결과, '아이나 여성도 이해할 수 있는 표현', '내조의 힘', '여성다운 섬세함' 같은 말이 신문이며 TV에서 당연하다는 듯 사용되어왔습니다. 언론이 앞장서서 '여성은 남성보다 열등하다', '한 단계 낮은 존재이다', '여자다워야 한다' 등의 무의식적 편견과 고정관념을 고착시키는 표현을 사용하고 퍼뜨리는 데에 크게 일조해온 것이죠. 또한 성폭력을 '짓궂은 장난'이라 칭하며 피해를 과소평가함으로써 피해자에게 참고 넘어가라 강요하는 분위기를 조성하는 데에도 가담하고 있습니다. 점차 늘어난 여성 기자들이 이런 편견을 지적하기 시작했습니다.
하지만 젠더 표현과 관련해 현장에서 직접 실천하며 쌓아온 경험과 지식을 체계적으로 공유할 기초 텍스트는 없는 상황입니다. 일부 신문사가 사내 교육용 가이드라인을 마련했다고 하나, 미디어업계 전체가 나서서 폭넓게 논의해 도출한 내용은 아니죠.

처음에는 업계 사람들을 대상으로 한 가이드북을 만들고자 했습니다.[2] 그런데 사회를 향해 의견을 표명하고 전달하는 일은 기성 미디어만 하지 않습니다. 이제는 소셜 미디어 등으로 누구나 생산자가 될 수 있는 시대입니다. 더군다나 학급 통신문이나 PTA[3] 알림, 관공서 및 기업의 홍보물, 광고도 모두

2 편집자 주 한국에서는 전국언론노동조합 성평등위원회가 2023년 「젠더 보도 가이드라인」을 PDF로 배포했습니다.

3 역자 주 Parent-Teacher Association. 보호자와 교사가 서로 소통하고 지역사회와 협력하여 학생들의 성장을 돕는 모임.

'뉴스'입니다. 거기엔 가정이나 직장, 지역 공동체 안에서 나누는 일상 대화에서 비롯된 표현이나 관습이 반영되어 있죠.

잠깐, 한 조사 결과를 소개해보겠습니다. 일본 내각부가 2021년 9월 '성별에 따른 무의식적 편견' 조사 결과를 발표했습니다. 누구나 가질 수 있는 성별 편견을 깨닫고 해소를 촉구할 목적으로 실시된 이 조사는, 전국 20~60대 약 1만 명에게 응답을 받았습니다. 조사에 따르면, 많은 사람이 성별에 근거한 역할 및 편견을 갖게 된 계기로 '직접 들은 말'보다 '언행 및 태도에서 받은 느낌(간접 경험)'을 꼽았습니다. 성별 역할 및 편견에 대해 '직접 듣거나 언행 및 태도로 느끼게 만든' 사람으로는, 여성의 경우 '배우자나 파트너'가 많았고, 남성의 경우 '아버지', '남성 지인이나 친구'가 많았습니다. 직장에서는 성별에 관계없이 '남성 상사'였습니다.

구체적인 사례로는, 여성 응답자의 경우 "관리직 면접에서 여성의 섬세함을 살려 열심히 하라는 말을 들었다"(60대), "시아버지가 입원했을 때, 나도 일을 하는데도 배우자가 '가족은 여자가 돌봐야지'라고 했다"(40대), "여자는 의견을 내지 말라더라"(30대) 등을 말했습니다.

남성 응답자에게서는 "일을 그만둘까 고민 중이라고 부모님께 말씀드렸더니 '남자가 돼가지고'라는 말을 들었다"(50대), "남자라면 휴일 출근이나 야근은 당연하다고 상사가 말했다"(40대), "영업 실적이 낮아서 여자 동기보다 뒤처졌을 때 상사에게 '남자라면 여자보다 실적을 더 내야지. 부끄럽지도 않냐'라고 질책당했다"(20대) 등의 이야기가 나왔습니다.

젠더 불평등이라고 하면 여성이 차별받고 고정된 역할을 강요당하는 상황이 먼저 떠오르지만, 남성 역시 '남자다움'이나 남자로서 갖춰야 할 모습에 갇혀 괴로움을 느낀다는 사실을 알 수 있습니다.

여성과 남성 다수가 미디어에서 보거나 들었다고 답변한 표현은 "여성은 감정적이 되기 쉽다", "여성은 논리적으로 생각하지 못한다"(18-24퍼센트)였습니다. 여성 응답자의 21퍼센트(남성 15.9퍼센트)가 "남성에게까지 출산휴가/육아휴직을 줄 필요가 있느냐"라는 말을 들어본 적 있다고 답했습니다. 기자로서 간과할 수 없는 부분입니다.

자, 다시 돌아가 봅시다. 지금 많은 상황에서 '젠더'가 피할 수 없는 과제로 부상했지만, 젠더 표현에 대해서는 경험과 단편적 정보에만 의존하는 실정입니다. 이해가 부족해 잘못 판단하는 사람도 있고, 젠더 과제 자체를 노골적으로 기피하려는 사람 역시 적지 않습니다.

우리는 신문 기사와 미디어업계의 시행착오를 바탕으로, 일반인의 의식 또한 차근차근 바꾸어나갈 수 있는 '깨달음의 책'을 만들어보기로 했습니다. 지금까지 젠더 문제를 의식하지 않았거나 자각하지 못했던 사람도 이 책을 읽으면 눈을 뜰 수 있을 겁니다.

1, 2장은 평등하지 않은 젠더 표현을 사용해 지적받고 싶지 않다면 반드시 읽어야 합니다. 1장은 실제 신문 기사를 예로 들어, 젠더 관점에서 해당 표현을 살피고 개선안을 제시합니다. 그저 말꼬리를 잡거나 문제의 소지가 있는 단어를 아예

배제하려는 것이 아닙니다. 그렇다고 바꾸어 말하기 매뉴얼도 아닙니다. 다른 표현을 제안하지만, 기술적인 부분에만 머무르지 않습니다. 기사를 접하게 될 이들의 마음을 이해하고 표현에 진정성을 담을 수 있도록 맥락을 설명합니다.

2장에서는 웹 표현에 대해 다룹니다. 온라인 뉴스가 일반화되며 페이지뷰가 중요해지자, 필요 이상으로 '성'(性)을 내세운 '낚시성 제목'이 비약적으로 증가했습니다. 게다가 웹의 특성을 이용해 성차별을 부채질하는 사태도 일어났습니다. 웹에서 발현되는 젠더 의식은 계속 변화하고 발전하고 있습니다만, 무심코 한 클릭이 누군가를 상처주거나 괴롭히거나 깎아내리는 행위가 되기도 합니다. 내 자유니까 상관없다며 사용해온 표현이 과연 올바른 것이었는지 돌아봐야 합니다.

3장은 약자 편에 서는 젠더 표현의 관점으로 성폭력을 다룹니다. 왜 성폭력을 들어 논하는지 의아할지도 모르겠습니다. 미디어의 성폭력 보도는 젠더 불평등이 심각한 사회상을 반영합니다. 그 사실을 매일 취재 현장에서 뼈아프게 느낍니다. 성폭력 보도 사례와 그 속에 드러난 사회적 과제를 더 많은 사람들과 공유해 젠더 평등을 실현하는 발판으로 삼으려 합니다.

4장에서는 젠더 표현 과제를 안고 있는 미디어업계의 구조적 문제를 따져봅니다. 우선, 젠더 평등의 중요성을 인식하고 있는 미디어 조직의 '내부자들'이, 젠더 관련 기사가 보도되기까지 누가 어떻게 가치 판단을 하는지 등에 관해 인터뷰를 진행했습니다. 그리고 언론계가 어떻게 젠더 평등 문제를 마주해왔는지도 살펴봅니다. 매일 더 나은 표현을 찾으려고 노력하는 조직 구조를 갖추려면 다양성이 중요합니다. 다양한 관점이 확보된 뉴스야말로 진실에 더 가까이 다가갈 수 있습니다. 한 사람 한 사람의 '자기다움'이 중시되니 구성원이 지내기 좋은 회사가 될 테고요. 우리는 그렇게 믿습니다. 그러려면 남성 우위 조직의 성공 체험에만 머물러 있는 굳은 바위 같은 구조를 변화시켜야 합니다.

자기 안의 편견과 확신을 버리는 작업을 혼자서 하기는 어렵습니다. 이 책을 스스로를 돌아보는 작업의 '동료'로 삼고, 사전이나 교과서처럼 활용할 수 있도록 심혈을 기울였습니다. 나아가 편견과 확신의 근원까지도 심층적으로 이해하게 되길 바랍니다.

응어리져 있었던 부분이 분명해지고 시야가 열리는 데 도움이 되기를 기대합니다.

신문노련 젠더 표현 가이드북
편집팀 일동

1장　젠더 관점에서 읽기

1 먼지차별

'차별할 의도가 아니었다', '악의는 없었다'.[1]

성차별 발언으로 비판 댓글을 받은 사람이 사죄할 때 자주 하는 말입니다. 하지만 여기에 커다란 문제가 숨어 있습니다.

예컨대, 누가 '외국인은 위험하니까 전철 옆자리에 앉지 않는다'라는 말을 무심코 내뱉었다고 합시다. 말한 사람에게는 사소할지 몰라도, 당사자(이 경우에는 외국인)는 이런 언행에 상처를 받습니다. '외국인은 위험하다'라는 편견도 그대로 유지되고요. 발화자에게 '외국인을 괴롭히겠다'라는 악의가 없었을지라도, 기피 대상이 된 외국인은 몇 번이나 똑같은 경험을 하며 깊은 고통을 느끼겠죠.

젠더 문제도 똑같습니다. 말한 사람에게 악의나 차별할 의도가 없었다 해도, 그런 언행은 무의식적 편견을 여기저기 퍼뜨리고 인정하는 꼴입니다. 최근 '먼지차별'(microaggression)이라고 부르는 문제, 즉 '매일 일어나는 미세하지만 만연한 편견과 억압'이 이에 해당합니다. 잘못된 젠더 표현을 해 비난이 쏟아진 사례를 보면, 명백한 '먼지차별'에 해당하거나 '먼지차별'을 그럴 수 있는 일 정도로 수긍한 경우가 대단히 많습니다.

1장에서 언급하는 사례의 대부분이 '먼지차별'에 해당합니다. '여성다운 섬세함', '내조의 힘', '게이는 남자의 마음도, 여자의 마음도 잘 이해한다' 등의 말은 발화자에게 차별 의도가 없었더라도, 현실의 차별적 상황을 수용함으로써 많은 이를 괴롭게 하는 토대가 됩니다. 그 안에는 복합적인 젠더 과제가 숨어 있죠.

무엇보다 중요한 것은 그저 쓴소리를 듣기 싫어서 기계적으로 외우는 것이 아니라 왜 이 표현이 문제인지, 그 배후에 숨은 구조가 무엇인지 아는 일입니다. 이제 구체적인 사례와 함께 이해의 깊이를 더하고 올바른 표현을 모색해보겠습니다. 사례는 무의식적 편견을 확산시킬 만한 신문 기사에서 가져왔습니다.

1

저자 주 그렇다면 어떻게 사죄하면 좋을까요? 완벽한 해답은 없지만, '차별과 편견에서 비롯한 발언'이었음을 인정하고 '다시 배우고 바뀌겠다'라고 밝히는 태도가 필요하지 않을까요?

남자는 설명하고, 여자는 듣고

> 젊은 여성: 이렇게 되는 이유는 무엇일까요?
> 설명하는 연장자 남성: 여러 이유가 있는데…

질의응답 형식의 기사는 독자에게 복잡한 문제를 알기 쉽게 설명하는 편리한 방법입니다. 하지만 질문자가 항상 젊은 여성으로 설정되는 점은 생각해볼 문제입니다. 여성이 정치나 경제 이야기를 어려워한다는 편견이 비치기 때문이죠. 남성과 여성의 역할을 바꾸는 것 외에도 성별이 명확히 드러나지 않는 캐릭터로 질문과 답변을 주고받는 등 다른 방법을 사용할 수 있습니다.

어느 신문에서 여성 아이돌에게 학생 역할을 주고 사회 문제를 배워나가도록 하는 기사를 기획했습니다. 인기 있는 여성 아이돌을 징검다리 삼아 사회 문제에 관심을 가지게 하려는 의도는 이해 못 할 바 아니지만, 여기에는 '젊은 여성은 사회 문제를 어려워한다'는 식의 폄하가 투영되어 있습니다. 다른 신문에서는 "신문 기사는 '중학교 2학년생, 또는 그 엄마'의 독해력을 상정하기 때문에 행정 관련 외래어를 많이 사용하지 않는다"라고 쓰기도 했습니다. 중학교 2학년생은 그렇다 치고, '아이를 키우는 엄마는 어려운 말을 모를 것'이라는 무의식적 편견이 보입니다.

TV 보도 방송에서도 대부분 젊은 여성 아나운서가 질문하고, 연장자인 남성 해설자가 설명을 합니다. 물론 아나운서와 해설자에게는 잘못이 없습니다만, '여성은 언제나 듣는 역할'이라는 고정관념을 조장하는 셈이죠. 여성 해설자를 적극적으로 등용하고, 남성 아나운서에게 질문자 역할을 맡도록 하는 등의 대처가 필요합니다.

2021년에는 당시 2020 도쿄올림픽·패럴림픽 조직위원회의 모리 요시로 위원장이 "여성이 많은 이사회의는 시간이 걸린다", "조직위원회에 여성이 7명 정도 있는데, 다들 분별력이 있다"라고 한 발언이 문제가 되어 조직위원장 사임 압박을 받았습니다.[2]

그가 한 발언에는 '여성은 본래 얌전히 듣는 역할에 머물러야 하는 존재이므로 자신의 의견을 밝히는 여성은 건방지다'라는 편견이 담겨 있습니다. 수상까지 지낸 정치인이 여성의 발언에 귀를 기울이려 하지 않자 반발이 크게 확산되었습니다. 인터넷에서는 그의 발언을 비판하는 여성들이 자신의 의견을 밝히는 '#분별없는여자' 해시태그 운동이 일어났습니다. 의견을 말하면 '건방지다'고 받아들여져 억울했던 여성이 많았음을 짐작케 합니다.

2

저자 주 2021년 2월 3일, 모리 요시로 회장은 일본올림픽위원회 임시평의회에서 여성 이사를 늘리는 방침에 대해 '여성이 많은 이사회의는 시간이 걸린다'고 말했습니다. "여성은 경쟁의식이 강해요. 누구 한 사람이 손을 들고 말하면 자기도 말을 해야 한다고 생각하지요. 그래서 다 발언하게 합니다"라고도 말했습니다. 비판이 거세지자 다음 날 사과하고 철회했지만, 결국 약 일주일 뒤에 사임했습니다.

남편은 성과 이름으로, 아내는 이름만

음식점 운영하는 부부,
다나카 다로 씨와 아내 하나코 씨

일본의 뉴스 기사에 부부가 등장하면 '다나카 다로 씨, 아내 하나코 씨'와 같이 표기되곤 합니다.

일본 법률상 부부가 동성(同姓)을 쓰도록 정해져 있기 때문에[3] 어쩔 수 없이 한 사람은 전체 성명, 다른 사람은 이름만 표기합니다. 관례로 받아들일 수도 있지만, 아내를 '종속물'로 보는 태도가 엿보입니다.

만약 사업을 운영하는 부부 중에서 하나코 씨가 사장이고 다로 씨는 비서 역할을 맡고 있다면 더욱 문제입니다. '남편이 주, 아내가 종'이라는 고정관념 때문에 사실을 반영하지 못한 꼴이니까요. '어차피 남편 성을 따랐을 테니 남편의 전체 성명을 쓰면 아내는 이름만 쓰면 된다'고 도식적으로 생각하지 말고, 남편과 아내 중에서 누구에게 주안점을 둔 기사인지 고려해야 합니다. 또한 결혼 전 성을 사용하거나, 혼인신고를 하지 않은 사실혼 관계로 각자의 성을 유지하며 사는 커플도 많습니다. 이런 경우는 더욱 본인의 의향과 성명을 제대로 확인해야 합니다.

3
편집자 주 부부가 동성(同姓)을 쓰도록 의무화한 나라는 일본이 유일합니다.

여성이어도 안심?

> 여성이어도 안심, 신차 특집
> 여성에게도 추천하는 와인

스포츠대회나 자동차 운전을 다룬 기사 및 광고에서 '여성이어도 안심'이라고 외치는 사례를 자주 봅니다. 스포츠나 운전을 좋아하는 여성이 남성에 비해 적을지 모르지만, '여성은 운전이나 스포츠에 서툴다'라고 치부하는 말은 여성이 '열등한 존재'라는 인상을 주기 쉽습니다. 운전이나 스포츠에 뛰어난지 아닌지는 성별이 아니라 개인의 차이입니다. 스포츠를 잘 못하는 남성도 있고 운전에 뛰어난 여성도 있습니다.

2019년 도요타자동차는 공식 트위터 계정에 "여성 운전자 여러분께 질문합니다. 역시 자동차 운전은 어렵습니까?"라는 트윗을 올렸다가 비판이 쏟아지자 글을 삭제했습니다.[4] '역시'라는 단어가 여성비하라는 반발을 부른 거죠. 대중교통수단이 적은 지방이라면 성별을 불문하고 운전이 필수입니다. 일상적으로 운전하는 여성들이 '이제 와서 무슨 소리야'라고 생각하지 않았을까요?

차와 관련한 젠더 차별은 운전을 좋아하는 여성을 그저 불쾌하게 만드는 데 머무르지 않습니다. 영국의 한 조사에 따르면 여성이 사고를 당할 경우, 중증 부상을 입을 확률은 남성보다 47퍼센트 높고 중간 정도의 상해를 입을 확률은 71퍼센트 더 높다는 결과가 나왔습니다. 자동차 안전성 테스트에서

사용하는 인형이나 설계의 기준이 남성의 신체이기 때문입니다.[5]

마찬가지로 '여성에게도 추천하는 술'이라거나 '여성은 술을 좋아하지 않고 단 음식을 좋아한다'라는 말에도 여성의 취향에 대한 고정관념이 담겨 있습니다. 또한 잔인한 장면이 있는 영화를 상영하기 전에 나오는 '자극적인 표현이 있으니 여성들은 유의하십시오'와 같은 경고 문구는 '여성은 충격적인 것을 견디지 못하는 심약한 존재'라는 고정관념을 재생산합니다.

물론 특정 성을 대상으로 상품을 개발하는 기업도 많습니다. 그런 상품이나 광고를 모두 부정하겠다는 뜻이 아닙니다. 최근에는 '남성용'으로 출시되는 화장품도 늘고 있죠. 화장을 해보고 싶어도 망설였던 남성은 '남성용'이라고 적힌 제품을 보면 거리낌 없이 환영하겠죠. 하지만 만약 남성용 화장품 광고에서 '남자라면 요염해지고 싶은 법'이라는 모멸적인 표현이 등장한다면 분명히 반발이 일어날 겁니다. 배경에 숨은 멸시가 전해지니까요. 무의식적으로 편견이 스미지 않았는지 잘 검토해봐야 합니다.

4
저자 주 『朝日新聞朝刊』(名古屋本社版), 2019年 3月 2日, 34面.

5
한국어판 캐롤라인 크리아도 페레스, 『보이지 않는 여성들: 편향된 데이터는 어떻게 세계의 절반을 지우는가』(웅진지식하우스, 2020).

남녀를 구분해야 할까?

다나카 다로 씨(氏), 야마다 하나코 상(さん)

남성에게는 '씨', 여성에게는 '상'이라고 경칭을 달리 붙이는 경우가 있습니다. 하지만 대부분의 경우, 남성인지 여성인지를 구분해서 부를 필요가 없습니다. 같은 기사 안에서라면 어느 한쪽으로 통일하는 게 바람직합니다.[6] 또한 통계 분석 시 주로 남성이 앞에, 여성이 뒤에 나옵니다. 관례인지라 즉각 읽힙니다만, 여성 관련 통계가 주된 내용이라면 여성이 앞에 나와야 합니다. 최근에는 초등학교 학생부에도 남자는 앞, 여자는 뒤가 아니라, 이름 순서대로 기재하는 사례가 늘고 있습니다.[7] 상황에 맞는 판단이 요구됩니다.

6

편집자 주 2017년 1월 10일자 『부산일보』의 한 기사는 여성공무원의 70퍼센트가 "양, 미스, 어이" 등의 호칭에 불쾌감을 느끼고 있다고 지적했습니다. 한편, 청소년인권운동연대 지음은 여성에게 붙여온 경칭 '양'(孃)이 이제 청소년들에게로 넘어가 '나이주의'(agism)의 한 표현이 되지 않았는지 생각해보자고 제안합니다(「일상언어 속 차별 문제 세 번째 이야기」 ○○양/군」, https://yhr.jieum.kr/).

7

편집자 주 한국에서도 초등학교 출석번호를 남학생에게는 앞 번호, 여학생에게는 뒤 번호를 지정하는 곳이 많아 성차별 논란이 오랫동안 제기되어왔습니다. 2018년 국가인권위원회가 이것이 성차별임을 명확히 하고 시정을 권고한 바 있습니다.

사실은 가부장제에서 비롯된 말

오늘 입적했습니다
영부인도 참석

일본에서 혼인 신고를 할 때 '입적'이라는 표현을 널리 사용합니다만, 실제로는 둘 다 초혼일 경우, 양쪽이 각각 부모의 호적에서 나와 부부의 새로운 호적을 만드는 것입니다. 한 사람이 다른 사람의 호적에 '입적'하는 게 아닙니다. 다만, 어느 쪽이든 이혼 경험이 있거나, 어떤 사정으로 부모의 호적에서 빠져 단독 호적을 가지고 있는 경우에는 다른 한쪽이 '입적'하기도 합니다.

혼인 신고서 제출이 곧 입적은 아닌데도, 일반적으로 호적의 형태와 관계없이 '입적'이라는 말을 사용합니다. 입적은 가부장제[8]의 흔적으로, 여성이 '남성의 집에 들어간다'는 의미가 있으므로 바람직한 표현이 아닙니다. 유명인이 결혼 발표를 하면서 사용한 '입적'이라는 단어를 그대로 받아쓰는 기사가 많은데, '혼인신고서를 제출하다' 등 중립적인 표현으로 바꿔야 하지 않을까요?

그 외에 '시집보내다', '딸을 치우다' 등 여성을 집안 사정에 따라 주고받는 물건처럼 취급하는 표현도 피해야 합니다. 남편을 가리키는 '슈진'(主人)이라는 일본어도 남성을 가정의 주인으로 보고 여성보다 위에 두는 말입니다. 남편, 배우자, 파트너 등으로 쓰면 어떨까요? 동성 파트너가 있는 직원들을 지지하며 '남편 또는 아내'가 아니라 '파트너'라고 칭하도록 권장하는 기업도 있습니다.

또한 여성에게만 사용하는, 짝이 되는 표현이 남성에게 존재하지 않는 호칭은 피합시다. '영부인', '미망인',[9] '안내양', '현모양처', '여류', '여사' 등은 여성을 과도하게 특별 취급하는 표현입니다.

8

저자 주 가부장제란 연장자 남성이나 아버지가 다른 가족 구성원을 지배하는 가족 형태를 말합니다. 또한 가정만이 아니라 연장자 남성이 주도권과 우월성을 갖는 사회의 지배 구조 전체를 나타내는 용어이기도 합니다. 가부장제에서는 여성의 지위가 낮고, 동성애자에 대한 차별 등도 일어나기 쉽습니다.

9

편집자 주 한국 국립국어원 표준대국어사전에 따르면, '미망인'은 '남편을 여읜 여자', '과부'는 '남편을 잃고 혼자 사는 여자'로 정의됩니다. 이와 짝이 되는 남성 표현은 '홀아비/홀아버지'인데, 그 뜻은 '아내를 잃고 혼자 지내는 남자'입니다. 다시 이에 대응하는 표현은 '홀어미/홀어머니'이지만, 뜻은 다릅니다. '남편을 잃고 혼자 자식을 키우며 사는 여자'로, '자식을 키우는' 것을 '어머니'의 역할로 못 박는 성차별적 뜻풀이라고 볼 수 있습니다.

누구를 위한 애칭?

마오 짱, 2년 연속 V

'마오 짱', '리카코', '아이 짱' 등 여성 스포츠 선수는 유독 성을 뗀 이름이나 애칭만으로 불리곤 합니다. 친밀함을 표현하려는 의도이고 남성 선수도 '○○군(君)'으로 칭하기도 하니 모조리 틀렸다고 하지는 않겠습니다.

다만 스포츠 선수에 한해, 유명한 여성이 이름만으로 불리는 경우가 실제로 남성에 비해 많습니다. 기업 임원 등 남성이라면 이름으로만 표기하지 않는 딱딱한 기사에서도 여성은 이름으로 불리기도 합니다. 젊은 여성을 얕잡아보는 분위기를 조장하는 게 아닌지, 안이하게 사용하기 전에 되돌아봅시다.[10]

10

편집자 주 한국에서는 여성 연예인에 대한 남성 중심적 기사가 무분별하게 양산되고 있습니다. 여성 연예인이 주인공인 기사의 제목에는 kg이 붙은 것이 많습니다. 여성 연예인의 몸무게는 개인 정보 또는 사생활로 접근되지 않습니다. 또한 결혼을 했거나 이성애 연애 중이라면 여지없이 남성 파트너의 직업이나 이름 뒤에 하트를 붙여 여성 연예인을 수식하는 사례가 증가하는 추세입니다. 이와 관련해서는 「한국 언론이 여성 연예인을 쓰는 법 1♥ 2kg 3○○맘」, 『경향신문』, 2022년 7월 8일 참조.

2 성별 역할 고정관념

"여자는 집안일이나 하고 애만 키우면 돼." 이런 말을 여성에게 직접 말하는 사람은 이제 많이 줄었을지도 모르겠습니다. 그렇다면 '여성 사장, 일·가정 양립의 비결'이라는 기획 기사는 어떤가요? 남성 사장에 대해서는 이 같은 기사를 거의 내지 않습니다.

'여자는 집안일, 남자는 바깥일'이라는 성별 역할 분업은 우리의 의식 구석구석에 뿌리내리고 있습니다. 엄마 혼자서 아이를 돌보는 '독박육아'[11]가 문제가 된 지 오래고, 여성들은 '엄마라면 아이를 최우선으로 해야 한다', '요리를 못하면 여

11
역자 주 ワンオペ育児. ワンオペ(완오페)는 one operation의 줄임말로, 편의점과 같이 모든 작업 및 관리를 혼자서 책임져야 하는 일을 일컫는 말이었습니다. 여기에 '육아'라는 단어가 결합되어, 파트너 없이 혼자서 육아를 감당한다는 뜻의 신조어가 되었습니다.

자가 아니다/엄마로서 실격이다'라는 시선 때문에 괴로워합니다. 한편, 남성 육아휴직은 이제 막 시작되었습니다. 가사와 육아에 주체적으로 참여하는 남성을 차갑게 보는 시선도 뿌리 깊고, 남성 화장실에 기저귀를 가는 공간이 없는 등 인프라도 정비되어 있지 않습니다.[12]

남성과 여성이 가사도 일도 함께 하며 서로 부담을 나누는 사회가 되도록, 성별 역할 분업을 당연시하는 표현은 피해야 합니다.[13]

12

편집자 주 한국에서는 남자 화장실에 기저귀를 가는 공간을 마련하는 것과 동시에 기차역이나 백화점 등에 마련된 '수유실'이란 표현을 '아기휴게실'로 바꾸자는 제안이 나오고 있습니다.

13

편집자 주 한국에서 대표적으로 성별 역할 분업과 관련해 문제가 되는 표현은 '맘카페', '맘스스테이션'(아파트 단지 내 통학 버스 정류장을 지칭) 등입니다. 육아를 엄마에게 일임하는 이 표현들에 대해 '육아카페', '어린이 승하차장' 등의 대안이 제시되었지만 쉬이 바뀌지 않고 있습니다.

배제되는 사람들

학부형 여러분께 알립니다
전직 행정맨, 지역에서 활약

학부형,[14] 행정맨, OB(Old Boy), 샐러리맨이나 오피스 레이디 등은 기사가 남성이 많은 직종, 혹은 특정 남성/여성을 다룬다 해도 피해야 할 표현입니다. 아이를 보호하는 사람, 사회에서 일하는 사람이 남성이라는 고정관념을 퍼뜨리기 때문입니다.

학부형은 '보호자', OB는 '전(前) ○○', 샐러리맨/오피스 레이디는 '회사원, 직장인' 등으로 바꾸어 말합시다. 또 학교나 행정기관 등에서 공지사항이 있을 때 '어머님께'라고 대상을 지칭하는 것도 피합시다. 아버지나 조부모, 기관이나 시설의 교사 등이 육아를 할 수도 있습니다. '보호자 여러분께'면 충분합니다.

14
역자 주 '학부형'(學父兄)이라는 단어는 '학생의 아버지나 형'이라는 뜻으로, 예전에 학생의 보호자를 통칭하던 말입니다. 한국에서는 이제 '학부형'보다 '학부모'라는 말을 많이 사용하지만, 반드시 생물학적 부모여야 할 필요는 없으므로 다양한 가족 형태를 반영하여 '보호자'로 바꾸어가자는 목소리가 높습니다.

'일과 가정의 양립'은 왜 여성에게만 묻나요?

> 여성 사장, 일과 가정의 양립 비결은?
> 자신 있는 요리는 오므라이스, 여자 유도 우승자의 꾸밈없는 모습

사회적으로 활약하는 여성을 인터뷰할 때, '가정과 일 사이에서 어떻게 균형을 잡는가?'와 같은 질문을 하는 경향이 있습니다. 어린 자녀가 있는 여성 의원에게 '선거 기간 중에 자녀는 어떻게 했나?'라는 질문도 자주 하죠. 같은 연령대의 아이가 있는 남성 의원에게도 똑같은 질문을 할까요? '육아는 여성이 하는 일이고 남성은 관계없다'라는 전제가 깔려 있습니다. 여성과 남성 모두 가정에 관심을 쏟고 육아에 당연히 참여한다는 인식이 정착되어야 할 이 시점에 적절한 질문인가요?

이런 질문을 아예 하지 말아야 한다는 뜻은 아닙니다. 지극히 바쁜 와중에 어떻게 시간을 분배하는지 궁금해하는 독자도 많겠죠. 그렇다면 남성 의원에게도 같은 질문을 합시다. '아이는 아내가 돌본다'라는 대답이 나오더라도 그 말을 보도하는 데에는 의미가 있습니다.

더욱 주의해야 할 부분은 가사노동에 관한 질문입니다. 자신 있는 요리가 무엇인지 여성에게만 묻지 말아야 합니다. '여성은 가사를 잘한다', '가사는 여성이 하는 일'이라는 편견이 비쳐 보이기 때문입니다. 여성이든 남성이든 혼자 살든 가족이 있든, 집안일은 반드시 누군가가 해야 합니다. 정말로 특별히 언급해야 하는지 생각해보고, 표현할 때는 충분히 주의

를 기울입시다.

반대로 가사·육아에 열의를 쏟는 남성을 '이쿠맨'[15]이라고 부르거나 '아기를 돌보느라 고군분투한다'라는 식으로 묘사됩니다.[16] 대부분 호의적으로 다루는데, 이는 육아하는 남성을 특별하게 여기는 태도이므로 '육아는 여성이 하는 일'이라는 고정관념을 강화하는 결과를 낳습니다. '요섹남'과 같이 요리하는 남성을 특별하게 보는 표현도 별로 바람직하지 않습니다.

그림으로 나타낼 때도 주의가 필요합니다. 행정기관에서 자녀가 있는 가정에 보내는 공지문이나 가정 내의 육아를 다룬 기사 등에는 어머니만 육아를 하는 그림이 많습니다. 어머니는 자녀를 안고서 어르고 아버지는 소파에 앉아 있는 구식 고정관념이 여전히 자연스럽게 받아들여지는 걸까요? 실제로는 한부모 가정, 아버지나 조부모가 주로 육아를 담당하는 가정, 동성 커플이 육아를 하는 가정 등 다양한 형태의 가정이 존재합니다. 사람들이 소외감을 느끼지 않도록 시각적 표현에도 주의를 기울입시다.

15
역자 주 イクメン. '육아'(育児, 이쿠지)의 '이쿠'와 '맨'(man)을 합성한 신조어입니다.

16
편집자 주 '이쿠맨'과는 용법이 조금 다르지만 아빠의 육아를 특별한 것으로 보는 한국의 신조어로는 '딸바보'가 있습니다. 이 표현에 대한 비판적 접근으로는 허연, 「'딸바보' 시대의 여성 혐오」, 손희정 외, 『을들의 당나귀 귀 2』(후마니타스, 2019) 참조.

그것은 여성의 장점이 아니다

> 여성 관리직이니 세심하게 신경 써 주리라 기대한다
> 여성만의 섬세한 관점을 살린 신상품

육아 관련 상품 개발 이야기에서는 '여성 특유의 발상', 여성 관리직에 대한 기사에서는 '여성 특유의 시각으로 배려한다' 등의 표현이 눈에 띕니다. 언뜻 칭찬 같지만, 뒤집어보면 '여성은 육아를 하는 존재', '여성은 무조건 남을 배려해야 한다' 등 '여성이라면 당연하다'라는 고정관념을 조장하고 있습니다.

인터뷰한 사람이 '여성만의'이라는 말을 썼을 때 구체적으로 무엇을 가리키는지 캐물으라는 뜻이 아닙니다. 예컨대 여성 의사가 '여성만이 지닌 관점을 잘 살려 일하고 싶다'고 대답했다면 앞뒤 맥락을 살펴 '여성만이 느끼는 신체적 괴로움에 대해 상담하기 편안한 분위기를 만들어 환자에게 힘이 되고 싶다' 정도로 바꾸어 쓸 수 있습니다. '여성 특유의 경험이 가미된 상품을 개발할 수 있었다'는 '평소의 경험을 살렸다' 등으로 쓰면 됩니다. 고정관념을 조장하지 않으면서 말하는 이의 진의를 더욱 깊이 전달할 수 있는 방안은 얼마든지 있습니다.

뒷바라지, 내조의 주어는 여성

> 안방마님 역할을 하는 부사장
> 노벨상 수상을 뒷받침한 부인 '내조의 힘'

야구에서 투수를 정신적으로 뒷받침하는 포수, 사장을 뒷받침하는 부사장 등을 '안방마님'(女房役, 女房은 '아내', 役은 '역할'이라는 뜻)으로 표현하곤 합니다. '안방마님 역할'이라는 말은 '아내는 집에 머물며 남편의 사회활동을 뒷바라지한다'는 성별 역할 분담을 전제로 합니다. 물론 실제로 그런 부부관계가 많고, 그 자체를 비판하려는 의도는 아닙니다. 다만, 아내가 일을 하거나 지역에서 활약하고 남편이 활동을 뒷받침하는 경우에도 남편을 설명하면서 '내조의 힘', '안방마님 역할'이라는 표현을 사용할까요? 그리 보면 이런 발언이 '아내는 반드시 뒷받침하는 사람이어야 한다'라는 고정관념을 확산시킴을 알 수 있습니다.

2018년 아오모리현 고쇼가와라시가시는 포상 수상자 및 명예시민의 아내에게 수여해왔던 '내조 공로장'을 폐지했습니다. 여성 수상자의 남편에게는 수여하지 않아 '성별에 따라 정해진 역할이 있다는 고정관념을 조장한다'는 이유였습니다.[17]

여름이면 학교 운동부의 여자 매니저가 남자 부원들을 위해 부적을 만들어주었다거나 매일 주먹밥을 준비했다는 에피소드 기사도 많이 보입니다. 설령 여학생이 자진해서 했더라도 미담처럼 다뤘다가는 기존의 젠더 가치관을 재생산하는 꼴이 됩니다.

노벨상과 같이 대단한 공적을 쌓은 인물의 기사에서도 아내의 도움을 '내조의 힘'이라고 표현하지 말아야 합니다. 실제 당사자도 위화감을 느낀다고 말한 적 있습니다. 2014년 노벨물리학상을 수상한 아마노 히로시 나고야대학 교수의 아내 아마노 가즈미 씨는 『아사히신문』 인터뷰에서 이렇게 말했습니다.[18]

> 미디어 취재에 응할 때마다 '내조의 힘이네요'라는 말을 듣고 기분이 무척 이상했습니다. 나는 내조에 힘쓴 기억이 없으니까요. (…) 가사 일은 내가 거의 다 하지만, '남편

17
저자 주 http://digital.asahi.com/articles/DA3S13827362.html 참조. 남편이 '내조 공로장'을 받은 예는 없습니다.
편집자 주 이와 관련해 한국에서도 기사가 나왔습니다(「일본, '내조 공로상'도 성차별? 폐지 싸고 논란」, 『연합뉴스』, 2018년 12월 26일). 이 기사는 '내조 공로상'이 '내조'의 의미를 사회적으로 인정받고 확장할 수 있는 기회였다고 생각한 사람의 말을 인용합니다. 그러나 '아내의 일(로 여겨지는 모든 가사 및 돌봄 노동)'이 '남편의 성취에 대한 기여'로 평가되어야 하는지, 사회적으로 인정받는 다른 방식이 필요하지 않을지 고민해볼 부분입니다.

18
저자 주 『朝日新聞朝刊』(東京本社版), 2016年 12月 9日, 15面.

> 뒷바라지'를 해야 한다는 생각에서 하지는 않습니다. (…) 그런 말을 하는 사람들은 '여성은 남성의 그늘에서 뒷받침하는 사람'이라는 고루한 남성우월주의를 퍼뜨려 고착시키고 싶어서 '내조의 힘'같이 낡아빠진 말을 들고 나오는 게 아닐까요?

2016년 노벨의학생리학상을 수상한 오스미 요시노리 도쿄공업대학 명예교수의 아내 오스미 마리코 씨도 '내조의 힘'과 연관된 에피소드를 끌어내려는 기자회견의 분위기에서 위화감을 느꼈다고 합니다.[19]

2018년 노벨의학생리학상을 수상한 혼조 다스쿠 교토대학 명예교수는 기자회견에서 '전형적인 가부장으로 살면서 연구에만 정진해왔습니다. 가족에게 감사하게 생각합니다'라고 말했습니다.[20] 앞으로 일본 출신 여성이 노벨상을 수상할 때는 어떤 말이 오가게 될까요?

19 저자 주 『朝日新聞朝刊』(東京本社版), 2018年 10月 19日, 33面.

20 저자 주 『朝日新聞夕刊』(東京本社版), 2018年 10月 2日, 11面.

남성은 가사를 거들 뿐?

> 남편도 육아를 도와야 한다
> 가능한 한 아내의 가사 일을 도우려고 합니다

'돕는다'라는 말은 '아이의 도움'이라는 표현에서 보듯 '본래 할 일이 아니지만 보조하는 입장에서 참가한다'라는 의미입니다. 육아와 가사는 원래 남성과 여성 모두 다 할 수 있습니다. 여성만 가능한 일은 출산과 모유 수유(이마저도 분유로 대체할 수 있습니다)뿐이죠. 엄마와 아빠 모두 아기가 집에 온 날부터 돌봄을 배워나가야 한다는 사실은 똑같습니다.

2021년 히로시마현이 펴낸 『일하는 여성을 응원하는 욕심쟁이 핸드북』(働く女性応援よくばりハンドブック)은 많은 비판을 받았습니다. 이 책자에는 일하는 엄마의 '각오'로서 상사 및 동료, 남편에게 감사하고 배려하는 마음이 필요하다고 쓰여 있었습니다. '밤에 아기가 울어서 시끄러워도 참고 조금은 도와준다'는 남편의 불만이나 '다른 사원들이나 회사의 경영 상황도 이해해주기를 바란다'는 상사의 말도 소개되었죠. "일하는 엄마는 '욕심쟁이'니까 주위 사람들을 배려해야 한다는 말인가"라는 비판이 쏟아졌습니다. 여성과 남성 모두 일과 육아를 하는 시대에 여성에게만 이런 배려를 요구하는 것은 평등하지 않습니다.

물론 아내가 가사와 육아를 주로 맡고 남편이 '돕는' 상황에 있는 가정도 많을 테고, 그런 사정까지 부정하려는 건 아

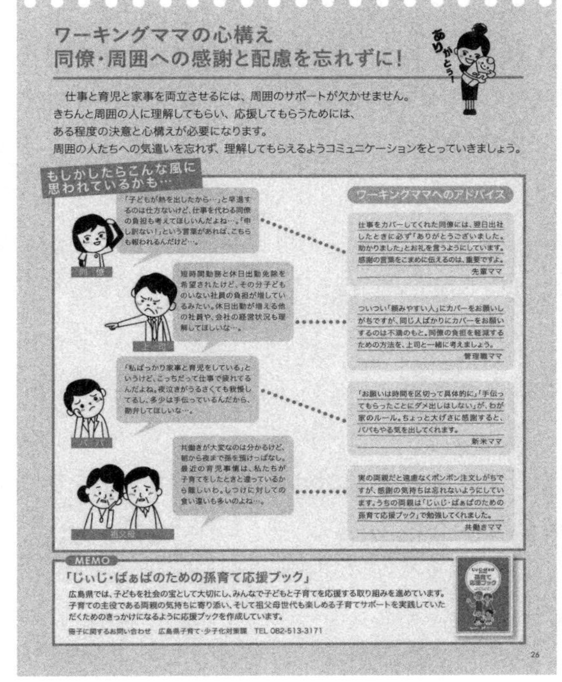

ワーキングママの心構え
同僚・周囲への感謝と配慮を忘れずに!

ありがとう!

仕事と育児と家事を両立させるには、周囲のサポートが欠かせません。
きちんと周囲の人に理解してもらい、応援してもらうためには、
ある程度の決意と心構えが必要になります。
周囲の人たちへの気遣いを忘れず、理解してもらえるようコミュニケーションをとっていきましょう。

もしかしたらこんな風に
思われているかも…

「子どもが熱を出したから…」と早退するのは仕方ないけど、仕事を代わる同僚の負担も考えてほしいんだよね…。「申し訳ない!」という言葉があれば、こちらも報われるんだけど…。

短時間勤務と休日出勤免除を希望されたけど、その分子どものいない社員の負担が増しているみたい。休日出勤が増える他の社員や、会社の経営状況も理解してほしいな…。

「私ばっかり家事と育児をしている」というけど、こっちだって仕事で疲れてるんだよね。夜泣きがうるさくても我慢してるし、多少は手伝っているんだから、勘弁してほしいな…。

共働きが大変なのは分かるけど、朝から夜まで孫を預けっぱなし。最近の育児事情は、私たちが子育てをしたときと違っているから難しいわ。しつけに対しての食い違いも多いのよね…。

祖父母

ワーキングママへのアドバイス

仕事をカバーしてくれた同僚には、翌日出社したときに必ず「ありがとうございました。助かりました」とお礼を言うようにしています。感謝の言葉をこまめに伝えるのは、重要ですよ。
先輩ママ

ついつい「頼みやすい人」にカバーをお願いしがちですが、同じ人ばかりにカバーをお願いするのは不満のもと。同僚の負担を軽減するための方法を、上司と一緒に考えましょう。
管理職ママ

「お願いは時間を区切って具体的に」「手伝ってもらったことにダメ出しはしない」が、わが家のルール。ちょっと大げさに感謝すると、パパもやる気を出してくれます。
新米ママ

実の両親だと遠慮なくポンポン注文しがちですが、感謝の気持ちは忘れないようにしています。うちの両親は「じぃじ・ばぁばのための孫育て応援ブック」で勉強してくれました。
共働きママ

MEMO
「じぃじ・ばぁばのための孫育て応援ブック」
広島県では、子どもを社会の宝として大切にし、みんなで子どもと子育てを応援する取り組みを進めています。子育ての主役である両親の気持ちに寄り添い、そして祖父母世代も楽しめる子育てサポートを実践していただくためのきっかけになるように応援ブックを作成しています。
冊子に関するお問い合わせ　広島県子育て・少子化対策課　TEL 082-513-3171

26

출처: 히로시마현, 『일하는 여성을 응원하는 욕심쟁이 핸드북』, 2021

위에서 세 번째 남자의 말풍선

"당신은 혼자 가사 일이랑 육아를 한다고 하지만,
나도 일하느라 피곤하단 말이야.
밤에 아기가 울어서 시끄러워도 꾹 참잖아.
조금은 도와주고 있으니까 좀 봐주라고…."

닙니다. '돕는다'는 말을 써야 하는 상황도 있겠죠.

하지만 일본 남성의 가사노동 및 육아 시간은 주요 선진국 중에서도 최저 수준입니다.[21] 남성 육아휴직이 점차 일반화되어가고 있지만, 육아에 충분한 시간을 할애하는 남성의 수는 여전히 적습니다. 여성과 남성 모두 평등하게 일을 하고 사회활동에 참가하려면 남성의 주체적인 가사 노동과 육아 참여가 반드시 필요합니다.

이런 와중에 '남편이 가사와 육아를 돕는다'라는 표현을 일반화해서 써버리면, 암암리에 '가사와 육아는 본래 남성의 일이 아니다'라는 메시지를 전달하게 됩니다. 언젠가 젠더 평등이 실현되는 날에는 '남편이 육아를 돕는다'라는 표현이 사라졌기를 바랍니다.

21

저자 주 일본 여성의 하루 무급노동(가사, 육아 등) 시간은 224분으로 OECD 주요 선진국의 평균에 해당하는 데에 비해, 남성의 무급노동 시간은 41분으로 주요 선진국 중에서 최하위입니다. https://www.gender.go.jp/about_danjo/whitepaper/r02/zentai/html/zuhyo/zuhyo01-c01-01.html;

편집자 주 OECD 노동 통계에 따르면, 한국 남성의 하루 무급노동 시간은 일본 남성보다 8분 더 많은 49분입니다. 한국 여성은 215분입니다. 무급노동 시간의 차이는 유급노동 시간의 차이로 이어집니다. 한국 남성의 유급노동 시간은 하루 419분, 여성은 269.4분입니다. 여성이 더 많이 일하고, 그 절반 가까이가 무급인 것입니다. 참고로, 스웨덴, 덴마크, 노르웨이의 남녀 무임노동 시간의 차이는 1시간 미만입니다.

3 과도한 성별 표시

‘과도한 성별 표시’라니, 황당하신가요. ‘남/녀’ 표기를 너무 일반적으로 사용하니, 위화감을 못 느끼는 사람도 많을 겁니다.

하지만 특별히 성별을 표시하지 않아도 되는 화젯거리가 수없이 많습니다. ‘여고생’, ‘남자답다’ 등 여성과 남성을 굳이 구분하는 말은 성별 역할 분리를 강화할 뿐만 아니라, 여성을 성적으로 다루거나 남성을 과하게 강한 존재로 다루는 결과를 낳습니다. 또한 자신의 성을 남성과 여성 중의 어느 한쪽으로 인식하기를 거부하는 논바이너리(non-binary)나 트랜스젠더를 배제하게 됩니다.

이제부터 다양한 상황에서 ‘남성’, ‘여성’이라는 말이 정말로 필요한지 살펴보겠습니다.

학생이면 학생, 사장이면 사장

> 여고생 영웅, 미아를 살리다!
> 여사장이 말한다, 매출을 늘릴 수 있었던 이유

'여고생', '여사장', '여의사', '여자 아나운서'는 너무나도 눈에 익은 말이지만, '남고생', '남사장', '남의사'는 어색하고 낯섭니다. '여고생', '여자 아나운서'에 대해서는 과도하게 외모에 주목하고 공공연히 성적 욕망의 대상으로 삼기까지 합니다. 그런 분위기가 불법촬영이나 성추행 범죄의 토양이 되기도 하죠. 한 번쯤은 생각해봅시다. '여고생 영웅' 같은 제목을 '고교생 영웅'으로 바꾸어도 의미는 충분히 전달됩니다.

일본에서는 유독 아나운서에 대해서만큼은 방송계의 전문 직종임에도 '여성'이 아니라 '여자'라고 낮추어 부르는 경향이 두드러집니다.[22] 뉴스 보도 등에 종사하는 직업인을 가리킬 때는 '아나운서'라고만 하고, 성별을 꼭 드러내야 할 필요가 있을 때만 '여성/남성 아나운서'로 씁시다.

사장이나 의사는 '남성이 하는 일'이라는 고정관념이 뿌리 깊고, 실제로 남성이 많기도 합니다. 굳이 '여사장', '여의사'라는 말을 쓰면 '여성이면서 사장/의사로 일하지만, 원래는 여성이 할 일이 아니다'라는 고정관념을 확산시킵니다. 반드시 여성임을 드러내야 하는 상황이라면 비교적 중립적인 '여성 아나운서', '여성 의사'라는 표현을 사용합시다.

예전의 구글 번역기는 '이 사람은 의사입니다'라는 문장을 튀르키예어에서 영어로 번역하면 'He is a doctor'라는 결과를 도출했다고 합니다. 번역 AI가 학습하는 데이터에 현실 세계의 편견이 존재하다 보니 '의사는 남성'이라는 고정관념마저 학습해버린 거죠. 그 외에도 '간호사는 여성', '엔지니어는 남성' 등 다양한 단어에서 고정관념을 반영한 번역 사례가 있었습니다. 현재는 구글이 적절히 대처하여 'She is a doctor'도 나란히 표시합니다.[23]

22
역자 주 일본에서는 여성 아나운서를 '조시아나'(女子アナ)라고 부릅니다. 남성 아나운서를 지칭하는 단어는 없습니다.
편집자 주 조시아나는 단순히 여성인 아나운서를 뜻하지 않습니다. 외모와 꾸밈이 중시되고 프로그램의 분위기를 띄우는 역할로 여성 아나운서를 소비하는 일본 방송계의 현실을 보여주는 단어입니다. 한국에서는 기상캐스터의 성 상품화 문제가 심각합니다. 2010년대 초반에는 "초미니, 초밀착, 노출, 논란"이라는 단어와 함께 기상 캐스터의 패션을 운운하는 기사도 심심찮게 나왔습니다. 개인이 운영하는 블로그 등에는 기상 캐스터의 방송 화면을 캡처해 '의상, 몸매, 미모, 리즈 시절' 등의 내용으로 포스트가 수없이 올라옵니다.

23
편집자 주 2024년 딥엘(DeepL), 클로드(Claude) 3.5 등에서 "이 사람은 의사입니다"라는 문장을 영어로 번역해줄 것을 요청하면 "This person is a doctor"라는 결과가 나옵니다. AI가 생성한 결과가 성차별적이라는 연구 결과가 꾸준히 나오고 있습니다. 참고로, 한국여성민우회는 2020년 공개된 AI '이루다'의 소수자 혐오 및 인종차별 문제가 대두된 이후 『페미니스트가 함께 만든 AI 가이드라인』을 만들어 배포한 바 있습니다. 한국여성민우회 홈페이지(https://www.womenlink.or.kr/)에서 다운로드할 수 있습니다.

'남'이어서 강조되는 것

> ○○ 선수, 첫 우승 맛보며 남자의 눈물을 흘리다
> 남자다운 결단

남자 스포츠 선수가 감동해서 눈물을 흘리면 '남자의 눈물'이라고 성별이 강조되곤 합니다. '상남자다', '남자다움이 넘친다'라는 문장들도 보입니다. 대부분 호의적인 기사에 등장하는 이런 표현에서 '본래 남자는 강한 존재'라는 고정관념이 보입니다. 하지만 다정한 남성, 연약한 남성, 울보 남성도 있습니다. 이런 말들이 남성들에게 '남자다움'을 강요하는 건 아닐까요?

'남자답다', '남자다움이 넘친다'라는 표현은 '용감하다', '당당하다' 등으로 바꿔 말해야 합니다. 용감하고 당당한 모습은 남성에게 한정되지 않습니다. 남성이라면 용감하고 당당해야 한다는 고정관념을 조장해서는 안 됩니다.

최근 '유해한 남성성'이라는 말이 확산되고 있습니다. '강해야 한다', '남자라면 여자를 쟁취해야 한다' 등 고정된 남성성을 강요하는 것이 여성에 대한 폭력과 차별의 원인이 된다는 의미입니다. 남성 또한 자신의 감정을 표현하거나 도움을 구하지 못하게 되고요.

'남자다움'을 강요당하며 남성들이 느끼는 괴로움은 이제 막 드러나기 시작했습니다. '남자답다'라고 칭찬하기 전에, 이 사람의 미덕은 무엇인지 더 깊이 이해하려고 노력해야 합니다.

정말 그런 말투를 썼나요?

정말 좋았단다
그런 일이 있으려나

외국어를 일본어로 번역한 영화 자막 등에서 '싫어라'(いやだわ), '그랬단다'(そうだったのよ) 등의 이른바 '여성형 말투'(女言葉)가 보입니다. 여성과 남성이 대화하는 형식의 기사에서 여성 쪽에 '왜 그럴까'(どうしてかしら), '알았어요'(わかったわ) 등 여성형 어미를 붙이는 경우도 있습니다.[24]

현실에서는 '여성형 말투'를 일상적으로 사용하는 사람이 줄어들고 있는데도, 가공의 대화에서 '여성스러움'을 두드러지게 강조하는 사례가 적지 않습니다.

물론 실제로 그런 말투를 즐겨 사용하는 사람의 발언을 옮긴 것이라면 문제가 없겠죠. 고령자 중에 있을 테고, 특정인의 성격을 드러내려는 의도일 수도 있겠습니다. 하지만 부러 여성형 말투를 사용하는 것은 적절치 않습니다. 과도한 '여자다움', '남자다움'을 말투에서 드러내지 않도록 주의해야 합니다.

24
역자 주 일본어에는 남성과 여성이 주로 사용하는 어휘가 구분되는 특징이 있습니다. 예컨대, 자신을 가리킬 때 '와타시'(私)는 남성과 여성 모두 쓰지만, '보쿠'(僕)나 '오레'(俺)는 남성만 씁니다. 또한 '~다와'(だわ), '~카시라'(かしら) 등의 부드러운 느낌의 종조사는 주로 여성이, '~조'(ぞ), '~제'(ぜ) 등 딱딱한 느낌의 종조사는 남성이 사용하는 경향이 있습니다. 여성어와 남성어의 구분은 희미해져 현대에 들어서는 일부 어휘와 어미, 억양 정도에만 남아 있습니다.

엄마인 것이 중요한가요?

엄마 선수
혼자 살면서 일에 매진

아이를 키우면서 사회 활동을 하는 여성을 '엄마 선수', '엄마 의원' 등으로 칭합니다.[25] 가사와 육아의 부담이 여성에게 치우친 사회에서, 어떻게 그 힘들다는 운동과 정치를 하면서 집안일에 육아까지 병행할까 하는 문제는 독자들의 관심사입니다. 하지만 '아빠'가 강조되는 선수나 의원이 있나요? '가사와 육아는 여성의 일이다'라는 사고방식이 굳건한 결과입니다. '엄마'라는 수식어 없이도 그들의 성취를 전달할 수 있습니다.

25
편집자 주 2024 파리 올림픽 당시 공식 올림픽 방송사는 성차별적 시선이 담긴 촬영 및 중계를 하지 말라는 지침을 발표했습니다. 한국에서도 전국언론노동조합 성평등위원회가 '성평등 올림픽' 보도지침을 공개했습니다. 하지만 여자 공기소총 10미터 은메달리스트 김예지 선수에게 '엄마'라는 칭호가 붙었고, 탁구 혼성 복식에서 동메달을 거머쥔 신유빈 선수에게는 '삐약이'라는 별명과 함께 임종훈 선수의 '합법적 병역 브로커'라는 수식을 붙인 언론사도 있었습니다. 이들 제목은 신유빈 선수가 혼합복식에서 남자 선수를 받쳐줬을 뿐이며, 한국 남자 선수의 병역 면제 이슈가 더 중요하다는 인상을 줍니다. 그중 신유빈 선수의 성을 떼고 이름만 표기한 기사도 있었습니다. 여기서 주목할 점이 하나 있습니다. 신유빈 선수에게 '합법적 병역 브로커'라는 별칭을 붙인 제목의 기사를 온라인에 송출한 한 일간지의 경우, 같은 날 같은 소식을 전하는 종이 신문에서는 해당 표현 없이 기사를 실었습니다. 본지와 인터넷 뉴스 사이의 이 같은 차이는 페이지뷰 수에 구애받는 인터넷 뉴스의 문제를 여실히 드러냅니다. 이와 관련해서는 이 책의 2장에서 자세히 다룹니다.

본인이 '엄마니까'라고 말했다고 해도 숙고해야 합니다. 예를 들어, 전쟁 반대나 원전 반대, 음식물 안전 등과 관련해서 활동하는 사람이 '엄마니까'라고 발언했다고 해서 그대로 받아 적지 맙시다. '자녀의 안전에 책임을 지는 사람은 엄마뿐이다'라는 상을 독자들에게 강요하게 될 수 있습니다. '자녀를 키우는 입장에서' 등으로 바꿔 쓰면 어떨까요?

또한 일에 매진하는 여성에 대해 다룰 때 유독 '독신 여부'를 강조하는 경향이 있습니다. 여성이든 남성이든 결혼했는지 아닌지는 사적인 문제입니다. 일이나 사회 활동과 관계없는 부분까지 언급할 필요는 없습니다.

인물의 성품을 중요하게 다루는 기사에서는 사적인 부분도 어느 정도 언급해야 할 때가 있습니다. 사회적으로 중요하고 힘든 일을 감당하면서 사적인 일상을 어떻게 꾸려왔는지, 독자도 흥미가 있을지 모릅니다. 다만, 그 사람이 '아내'나 '엄마'로서 역할을 다했는지 아닌지에만 주목하지 않도록 주의를 기울입시다.

남자는 파랑, 여자는 분홍

통계 데이터에서 여자는 분홍색,
남자는 파란색으로 구분

이런 색상 구분이 정말로 필요할까요? 실제로 '남자애 주제에 분홍색을 좋아하다니 이상하다'라든가 '여자애가 까만색 란도셀(어린이용 책가방)을 매냐'라며 놀림을 받고 괴로워하는 아이들이 많습니다. 좋아하는 물건이나 색상은 성별과 관계가 없습니다. 특정한 색을 성별에 결부시켜서는 안 됩니다. 여성 대상의 상품이나 서비스가 모조리 분홍색인 것도 비판해야 할 대상입니다. 소비자 역시 아무도 원치 않는 분홍색이라며 야유하고, 인터넷에서는 '촌티 핑크'라며 외면받기도 하는데 말입니다. 분홍색 자체가 나쁘다는 것이 아니라, '여성은 분홍색이지'라는 안이한 고정관념이 '촌스럽다'는 뜻입니다.

다만, 화장실 표시처럼 남성용은 파란색, 여성용은 붉은색이 일반적이다 보니, 다른 색상을 부여하면 혼란을 부르기 쉬운 사례도 있습니다. 애초에 여성과 남성을 구분할 필요가 있는지도 함께 논의해나가야 할 과제입니다.[26]

26
저자 주 애초에 남자 화장실, 여자 화장실이라는 구분 자체가 트랜스젠더를 배제한다는 의견이 있습니다. 개별 공간으로 구분하는 '모든 이를 위한 화장실' 등의 시스템도 늘어나고 있죠. 「안이하게 사용하지 말 것」(90쪽) 참조.

4 성 상품화

"○○ 씨가 있으면 분위기가 화사해져", "○○ 씨 섹시하네"라는 말, 어떤가요? '칭찬인데 뭐 어때'라고 생각하시나요? 이런 말을 칭찬으로 여기는 사람도 있을 수 있습니다. 반대로 '가족이나 친구, 연인이라면 몰라도 직장 동료한테 듣는 건 이상하다'라고 여기는 사람, 또 '누구에게든 겉모습을 가지고 이러쿵저러쿵하는 소리를 들으면 불쾌하다'라는 사람도 많지요. 외모는 바꾸기 어렵습니다. 타고나는 부분이기도 한 외모를 상품처럼 평가해서는 안 됩니다.

외모 칭찬이나 '괜찮은 여자/남자'라는 표현이 '당신을 성적 대상으로 본다'는 메시지가 되기도 합니다. 성희롱이나 성폭력을 당한 경험이 있는 사람이라면 더욱 괴로울 겁니다.

여성, 남성을 불문하고 외모에 대한 이야기를 꺼내거나 성적 대상으로 취급하는 태도는 언제 어디서든 경계해야 합니다.[27] 특히 행정기관, 병원, 대중교통 수단처럼 누구에게나 개방된 장소, 불특정 다수의 사람들이 보는 미디어 및 광고에서는 더욱 그렇습니다. 여성을 성적 대상으로 간주하는 분위기가 강할수록 성적 피해가 발생하기 쉽습니다. 성적인 표현을 지양하려면 어떻게 해야 하는지 알아봅시다.

27

저자 주 '그러면 여성의 헤어스타일을 칭찬하는 것도 안 되나', '일일이 신경 쓰다 보면 소통을 못 한다'라는 목소리가 들리는 듯합니다. 외모에 대한 언급은 상대방과의 관계에 좌우되는 무척 민감한 부분입니다. 그 미묘함을 이해하기가 어렵다면 안이하게 건드리지 말아야겠죠. 극구 언급하고 싶다면 그 사람의 '신체적 특징'을 칭찬하는 것인지, 아니면 '선택'을 칭찬하는 것인지 생각해봅시다. '그 패션이나 헤어스타일을 선택한 감각의 탁월함'을 언급하는 것이 '예쁘다/잘생겼다'라는 말보다는 낫지 않을까요.

여성은 장식이 아니다

사람들의 눈길을 끄는 요소로 여성의 얼굴이나 신체를 당연하다는 듯 사용하지는 않았나요? '여성이 화사하니까', '화면에 남자가 찍히면 칙칙하다'…. 여성을 칭찬하는 듯이 들리지만, 실은 여성을 '장식물'로 취급하는 말입니다.

일본의 신문사에서는 야구 경기장의 관중 사진을 찍을 때 '그림이 되니까' 젊은 여성 위주로 촬영하라는 지시가 내려온다고 합니다. TV 야구중계 영상에서도 마찬가지입니다.

상품 소개 사진도 그렇습니다. '상품 크기를 나타낸다', '사용 방법을 알린다', '가게 분위기를 표현한다' 등의 이유로 사진에 인물을 넣는 경우가 있죠. 문제는 그럴 때 '눈길을 사로잡는 요소'로 여성을 빈번하게 선택한다는 점입니다.

사진이나 영상에 인물이 필요하더라도 반드시 여성이어야 할 이유는 없습니다. 손이나 발 등 상품과 직접 관련이 있는 신체 부위만 촬영하거나, 여러 사람을 배치해 성별과 무관하도록 촬영할 수도 있습니다.

개성 강한 패션 아이콘들이 등장하면서 광고업계에서도 다양성을 중시하는 분위기가 나타나고 있습니다. 최근 신문기사에서는 남성이 상품을 들고 있는 사진도 많이 보입니다.

다른 업무를 해야 할 여성 점원을 불러와 일부러 고객 앞에 세우는 매장이 있다면, '여성이 눈길을 끌기에 좋다'라는 사고방식에 문제를 제기해야겠죠. 여성은 장식물이 아닙니다.

영상물의 성적 소비

스커트나 상의가 말려 올라가 가슴이나 허벅지가 보일 듯한 스포츠 선수의 사진을 종종 보았을 겁니다. 여성 스포츠 선수는 활동성을 위해 레오타드[28]나 짧은 팬츠 등 노출이 많은 경기복을 입기도 합니다. 이런 경기복의 하의 부분이 찍힌 사진은 경기 자체의 상황을 보여주려는 의도였다고 하더라도 성적으로 소비될 위험이 큽니다.

이러한 위험성은 최근 점점 더 심각해지고 있습니다. 신문·잡지·TV 및 인터넷 뉴스에서 개인 소셜 미디어까지 다양한 매체를 통해 사진과 동영상이 쉽게 퍼져 나가고 선수들은 깊은 상처를 입습니다. 2020 도쿄올림픽 당시 독일의 체조선수들은 발목까지 덮는 경기복 '유니타드'를 입고 경기에 출전해, 사진 및 동영상 악용에 항의 의사를 드러내기도 했습니다.

일본올림픽위원회(JOC)가 선수의 사진이나 동영상을 악용한 성적 괴롭힘 예방에 적극적으로 나섰습니다. '선수를 몰래 촬영하거나 사진이나 동영상을 악용하여 소셜 미디어에 게시하는 행위는 비열한 짓입니다'고 경고하며 불법촬영 행위 및 성적 소비 목적의 게시물 신고 창구를 열었습니다.[29] 그 뒤 저작권법 위반 및 명예 훼손, 미혹행위방지조례 위반 등의 혐의로 남성들이 줄줄이 검거되었죠.

일반인을 소개하는 사진에도 주의를 기울여야 합니다. 소셜 미디어에서 '성적으로 소비'될 우려가 없는지 사진과 동영상을 검토하고 선택 기준과 게시 방법을 고려합시다.

출처: 일본올림픽위원회 홈페이지

일본올림픽위원회가 배포한
선수의 사진 및 동영상
악용 방지 포스터.
주요 내용은 다음과 같습니다.
선수를 몰래 촬영하거나
사진 및 동영상을 악용하여
소셜 미디어에 게시하는 행위는
비열한 짓입니다. 모든 스포츠
애호가들에게 안전한 환경을.

28

역자 주 전체적으로 몸에 딱 붙고 하의는 수영복처럼 극도로 짧은 의복을 가리킵니다. 스포츠에서는 체조 등의 종목에서 주로 여성 선수들이 입어, 신체를 성적 대상화한다는 비판이 있습니다.

편집자 주 한국 여자 프로 스포츠계에서도 성차별적 경기복 규정이 문제입니다. 이와 관련해서는 「누가 여성 선수의 '적절한 복장'을 규정하는가」, 『경향신문』, 2021년 7월 28일과 「짧고 딱 붙어야 관객에게 인기?…여성 경기복 '흑역사' 언제까지」, 『한겨레』, 2024년 4월 21일 참조.

29

저자 주 2020년 11월 JOC 등 일본의 7개 스포츠단체는 선수 불법 촬영, 사진 및 동영상 악용, 악질적인 소셜 미디어 게시 등에 항의하는 성명을 공동으로 발표했습니다. '모든 선수가 경기에 집중하고 스포츠를 진심으로 즐길 수 있는 환경을 지키기 위해 지금 바로 대처 가능한 방안들을 시행한다'라고 표방했습니다.

미녀는 왜 문제인가

미녀 배구 선수, 팬들 관심 한 몸에

여성 스포츠 선수와 관련해서는 유독 경기 자체와 관계없이 외모에 주목하는 기사가 많습니다. '미녀 ○○' 등의 수식어는 비판받아야 할 외모지상주의입니다. 선수들도 성적 대상으로만 간주되는 데에 대한 위화감과 반발심을 직접 밝히곤 합니다. 일본의 전 컬링 국가대표 이치카와 미요 씨는 『아사히신문』 인터뷰에서 '일본선수권을 4연패하고 국가대표로서 성과를 쌓았는데도 외모만 화제가 되어서 참담하고 답답했다'라고 밝힌 바 있습니다.[30]

'미녀 선수', '미녀 회장', '꽃미남 사장' 등의 수식어는 대상자를 불쾌하게 할 수 있습니다. 경기나 업무와는 다른 부분으로 주목받는 것이 불만스러울 테고, 과도한 취재 및 팬들의 반응 때문에 괴로움을 겪기도 하니까요.[31]

패션에 관한 내용도 다루기 전에 잠깐 멈춰서 돌아봅시다. 여성 정치인의 패션은 유독 기사에 자주 등장합니다. 설령 칭찬하는 내용이라 할지라도 업무와는 별개입니다.

30
저자 주 『朝日新聞朝刊』(東京本社版), 2021年 4月 3日, 13面.

31
편집자 주 한국에서도 미녀 아나운서, 미녀 치어리더, 미녀 직업고 여학생, 미녀 육상선수, 미녀 치과의사 등이 종종 신문 헤드라인을 차지하곤 합니다.

"예쁘다고 칭찬하는데 왜 그러느냐", "비하할 의도는 없었다는데도 사죄하라니"…. 직장에서 함께 일하는 여성을 '여자애'라고 아무렇지 않게 부르는 일본의 '남성 중심 직장 문화'에서는 도저히 이해가 안 가는 일일까요? 정작 당사자는 전혀 의식하지 않고 일에만 전념하는데, 주변에서 과도하게 외모를 주목하는 풍조는 여성을 사회적 지위에서 멀어지게 합니다. '걔는 얼굴이 예쁘니까 다들 오냐오냐 하는 거지' 하고 여성의 능력을 폄하하는 시선과 동전의 앞뒷면 같은 관계죠.[32]

남성에게 머리가 길다느니 분홍색 셔츠를 입었다느니 같은 소리를 하는 것도 바람직하지 않습니다. '남자는 머리를 길러서는 안 된다', '남자는 온색 계열 옷을 안 입는다'라는 편견을 확산시킵니다.

복장은 개인의 선택이니 절대 건드리지 말아야 한다는 뜻이 아닙니다. 여러 기업이 모이는 행사에서는 자신이 몸담은 기업의 상징색을 복장으로 표현하기도 하죠. 드러내고자 하는 바가 있다는 생각이 들 때는 상대방에게 물어보면 됩니다.

32

저자 주 2021년 10월 전국시장회의 회장 다치야 히데키요 후쿠시마현 소마시장이 후쿠시마연합의 새 회장이 된 요시노 도모코 씨를 두고 '이번 미인 회장님도 기대가 된다'라며 외모를 언급했다가 비판을 받고 사과했습니다. 본업과 관계없이 겉모습으로 사람을 평가하는 '외모지상주의'의 전형적인 예입니다. 사과를 받은 요시노 씨는 '요즘 세상에 외모를 언급하다니 용서할 수 없다'라고 말하며 젠더 평등을 중심으로 연합운동을 전개할 방침을 밝혔습니다.

○○걸, ○○녀

> 고교생 이과녀가 해냈다, 신동 출현
> '마운틴 걸' 증가, '축산녀' 분투[33]

여성의 수가 적은 학과나 직종을 다루면서 '보기 드물다', '희소하다', '흥미롭다'라는 의미로 '○○걸' '○○녀'이라는 호칭을 여성에게 붙입니다.[34] 그런 인물을 다루거나 관련 기획, 상품을 소개하는 것도 상품 사진에 등장하는 여성과 마찬가지로 '여성'이라는 성별에 어떤 의미나 가치를 부여하려고 드는 사례입니다. 이렇게 여성이라는 점에만 주목하다 보면 결국 '모성애가 강하다', '남을 배려한다', '섬세하다', '여자에게는 샴푸향이 난다'와 같은 편견에 사로잡히게 됩니다.

최근 일본에서 자주 보이는 '이과녀'라는 표현 역시 이공계 관련 분야에 여학생 수가 적어서 생긴 말인데, '이쿠맨'이나 '이쿠보스'[35]와 마찬가지로 명칭 자체가 편견을 조장하고 강화할 우려가 있습니다. '생물학적 성별에 따라 학문상의 능력차가 있다'라는 고정관념은 과학적으로 증명된 바 없습니다.[36]

교도통신사에서 발간한 『기자 핸드북 13판』에도 '여성을 특별 취급하거나 짝이 되는 남성형이 없는 표현은 사용하지 않는다. 성별을 이유로 사회적·제도적 차별이 일어나지 않

33
역자 주 '마운틴 걸'은 등산을 즐기는 여성, '축산녀'는 축산업에 종사하는 여성을 뜻합니다.

도록 주의한다'라는 항목이 있습니다. '여자인데 보기 드문 일이네', '여자가 애쓰는데 더 응원해주자'라는 발상과 마주칠 때는 잠깐 멈춰서 생각해봅시다.

능력을 인정받지 못했던 소수자라서 일부러 더 가치를 부여하는 게 과연 옳을까요? 이들을 대등하게 대하는 것, 인종이나 국적과 마찬가지로 성별에 가치를 덧붙이지 않는 것이 젠더 평등의 첫걸음입니다.

34

편집자 주 이 책에서 우려하는 바와는 조금 다르게(훨씬 심각하게) '○○녀'는 한국에서 대표적인 여성 혐오 표현입니다. 언론에서도 이를 무비판적으로 받아쓰던 시기가 있었습니다. 다행히 지난 10년간 적어도 언론에서는 '○○녀'의 사용 빈도가 줄어들었다고 합니다. 「[헤드라인 속의 '○○녀'] 뉴스에도 세상에도 노처녀는 없다」, 『경향신문』, 2022년 7월 7일 참조.

35

역자 주 직원들의 경력 및 일·가정 양립을 응원하는 상사를 뜻하는 말로서, '육아'(育児, 이쿠지)와 '보스'(boss)의 합성어입니다. 일본 후생노동성이 '이쿠보스 프로젝트' 캠페인을 펼치며 제안한 단어인데, 성별·연령·계급과 무관함을 내세우고 있지만, 캠페인 이미지 속 상사들은 대부분 양복 차림의 중년 남성입니다.

36

저자 주 『젠더 모자이크』(다프나 조엘 외, 한빛비즈, 2021)에서는 '남성의 뇌', '여성의 뇌'는 존재하지 않고, 남성에게 보이는 많은 특성과 여성에게 보이는 많은 특성을 겸비한 '모자이크 뇌'를 지닌 사람이 대부분이라고 설명합니다. 뇌의 차이를 결정짓는 것은 성차가 아니라 스트레스와 성장 환경이며, 지금까지의 뇌과학 연구가 '여성에 대한 남성의 우위를 드러내는 과학적 탐구'였음을 지적합니다.

'여자력'의 함정

'여자력'을 높이는 투어, 인기 폭발

'여자력'(女子力)은 '여성스러움'을 바꾸어 표현한 단어입니다. 주의해야 합니다. 여성에게 기대되는 역할과 특성에 대한 편견은 결국 성 상품화를 강화하기 때문입니다. 왜 '남자력'(男子力)이라는 말은 없을지 생각해보면 그 비뚤어진 면모가 드러납니다. '여자력'이란 용어에 가사, 육아, 배려, 꾸밈, 모성, 인기 등을 뭉뚱그려 담았다고 할까요. 미숙함, 젊음, 귀염성 등의 뉘앙스도 풍깁니다.[37]

최근 학교 교육, 입시 교육에서는 성별에 관계없이 능력을 수치화하는 듯 보입니다. 노력만 하면 능력을 제대로 평가

37

편집자 주 일본 애니메이션 영화 「너의 이름은」(2016)에 '여자력'이라는 말이 나옵니다. 남자 주인공이 식당에서 같이 일하는 선배의 찢어진 치마를 꿰매주자 선배가 주인공에게 "女子力高いんだね"(여자력이 높네)라고 말합니다. 일본에서 '여자력'이 꽤 대중적인 표현이라는 것을 알 수 있습니다. '여자력'이라는 말은 2000년대에 등장한 이후 그 뜻도 조금씩 달라졌고, 수용의 범위와 방식도 변화해왔습니다. 이 책에서 여자력과 '능력의 수치화'가 연결되는 것은, 불안한 노동 조건과 신자유주의적 능력주의의 영향 아래 '여자다움'이 하나의 '능력'으로 '평가'되는 것을 긍정하는 흐름과 맞물려 있기도 합니다. '여자력'에 대한 해석 투쟁은 여전히 진행 중이며, 이 용어의 사용은 점차 조심스러워지고 있다고 합니다. 이와 관련해서는 지은숙, 「여자력과 일본의 페미니즘: 생존 전략인가? 강요된 젠더 규범인가?」, 지은숙·구기연·오은정 편저, 『오늘을 넘는 아시아 여성』(서울대학교출판문화원, 2023) 참조.

받을 수 있다고들 하죠. 하지만 학교를 졸업하고 사회에 한 발 내딛으면 그렇지 않은 현실에 직면합니다. 수치화되지 않는 '능력'이 수없이 많고, 그 속에 젠더에 대한 편견의 싹이 돋아 있음을 깨닫게 되죠.

여성 수험자를 일률적으로 감점했던 도쿄의과대학 입시 사건[38]처럼, 수치화되는 부분마저도 비뚤어진 평가로 훼손당하기도 합니다. 수치로 측정하기 어려운 경우는 더욱 그렇습니다.

'여성도 능력이 있으면 출세한다', '인재를 등용하려고

38

역자 주 일본의 명문대인 도쿄의대는 2010년 입학전형에서 여성 합격자의 비율이 40퍼센트로 크게 늘자 '여성은 출산과 결혼으로 이직이 잦다'며 이때부터 여성 수험자의 점수를 조작했습니다. 2018년 여성 합격자의 비율은 17.5퍼센트에 그쳤고, 2018년 8월 『요미우리신문』의 보도로 조작 사실이 드러나면서 일본사회에 큰 파문이 일었습니다.

편집자 주 한국에서도 비슷한 사례가 있었습니다. 2018년 국립한국교통대가 여성과 특성화고 출신 지원자를 탈락시키는 내부 지침을 세워 기소된 바 있습니다. 또한 채용 과정에서의 성차별도 극심한 것으로 드러났습니다. 2014년 청년인턴 채용 과정에서 여성 지원자에게 낮은 점수를 준 대한석탄공사, 2015-6년 면접평가표를 재작성하며 여성 7명을 탈락시키고 불합격권이었던 남성 13명을 합격시킨 한국가스안전공사, 2017년 남녀 서류합격자 비율을 7 대 3으로 미리 정해놓고 점수가 더 높은 여성 지원자 92명을 부당하게 탈락시킨 신한카드사, 2019년 여성이라는 이유로 면접 1등을 탈락시킨 서울메트로 등이 적발된 바 있습니다.

해도 여성 리더가 안 보인다'라고 합니다. 하지만 현실에서는 경험과 실적, 인맥 등이 효과를 발휘하고, 수치화되기 어려운 부분이 많습니다. 여성이 주도적으로 나서면 법과 제도는 변하겠지만, 편견이 반영된 현재의 법과 제도에서 높은 평가를 받는 것은 수치화하기 어려운 '능력'입니다. '능력'이라는 말에 편견이 가려진다는 사실, 생각해보신 적 있나요?

여성/남성으로 유형화하면 기사를 쓰기는 쉽습니다. 그러나 이러한 유형화로 누군가는 삶의 방식을 부정당하거나 피해를 입거나 의욕이 꺾여버리기도 합니다. '여자인데도', '여자니까'라는 전제야말로 사라져야 합니다.

성적으로 과장된 홍보 캐릭터

지역 활성화를 위해 '모에 캐릭터'[39]를 활용하는 자치단체들이 있습니다. 미에현 시마시는 해녀를 모델로 한 캐릭터 '아오시마 메구'(碧志摩メグ)[40]를 선보였는데, 가슴과 허벅지를 강조하는 등 성적인 느낌을 주어 공공기관의 캐릭터로 어울리지 않는다는 거센 비판을 받았습니다.[41] 해녀들이 철회를 요구하는 서명 운동까지 벌이자, 결국 시는 이를 받아들였죠. 행정기관 등이 여성의 성을 이런 식으로 이용하면 어떻게 대응해야 할지, 기사에 써도 될지 고민해봐야 합니다.

캐릭터 외에도 지역 활성화 명목으로 기획된 품목에 비키니 모양의 과자, 브랜디와 진저에일을 혼합한 칵테일 '브라자'처럼 속옷이나 성을 연상시키는 상품, '섹시한 야채'(사람의 다리처럼 두 갈래로 갈라진 근채류), 성적인 이미지를 강하게 풍기는 이름이 붙어 판매되는 상품이 수두룩합니다. 이를 두고서 "'모에'로 지방을 활성화하네", "유머러스하다", "아재개그"라며 웃고 넘어가도 괜찮을까요?

즐기는 사람은 누구이며, 불쾌감을 느끼는 사람은 누구

39
역자 주 원래 '모에 캐릭터'란 일본의 애니메이션, 만화, 비디오 게임 등에 등장하는 인기 캐릭터를 뜻하지만, '모에'라는 단어 자체의 뜻이 넓어져 최근에는 특정 대상을 향한 열광적인 애정을 의미하기도 합니다.

40
저자 주 『朝日新聞朝刊』(名古屋本社版), 2015年 11月 6日, 35面.

일까요?

많은 여성이 자신보다 나이가 많은 사람이나 직장 동료들의 음담패설에 맞춰주다가 성희롱도 웃어넘길 수밖에 없었던 경험을 합니다. 여성이든 남성이든 실제로 성추행이나 스토킹 등의 피해를 겪어본 사람에게는 '성적 대상으로 간주되는 일' 자체가 커다란 공포죠. 성 상품화는 비대칭적이어서 주로 남성이 '사는' 쪽, 여성이 '팔리는' 쪽이 됩니다. 판매의 대상이 되는 여성 대부분이 불쾌감을 느낀다는 사실을 잊어서는 안 됩니다.

이러면 "지역 활성화를 위해서 섹시한 남성 캐릭터도 만들자", "여성도 '사는' 쪽이 되면 괜찮다"라는 반론이 자동반사적으로 나옵니다. 얼핏 동등한 것처럼 들릴지 몰라도, 성적 피해를 입는 사람은 압도적으로 여성이 많을뿐더러 기계적인 '뒤집기'는 해결책이 아닙니다. 여성 대부분이 겪는 '성적 대상이 되는 불쾌함'을 무시하고서는 절대로 문제가 해결되지 않습니다.

'모에 캐릭터'나 '섹시한 상품' 자체를 부정할 일은 아닙니다. 서점에 즐비한 '모에' 콘텐츠나 관련 상품을 개인이 적

41

편집자 주 한국마사회가 경주마를 성적인 이미지의 여성으로 의인화한 홍보 캐릭터를 만들어 유튜브에 공개했다가 물의를 빚은 적이 있습니다. 예컨대, 한국마사회의 홍보 캐릭터들은 모두 말의 귀를 가진 여성이었으며, 그중 경주마 라온더파이터를 '모에화'한 캐릭터는 교복을 연상시키는 옷을 입고 있습니다. 비슷한 콘셉트의 게임에서 착안했다고 하며, 나중에 저작권 저촉을 이유로 영상을 삭제했습니다.

절한 장소에서 즐긴다면 아무런 문제도 없겠죠. 다만, 행정기관 등 공적 영역에서 이용하거나 미디어가 성적인 상품을 '바람직한' 방향으로 다루는 것은 주의해야 합니다. 표현의 자유가 있다고는 하나, 많은 사람이 보는 만큼 불쾌감을 일으켜서는 안 됩니다. '보이즈 클럽'[42]의 사고방식, 즉 남성 우위의 가치관을 긍정하는 꼴은 아닌지 늘 고민해야 합니다.

42

저자 주 체육회 등에서 많이 보이는, 남성들만의 긴밀한 연계로 이루어지는 인간관계. '올드 보이즈 네트워크', '올드 보이즈 클럽'은 주로 남성 중심의 기업, 단체에 몸담은 관리직 남성들로 구성된 배타적인 집단입니다. 구성원 안에서 암묵적인 정보가 돌고 비공식적인 의사 결정이 이루어지기 때문에 여성의 목소리가 반영되기 어려우며, 특히 여성을 성적인 대상으로 논평하거나 성적 피해를 경시하는 분위기도 존재합니다. '아저씨 문화'라고 바꿔 말할 수 있겠죠.

5 성소수자 차별과 배제

'LGBT'라는 단어는 이제 일본 사회에 완전히 정착했습니다.

TV에서는 이른바 '여성스러운' 말투를 쓰는 게이 연예인들이 활약하고, 동성애나 성소수자를 주제로 한 만화 및 드라마, 영화 등도 늘어났죠. 이러한 콘텐츠가 많은 팬을 얻으면서 LGBT를 자연스럽게 받아들이는 사람도 함께 늘어났습니다.

하지만 콘텐츠는 어디까지나 창작물입니다. 일부 이미지만 확산되다 보니 "게이는 단호하게 조언해줄 것 같아서 친구로 삼고 싶다"라든가 "레즈비언 커플이면 어느 쪽이 남자야?" 같이 문제 있는 발언도 들립니다.

뉴스에서도 성소수자에 대한 지식과 이해가 부족한 표현이 적지 않게 보입니다.

여기에는 어떤 문제가 있을까요? 구체적으로 고민하기 전에, 우선 기초 지식을 복습합시다.

LGBT란?

성은 ① 신분 등록상의 성(신체적인 특징 등을 근거로 신분 등록 서류에 기재된 성별), ② 성 정체성(자신이 인식하는 성별), ③ 성적 지향(연애 감정이나 성적 관심이 어느 성별에게 향하는가), ④ 성 표현(복장이나 태도 등에서 자신의 성을 어떻게 표현하는가) 등의 요소로 구성됩니다.

LGBT란 레즈비언, 게이, 바이섹슈얼, 트랜스젠더(출생 시에 결정된 성별과 스스로 인식하는 성별이 다른, 혹은 위화감을 느끼는 사람)의 머리글자를 딴 단어입니다.

LGB는 '성적 지향', T는 '성 정체성'과 관련됩니다. 이를 혼동하다 보니 "레즈비언이면 남자가 되고 싶은 거지?", "게이는 남자와 여자 둘 다 이해할 테니까 연애 상담 좀 해줘"처럼 이해가 부족한 발언이 미디어나 일상생활에 출몰하고 있죠.

LGBT의 어느 쪽에도 속하지 않는, 혹은 속하기를 거부하는 사람도 있습니다. 섹슈얼리티와 관련해서는 앞으로 얼마든지 새로운 용어와 정의가 생겨날 가능성이 있습니다. LGBT라는 단어가 지닌 한계를 이해하고, 다양한 성을 포괄하는 표현인 '성소수자'로 표현하는 것이 바람직합니다.

LGBT 이외의 섹슈얼리티로는 아래의 예가 있습니다.

엑스젠더
Xgender
여성과 남성, 어느 쪽도 아닌 성별로 자신을 인식하는 사람.

크로스드레서
Crossdresser
생물학적 성별과는 다른 옷차림을 하는 사람. 동성애자나 트랜스젠더가 아니더라도 다양한 이유에서 이성의 복장을 하는 사람들이 존재합니다.

에이섹슈얼
Asexual
다른 사람에게 연애 감정이나 성적인 욕구를 느끼지 않는 사람. '무성애자'라고도 부릅니다.

팬섹슈얼
Pansexual
동성과 이성, 또는 어느 쪽이라고도 할 수 없는 사람(엑스젠더 등)도 모두 연애나 성적 관심의 대상으로 보는 사람.

성의 존재 방식은 각양각색이므로 이는 어디까지나 예일 뿐입니다. '성소수자가 아닌 보통 사람의 입장에서는 가짓수가 너무 많아서 뭐가 뭔지 모르겠다' 하는 생각이 들지도 모르죠. 그런데 '보통'이란 무엇일까요? 그렇게 생각하는 당신은 아마도 '시스젠더'(cisgender, 출생 당시에 결정된 성별에 특별히 위화감을 느끼지 않는 사람)이면서 '헤테로섹슈얼'(Heterosexual, 이성애자)일 겁니다. 사실은 우연히 성다수자가 된 것 뿐이죠. 누구나 성의 당사자라는 인식을 지니고 성소수자 관련 표현을 고민해나갑시다.[43]

43

저자 주 최근에는 LGBT+ 등 LGBT에 속하지 않는 성을 포함하는 표현도 사용합니다. 성적 지향(sexual orientation)과 성 정체성(gender identity)의 머리글자를 딴 약칭 SOGI라는 단어도 있습니다.

역자 주 한국에서는 LGBTQ라는 용어를 점차 많이 사용하는 추세인데, 여기서 Q는 'Queer' 혹은 'Questioning'의 약자입니다. 'Queer'가 넓은 의미에서 성소수자를 통칭한다면, 'Questioning'은 특정한 성 정체성이나 성적 지향을 지니지 않고 자신에 대해 의문을 품으며 가능성을 열어두는 이들을 의미합니다.

편집자 주 최근에는 LGBTQIA2S+라는 약어가 쓰이기도 합니다. I는 간성(intersex), A는 무성애 또는 무성(agender, 남성·여성이 아닌), 2S는 투 스피릿(two-spirit)으로 북미 원주민 문화에서 남성과 여성의 젠더 특성을 모두 가진 사람을 일컫습니다.

차별어입니다

2017년 사이타마현 와라비시립초등학교의 한 남성 교사가 성소수자 아동이 있는 학급에서 수업하던 중 "여기 오카마가 있나? 오카마가 누구야?"라고 발언해 문제가 되었습니다.

성소수자와 관련된 일본어 중에는 오랫동안 모멸적인 의미로 사용되어온 말이 있습니다. 오카마(オカマ), 오나베(オナベ), 오토코온나(おとこおんな), 오네에(オネエ), 레즈, 호모[44] 등이 이에 해당합니다. 성소수자 인권 의식이 높아지면서 차츰 사라지고 있지만, 지금도 학교나 직장 등 일상생활에서 간혹 들립니다.

보도에 따르면 교사는 '교과서를 읽던 남자아이가 성대모사를 하듯이 까불기에 주의를 주었다'라고 변명했다 합니다. 성소수자 아동에게 직접 한 발언은 아니었지만, 아동의 보호자가 학교에 항의하면서 알려졌고 교사는 아동과 보호자에

44 역자 주 '오카마'는 남성 동성애자(게이), '오나베'는 남장 여자(FTM 크로스드레서), '오토코온나'는 소위 '여성스러운' 말투나 행동 등을 보이는 남성, '오네에'는 신체적으로는 남성이지만 여성의 정체성을 지닌 사람(MTF 트랜스젠더), '레즈'는 여성 동성애자(레즈비언), '호모'는 동성애자 전체(호모섹슈얼)를 모멸적으로 칭하는 단어입니다.

45 저자 주 당사자 중에 "오카마"와 같은 차별어를 굳이 사용하여 자신을 표현하는 사람도 있습니다. 이럴 때는 '차별적인 표현이지만, 본인의 의도를 존중하여 그대로 사용합니다'라는 단서를 붙여야겠죠.

게 사과했습니다.

차별적인 용어는 모두에게 상처를 줍니다. 당신이 깨닫지 못하더라도 누군가는 알아차립니다. 기사나 영상물 등 대중적인 콘텐츠에서는 물론 일상생활에서도 사용하지 말아야 합니다.

반면에 당사자가 과거의 피해 경험을 말할 때 차별어를 그대로 사용하는 것은 효과적입니다.[45] 예컨대, 레즈비언 여성이 학창 시절에 친구에게 "너 레즈냐? 소름 끼쳐"라는 소리를 듣고 충격을 받은 경험을 털어놓았다고 합시다. 이때는 차별어라 하더라도 '레즈'라는 말을 그대로 전달하는 편이 차별의 실태를 정확하게 전달할 수 있습니다.[46]

45

편집자 주 이 책에서는 다루고 있지 않지만, 농인 성소수자가 사용하는 수어에도 관심을 기울일 필요가 있습니다. 한국농인LGBT 설립준비위원회는 '퀴어'와 '앨라이'(이 책에서는 '옹호자'로 번역) 등 대안수어를 개발하고, 성소수자에 대한 멸시와 비하의 어조가 담긴 수어를 바꾸는 등의 제안을 한 바 있습니다. 이와 관련해서는 「'한국수어'에서 혐오표현 빼고, 존중과 긍정 더하기」, 『일다』, 2023년 3월 28일과 「"저의 행복은 이 활동에서 비롯되었습니다"—우지양 활동가 인터뷰」, 인권재단 사람 홈페이지(saramfoundation..org) 참조.

안이하게 사용하지 말 것

2017년 대형 할인점 '돈키호테'가 새로 문을 연 도쿄도 시부야구의 플래그십 스토어에 개인용 화장실을 설치하면서 'ALL GENDER'라는 안내판을 내걸었습니다. 이때 일부 보도에서는 'LGBT용 화장실'이라는 제목을 붙였습니다.

앞서 "레즈비언이면 남자가 되고 싶은 거지?", "게이는 남자와 여자 양쪽 다 이해할 거야"와 같이 성 정체성과 성적 지향을 혼동하는 발언에 대해 이야기했는데요. 특히 뉴스에서 성소수자를 하나로 묶은 'LGBT'라는 말을 잘못 사용하는 사례들이 보입니다.

남성과 여성으로 구분된 화장실에서 곤란한 경우는 타인이 판단하는 '외적인 성별'과 이용자가 원하는 '화장실의 성별'이 다를 때입니다. 즉, LGBT 중에서 트랜스젠더(T)만 해당됩니다. '여성으로 보이는' 레즈비언(L)이 여성용 화장실, '남성으로 보이는' 게이(G)가 남성용 화장실을 사용한다고 해서 다른 사람들이 이상한 눈으로 보지는 않죠.

'LGBT용 화장실'이라는 제목은 'LGBT는 모두 다른 성별의 모습으로 보이고 싶어 한다'는 잘못된 인상을 줍니다. 'LGBT용 화장실에 들어가면 성소수자라는 사실이 주변에 밝혀지기 때문에 오히려 더 들어가기 어렵다'며 유감을 느끼는 사람도 있을지 모릅니다.

참고로 돈키호테에서 내놓은 보도 자료에는 '성적 지향이나 성 정체성과 관계없이 누구라도 이용할 수 있는 화장실을 지점 내에 설치함으로써 다양성을 존중하는 사회의 실현에 기여하고자 한다'라고 쓰여 있었습니다. 화장실 안내판에 '모든 젠더'(ALL GENDER)라고 써놓았으니, 기사 제목에도 '누구나 당사자다'라는 의미를 담아 '다양한 성을 위한 화장실'이라고 표기해야 하겠지요?[47]

그밖에 'LGBT 여성', 'LGBT 남성'이라는 표현도 드문드문 보입니다. 다시 한 번 말하지만, LGBT는 레즈비언, 게이, 바이섹슈얼, 트랜스젠더의 머리글자이므로 한 개인을 표현하기에 적절한 말이 아닙니다.

개인을 지칭할 때는 '레즈비언', '트랜스젠더' 등 당사자의 섹슈얼리티를 정확하게 표기합시다.[48]

만약 '남성을 연애 대상으로 하는 엑스젠더 대학생'과 같이 정확한 표현을 사용하면서 문장이 길어진다면, 그리고 제목의 글자 수에 제한이 있다면 제목에는 '성소수자 대학생'이라 쓰고 본문에서 구체적으로 설명하는 대안도 있겠죠.

LGBT라는 말이 세상에 스며든 것은 성소수자를 자연스럽게 인식한다는 면에서 환영할 일입니다. 하지만 말만 앞서고 본질적인 이해는 제대로 좇아가지 못하고 있습니다. 본래

47

편집자 주 한국다양성연구소가 제안하는 표현은 '모두를 위한 화장실'입니다. '모두를 위한 화장실'은 활동 보조인 또는 보호자의 동반을 요하는 어린이, 장애인, 고령자와 생리컵을 쓰는 여성, 다양한 성 정체성을 가진 성소수자가 이용할 수 있는 1인 화장실입니다. 이에 더해 물리적 접근성, 특히 시각장애인을 위한 점자 표기, 점자 블록, 음성 유도기, 촉각으로 구분 가능한 비데 버튼 등도 갖추어져야 하겠습니다.

다양해야 할 성의 존재 방식을 한정지어 개인의 주체성을 무시하지는 않았는지, 모두가 각자 고민해야 합니다.[49]

48

편집자 주 2020년 12월, 영화배우 엘리엇 페이지는 트랜스젠더임을 커밍아웃하며 앞으로 자신의 인칭대명사를 그(He)/그들(They)로 써달라고 알렸습니다. 이와 관련해 미국 LGBT 미디어 모니터링 단체 GLAAD은 그와 관련한 보도 지침을 내놓았습니다. △ 성별정체성(자신이 어떤 젠더인지)과 성적 지향(어떤 젠더에 끌리는지)을 혼동해서 쓰지 말 것, △ 엘리엇을 (본인이 말한 대로) 논바이너리 트랜스젠더로 표기할 것, △ 엘리엇의 이전 이름을 계속해서 쓰지 말 것 등의 항목이 있었습니다. 자세한 내용은 「엘리엇 페이지의 커밍아웃 다룬 언론보도의 문제점」, 『일다』, 2020년 12월 7일 참조.

49

저자 주 'LGBT 여성/남성'이라는 표현을 택하면서 "'레즈비언', '게이'라는 말은 지나치게 직접적이어서 순화했다"라는 이유를 대는 사람도 있습니다. 직접적인 단어를 피하려 드는 배경에 '성소수자는 숨겨야 할 문제'라는 차별 의식과 혐오, 문제의 핵심에서 눈을 돌리려는 심리가 숨어 있습니다. 대수롭지 않다고 여긴 판단 속에 성소수자에 대한 차별이 들어 있지 않은지 돌아봅시다.

성별란에 남/여만으로 충분한가요?

여론 조사나 설문 조사에서 익숙하게 마주하는 성별란은 보통 '남/여' 둘 중 하나만 선택하도록 되어 있습니다. 당연한가요? 앞서 말한 바와 같이, 태어났을 때 결정되는 성별과 다르게 스스로의 성별을 인식하는 사람, 혹은 특정한 성별에 자신을 끼워 맞추고 싶지 않은 사람들이 있습니다.

애초에 이런저런 조사에서 성별을 묻는 항목이 정말로 필요할까요? 반드시 있어야 한다면 '그 외' 혹은 '대답하고 싶지 않음'이라는 선택지를 넣읍시다.

기사에서도 성을 무조건 이분화하지 않아야 합니다. 예를 들어, '남녀 관계없이 활약할 수 있는 사회가 되기를 바란다'라는 문장은 '성별에 관계없이'로 바꾸어 쓰면 됩니다. 다양한 성을 배제하지 않는 표현을 늘 염두에 둡시다.

트랜스젠더나 엑스젠더에 관해 익명으로 보도할 때는 특히 주의를 기울여야 합니다. 2012년 '성별 불일치'[50]로 괴로

50

역자 주 한국에서는 트랜스젠더를 지칭하는 의학 용어로 '성별 불일치'(gender incongruence)를 사용합니다. 과거 여러 나라에서 '성 정체성 장애'(gender identity disorder)라는 용어를 쓰던 시기도 있었으나, '장애'라는 단어가 '비정상', '치료가 필요한 존재'라는 편견을 낳는다는 비판이 일어나면서 더는 사용하지 않게 되었습니다. 세계보건기구 역시 '성별 불일치'는 '장애'가 아니라는 공식적인 입장을 밝히며 국제질병분류의 정신장애 항목에서 삭제했습니다. 반면, 일본에서는 '성동일성장애'(性同一性障害)라는 용어를 쓰고, 관련 법률의 명칭 역시 '성동일성장애특별법'입니다. 일본의 특정 법률을 지칭하는 맥락이 아니기 때문에 '성별 불일치'라는 표현을 사용했습니다.

움을 느끼던 당사자가 유방 제거 수술을 받던 도중에 사망하는 사고가 일어났는데, 일부 미디어에서 '여성 사망'이라고 보도했습니다.[51] 당사자가 스스로 인식하는 성을 존중하지 않는 태도입니다. 이때는 성별이 아니라 다른 특성을 짚어주거나 구체적으로 '~한 사람'이라고 설명합시다.

당사자와 연락이 닿았다면 어떻게 표현하면 좋은지 확인하는 게 가장 좋습니다. 연재 기획이나 장기 취재 기사 등에서는 가명을 사용하는 방법도 있겠죠.

51

저자 주 2004년부터 시행된 성동일성장애특별법에 따르면, 출생 시의 성과 스스로 인식하는 성이 다른 트랜스젠더가 ① 의사 2인 이상에게 진단을 받았고 ② 20세 이상이며 ③ 결혼하지 않았고 ④ 성 전환 수술을 받는 등의 조건을 충족하면 가정재판소에 청구하여 호적의 성별을 변경할 수 있습니다. 한편 ③번 비혼 요건은 당사자에게 이혼을 강제해서 자녀에게 고통을 주고 ④번 수술 요건은 원치 않는 사람의 생식 기능을 빼앗는 인권 침해라고 보아, 요건의 완화를 주장하는 목소리도 있습니다.

편집자 주 앞선 저자 주에 덧붙입니다. 성 전환 수술 대신 '성 확정 수술'이라는 표현을 사용하는 추세입니다. 영어 표현도 sex change surgery(성 전환 수술) ― sex reassignment sugery(성 재지정 수술) ― gender affirming surgery(젠더 확정 수술)로 변화해온 것으로 보입니다. 한편, 2023년 일본 대법원은 생식 기능 제거가 성별 정정의 요건인 것은 위헌이라고 판결했으며, 성기 외관 요건 또한 삭제하는 방향으로 가닥이 잡히고 있습니다. 한국에는 트랜스젠더의 성별 변경을 위한 법률이 없고, 대법원의 「성전환자의 성별정정허가신청사건 등 사무처리지침」(가족관계등록예규 제550호)을 따르는데요, 이 예규는 '성전환증', '성전환증 환자'라는 표현을 씁니다. 한국의 사법부가 성별 불일치를 일종의 '병리적 증상'으로 보고 있음을 알 수 있습니다.

틀에 끼워 맞추지 말 것

눈물의 커밍아웃, 부모와 화해

미디어에 등장하는 성소수자는 종종 '불쌍한 사람들'로 그려지며 비극적인 에피소드가 강조되곤 합니다. 성소수자에 대한 차별과 편견이 뿌리 깊은 일본 사회에서 괴로움을 겪은 사람들의 현실은 당연히 제대로 전달되어야 합니다.

하지만 주변 사람들의 지지를 받으며 자란 사람, '불쌍한 사람' 대접을 받고 싶지 않은 사람도 있습니다. 인터뷰를 하며 '분명히 괴로운 에피소드가 있을 텐데'라며 필요 이상으로 묻거나 기사 내용에 비극적인 요소를 과하게 담으면, 당사자에게 상처를 줄 뿐 아니라 성소수자의 삶은 슬픔으로 점철되어 있다는 잘못된 인식을 확산시키는 데 일조하게 됩니다.[52]

본인이 어떤 모습으로 다루어지기를 바라는지 명확히 확

52
편집자 주 한국에서는 성소수자를 사회병리 현상 등과 연결지어 보도하는 차별적 보도 관행이 여전합니다. 일례로 코로나19 집단감염이 유행이던 2020년, 확진자가 '게이'클럽에 다녀갔다며 방역과는 무관한 개인의 성적 지향을 공개, 보도한 언론이 있었습니다. 해당 언론사는 '동성애자는 혼자 늙고 결국엔 비참해진다'는 식의 혐오 기사를 쓰기도 했습니다. 참고로, 한국기자협회와 국가인권위원회는 ① 언론은 성적 소수자에 대해 호기심이나 배척의 시선으로 접근하지 않는다 ② 언론은 성적 소수자를 특정 질환이나 사회 병리 현상과 연결 짓지 않는다, 라는 내용이 명시된 인권보도준칙을 2011년에 제정한 바 있습니다.

인하고 그 의사를 존중합시다.

'게이는 멋쟁이', 'LGBT 중에는 창의적이고 우수한 사람이 많다'라는 이미지를 내세우는 콘텐츠도 가끔 보입니다. 언뜻 칭찬하는 듯 보이지만, 섹슈얼리티와 개인의 특성이나 성격을 연결지음으로써 또 다른 선입견을 조장할 위험이 있습니다.

'감동 포르노'[53]라는 말이 있죠. 성소수자를 '우리와는 다른 사람들'로 간주하며 오락거리로만 소비하지는 않았나요? 어떻게 바라보아야 할지 지금 다시 생각해봅시다.

53
저자 주 오스트레일리아의 장애인 저널리스트 스텔라 영(1982-2014)이 장애인을 감동이나 용기를 북돋우는 도구로 여기는 미디어 등의 세태에 일침을 가하며 한 말입니다. 빈곤층 등 '사회적 약자'로 인식되는 사람들을 소재나 주제로 삼은 표현물을 비판적으로 바라보는 맥락에서 사용됩니다.

동성혼이 저출생을 부추긴다고요?

2021년 10월 일본 중의원 선거의 쟁점 중 하나는 동성혼이었습니다. 최근 일본에서는 동성혼에 대한 관심이 높습니다. 찬반이 나뉘는 주제인 만큼 독자나 시청자의 의견을 모을 기회도 있을 겁니다.

여기서 문제는 반대 의견 중에 동성애에 대한 차별과 편견, 몰이해에 기반을 둔 주장이 적지 않다는 점입니다. 예컨대 '저출생이 더 심각해진다'는 의견이 그렇습니다. 이미 동성혼을 제도화한 나라의 사례를 볼 때, 동성혼 도입이 출생률에 영향을 미쳤다는 통계 결과는 없습니다.

'동성 간에는 아이가 생기지 않으니 결혼을 인정해서는 안 된다'라는 주장도 들립니다. 다양한 사정으로 아이를 갖지 않는, 또는 갖지 못하는 이성애 커플의 존재까지도 부정하는 말입니다.

이 같은 반대 의견에는 동성애에 대한 혐오가 도사리고 있습니다. 설령 혐오를 의도하지 않은 발언이라 할지라도 그대로 보도할지 고민해야 합니다.[54]

양비론에 사로잡혀서는 안 됩니다. 차별과 혐오가 담긴 반대 의견은 수용하지 말아야 합니다. 어쩔 수 없이 기사에 실어야 한다면, 반드시 다른 독자의 반론을 함께 싣도록 합시다.

동성혼 등 성소수자의 권리를 확대하려는 움직임을 두고 '특별 대접을 한다'라는 비판도 있습니다.

현재 일본에서는 법적으로 이성 간의 혼인만을 인정하고

있습니다. 지방자치단체에 도입되고 있는 '파트너십 제도'는 자치단체가 두 사람의 관계를 공식적으로 인정한다는 점에서 의미가 크지만, 법률혼과는 달리 상속 및 사회보장 측면에서 법적 효력이 없습니다. 동성혼과 파트너십 제도는 분명히 차이가 있습니다.[55]

2021년 3월 삿포로 지방재판소는 동성혼을 인정하지 않는 것이 법률로써 평등을 보장하는 헌법의 14개 조항에 반한다고 처음으로 '위헌' 판결을 내렸습니다.

결혼 제도란 본래 사랑하는 두 사람이 행복하게 살 권리를 보장하는 제도입니다. 동성혼을 요구하는 커플들은 "특별

54

저자 주 동성혼에 관한 미디어의 댓글 논쟁의 예. 2021년 4월 월간 『프리페이퍼』(フリーペーパー)를 간행하는 지바시의 이나게신문사가 동성혼을 비난하는 차별적인 네컷만화를 게재했습니다. 많은 항의를 받은 뒤, 신문사는 홈페이지에 사과문을 올리고 만화를 당분간 휴재하기로 결정했습니다. 만화는 '동성혼이 뭐래?'라는 제목으로, 여성 캐릭터가 "동성혼 커플은 아이도 못 낳잖아. 안 그래도 저출산 시대인데, 헌법으로까지 정해서 저출산을 부추기는 건가? 제정신이 아니네. 인류보다 개인의 행복이 소중한가 봐"라고 말하자 남성 캐릭터가 "인권은 지구보다 무겁다잖아"라고 대답하는 내용입니다.

55

역자 주 2023년 1월 기준으로 일본에는 255개의 시 단위 지방자치단체에 성소수자 파트너십제도가 있습니다. 2015년 도쿄 시부야구와 세타가야구가 가장 먼저 시행했으며, 도쿄도는 2022년 11월부터 전면 시행에 들어갔습니다. 동성 파트너로 인정받으면 공영주택 입주 신청, 공립병원 면회 및 수술 동의 등이 가능하지만, 여전히 상속, 공동 친권 소유, 세제 혜택 등은 인정받지 못합니다.

한 걸 바라는 게 아닙니다. 왜 우리는 결혼하면 안 되나요?" 라고 묻습니다. 성소수자 권리 운동은 침해받은 권리의 회복을 주장할 뿐입니다.

성소수자를 둘러싼 문제를 보도할 때는 반드시 그 본질을 이해해야 합니다. 2018년 자민당의 스기타 미오 중의원이 "[동성 커플은] '생산성'이 없다"라는 언론 기고문을 보냈던 사례처럼, 성소수자에게 가한 정치인들의 차별 발언은 일일이 손에 꼽기 어려울 정도로 많습니다.

같은 해 5월에는 성소수자에 대한 이해 증진을 도모하는 법안이 국회에 제출되자 자민당이 결정을 보류했습니다. 이때 '종의 보존을 배격한다'라는 성소수자 폄하 발언이 나오는 등 차별적 가치관이 만연한 자민당 내부의 실태가 확연히 드러났죠.[56]

하지만 이런 발언을 문제라고 생각하는 사람이 없다면 드러나지 않습니다. 특히 언론인이라면 지식과 감수성을 지속적으로 갈고닦읍시다.

56
역자 주 2023년 6월 13일 '성소수자에 대한 이해를 증진하기 위한 법안'(LGBT이해증진법안)이 마침내 일본 국회(중의원)를 통과했습니다. 법안 마련 과정에서 '성자인'(性自認)이라는 표현을 사용할 것인지, 즉 성소수자를 생물학적 성별이 아닌 스스로 인식하는 성별을 근거로 인정할 것인지 여부가 가장 큰 쟁점이었습니다. 여당인 자민당은 '성동일성'이라는 단어를 주장하며 이에 반대했는데, 결국 '젠더 아이덴티티'라는 절충적인 표현을 사용하기로 결정되었습니다. 이밖에도 전통적 가족관에 혼란이 생길까 우려하는 보수적인 시선이 일부 조문에 나타나 있는 점은 한계로 지적됩니다.

아웃팅 문제

2015년 히토쓰바시대학 법학대학원(도쿄도 구니타치시) 남학생이 동기생에게 동성애자라는 사실을 폭로당한 뒤, 학교 건물에서 뛰어내려 사망했습니다.[57]

자신의 성 정체성을 가족이나 친구 등 누군가에게 밝히는 '커밍아웃'이라는 용어는 이제 일반적인 표현으로 자리 잡았습니다. 성적 지향이나 성 정체성을 본인의 허락 없이 타인에게 누설하는 '아웃팅'이라는 말은 어떤가요? 일본에서 아웃팅은 이 남학생 사망 사건을 계기로 사회적인 문제가 되었습니다. 2018년 구니타치시에서 아웃팅을 금지하는 조례가 일본 최초로 시행되었고, 지방자치단체 중에서는 2021년 4월 미에현에서 같은 조례가 시행되었습니다.

2020년 다카라즈카대학(오사카시) 히다카 야스하루 교수가 발표한 조사에 따르면 일본의 성소수자 중 약 25퍼센트가 아웃팅을 당한 경험이 있다고 합니다. '동아리 활동을 함께하는 동성 선배에게 고백했다가 학교 안에 소문이 퍼졌다', '직장 인사 서류로 호적상 성별을 알게 된 동료에게 폭로당했

57

저자 주 히토쓰바시대학 법과대학원의 사건을 둘러싸고, 피해자의 양친은 대학이 적절한 대응을 취하지 않았음을 주장하며 대학에 손해배상청구 소송을 했습니다. 2020년 11월 항소심 판결에서 도쿄 고등재판소는 남학생에게 행한 아웃팅을 '인격권과 프라이버시권을 현저하게 침해하는, 용납되어서는 안 될 행위'라고 인정했습니다. 양친의 대리인이었던 변호사에 따르면, 일본에서 아웃팅을 불법 행위로 인정한 최초의 판결이라고 합니다.

다' 등 아웃팅은 학교나 직장 등 익숙한 장소에서 일어납니다. 설령 악의가 없었다고 해도 피해자에게 깊은 상처를 주고 등교 거부나 직장 퇴사, 심지어 자살로 내몰기도 하는 중대한 인권 침해입니다.

언론인들도 취재를 하다가 얻은 정보를 기사화하거나 타인에게 전달할 때는 어디까지 공개해도 될지 당사자에게 철저히 확인해야 합니다.[58]

58
편집자 주 한 방송인의 마약 투약 사건을 보도하는 과정에서 그의 성적 지향이 아웃팅되는 사건이 불과 5년 전 한국에서 있었습니다. 이 보도를 여러 언론사가 받아쓰면서 아웃팅의 파장이 컸습니다. 이때 사용된 '부끄러운 민낯' 같은 수식이 특정 성적 지향을 부도덕한 것으로 낙인찍을 위험이 있다는 지적이 잇따랐습니다.

'옹호자'가 되자

사회적 소수자의 편에 서서 목소리를 전달하는 것은 보도기관의 사명입니다. 교육 현장, 공공기관, 기업 홍보 등 매일같이 사회에 메시지를 던지는 사람 역시 그런 태도를 지녀야 합니다.

성소수자와 관련된 단어로 '옹호자'(ally)[59]라는 말이 있습니다. 성소수자를 이해하고 지지하는 사람들을 뜻합니다. 최근에는 일본의 여러 기업에서도 일하기 좋은 직장을 지향하며 옹호자를 늘리려는 노력이 일어나고 있습니다. 언론인들이야말로 평소에도 옹호자가 되어야 하지 않을까요?

사회에는 성소수자에 대한 차별적인 언행이 넘쳐납니다. 회식에서 남자 동료끼리 취해 끌어안기라도 하면 주변에서는 "어, 그쪽이야?" 하며 놀려대죠. 동성애자라고 커밍아웃하는 사람이 있으면 "언제 그걸 깨달았어?" 하며 호기심어린 눈으로 봅니다. 사회 분위기는 이를 예사로 받아들입니다.

이런 장면과 맞닥뜨리면 "지금 그 발언은 차별이다"라고

59
저자 주 '옹호자'란 동맹을 의미하는 단어이지만, 의미가 넓어지면서 성소수자 당사자에 한정하지 않고 이들을 이해하고 지지하는 사람들을 포함하는 개념이 되었습니다. 성소수자뿐만 아니라 외국인이나 장애인 등을 지지하는 사람들을 가리키는 말로도 사용됩니다.

편집자 주 '옹호자' 표현과 관련해서는 한채윤, 「'앨라이' 티를 내자」, 『한겨레』, 2023년 8월 30일 참조.

지적해야 합니다. 그러기가 곤란하다면 화제를 바꾸거나, 동조하지 않고 따라 웃지 않는 등 차별과 혐오의 언행을 긍정하지 않는 태도라도 취해야 합니다. 평소에 성소수자에 관한 차별어를 사용하지 않는 것은 무척 중요합니다.[50]

이 장을 읽은 누군가가 성에 관한 당사자 의식을 품게 되어, 다양한 성을 어떻게 표현할지 고민하고 행동하는 계기가 된다면 기쁘겠습니다.

50
편집자 주 국가위원회와 한국기자협회 인권보도준칙위원회가 준칙 제정 추진 과정에서 작성한 실천 매뉴얼을 보면, 성소수자에 대한 부정적 뉘앙스를 담아 은연중에 편견을 강화시키는 표현 사례가 정리되어 있습니다. ① (동성애를) '조장' 또는 (동성애가) '만연', '유행' ② '은밀한', '파문', '논란' ③ (동성애에) '빠져', (동성애를) '즐겨' ④ 동성애자라는 사실에 '충격', '경악' 등입니다.

신문 경조란에 보이는 젠더관

이누이 에리코
도쿠시마신문노조

신문에는 결혼이나 자녀 출산, 때로는 사망에 대한 정보가 게재되는 경조란이 있습니다. 일본의 지방지나 전국지의 지방판에는 대부분 존재하는데, 지역사회와 떼어놓을 수 없는 정보로 중하게 여기는 독자들도 있습니다. 가장 많은 사람이 들여다보는 지면 중 하나라고 할 수 있죠.

유감스럽게도 젠더 관점에서 볼 때, 표기에 문제가 있는 신문이 적지 않습니다.

예를 들면 도쿠시마신문의 '결혼'란은 남편의 성명, 아내의 성명을 순서대로 씁니다. '아내를 앞에 써달라'는 요청이 없는 한, 자동으로 남성을 앞세우고 그 다음에 여성을 나란히 씁니다. '좋은 부부의 날'인 11월 22일에는 매년 혼인 신고가 많습니다. 2021년 11월 23일 조간에는 결혼란에 38쌍이 게재되었는데, 성명으로 판단할 때 아내가 먼저 나오는 부부는 없었습니다. 게다가 일본의 신문 표기는 세로쓰기를 하니, '남자는 위, 여자는 아래'라는 이미지를 심어주기 쉬운 구도가 됩니다.

‘자녀 출산’란도 문제입니다. 보통 ‘야마다 다로·하나코의 장남 지로’라는 식으로 씁니다. 즉, 아버지만 전체 성명을 쓰고 아내와 자녀는 이름만 씁니다. 아내의 이름을 전체 성명으로 먼저 표기하고 남편과 자녀는 이름만 넣은 경우는 별로 본 적이 없습니다. 출산은 여성에게 대단히 큰 신체적 부담을 안깁니다. 자칫하면 사망할 위험성마저 있죠. 그렇게 목숨을 걸고 출산한 어머니와 주인공이 되어야 할 아기가 신문의 ‘출산’란에서는 아버지에게 밀려나버리는 겁니다.

일본에서 선택적 부부 별성(別姓) 제도에 대한 논의가 활발해졌다지만, 같은 성을 선호하는 부부도 여전히 많습니다. ‘어차피 성이 똑같은데, 부부 둘 다 전체 성명을 쓸 필요가 있나’ 하는 의견도 있습니다. 그렇다면 아내를 먼저 써도 상관없지 않나요? 당연하다는 듯 남편의 성명을 앞에 넣어 표기하는 관행은 역시 남성우월주의가 아닐까요?

도쿠시마신문만 이렇게 표기하는 게 아닙니다. 프라이버시 문제 때문인지 경조란을 두지 않는 지방지를 제외하면, 같은 방식으로 표기하는 신문이 꽤 많습니다. 그중에서도 ‘결혼’란은 어김없이 남편, 아내 순서입니다. ‘자녀 출산’란은 도쿠시마신문처럼 아버지만 전체 이름을 쓰고 어머니와 자녀는 이름만 병기하는 유형 외에, 보호자로 아버지나 어머니 중 한쪽의 이름만 게재하는 지방지 및 전국지의 지방판도 눈에 띕니다. 역시나 대부분은 아버지의 이름이 대표로 쓰여 있죠.

애초에 당사자가 작성하는 신문 게재 신청 서식도 젠

더 측면에서 평등하다고 보기 어렵습니다. 도쿠시마현 내의 24개 지방자치단체를 조사해본 결과, '결혼' 서식은 모두 남편, 아내 순서였습니다. '자녀 출산' 서식도 예상대로 아버지, 어머니 순서였죠. 더 심한 경우도 있었습니다. 어느 자치단체의 용지에는 '아버지 성명', '어머니 이름'으로 해놓아 아예 어머니의 성씨 표기를 요구하지도 않았습니다. '어머니 이름'란은 '아버지 성명'란에 비해 훨씬 좁아, 남편에게 부속되는 존재 같다는 인상을 주었습니다.

'사망'란은 당연히 성별과 관계없이 고인의 전체 이름과 연령, 주소가 기재됩니다. 결혼해서 자녀가 있는 여성은 죽고 나서야 겨우 '개인'으로 인정되는 걸까요? 인생을 단락 짓는 경조란을 들여다보면 그런 생각을 하지 않을 수 없습니다.

일본 신문사의 게재 방식과 행정 기관 서식에서 이제는 사라져야 할 '가부장제'의 그림자가 짙게 느껴집니다. 바로 '가장'인 남성이 가족의 대표자로서 처자식을 통솔한다고 규정했던 메이지 민법[61]이죠. 행정 수속을 원활하게 하려고 만들어진 현행 '세대주주의'('부부만' 또는 '부부와 아이만' 있는 세대에서는 세대주가 대부분 남성)도 그런 풍조를 여전히 조장하고 있을지도 모릅니다.

이제 구태의연한 가족관이 짙게 남아 있는 경조란도 바뀌어야 하지 않을까요? 결혼란의 표기 순서는 남편, 아내 순서가 아니라 당사자들에게 원하는 바를 물어보고, 출산란에는 어머니의 전체 성명을 표기하는 겁니다. 마음만 먹으면 바로 바꿀 수 있습니다. '원래 이런 거다', '지금까지 늘 이렇게 했다'라는 사고방식에 붙들려 있지 말고 세상의 변화에 발맞추어야 합니다.

뿌리 깊은 관습이나 낡은 젠더관으로 '남편을 앞으로 해달라', '어차피 똑같은데 어머니의 성까지 표기할 필요 없다'라고 말하는 사람들도 여전히 있겠죠. 하지만 신문사는 고정관념을 벗어던지고 젠더 평등을 지향하는 선택지를 제시해야 합니다.

'고작해야 표기 방식이잖아'라고 생각할지 모르겠지만, 그럼에도 표기는 중요합니다. 경조 정보는 매일 게재됩니다. '아버지가 위, 어머니는 아래', '아내는 남편을 따르는 존재'. 성별 고정관념이나 남성우월주의를 강화하고 재생산하는 표현 방식을 되풀이해오지 않았는지, 신문사는 더욱 스스로 살펴야 합니다.

51

역자 주 1898년 시행된 '메이지 민법'은 '이에'(家)를 기본 단위로 삼아 남성 가장인 호주(戶主)에게 가정을 다스릴 권한을 주었습니다. 집안의 재산은 장남이 단독으로 상속했으며 아내는 독자적인 재산권이나 자녀에 대한 친권마저도 주장하지 못했습니다. 가정을 손쉽게 통제함으로써 국가 통치의 기반으로 삼았던 메이지 민법은 일본의 패전 후인 1948년 개인의 존엄과 성평등을 표방하는 민법으로 개정되었습니다. 이후에도 여러 변화를 거치며 개정되었지만, 부부동성제 등 메이지 시대에 형성된 가부장적 가족관은 여전히 일본사회에 남아 있습니다.

평등한 표현인가요?

- 슈진(主人)의 직업은 무엇입니까?
- 비즈니스맨과 오피스 레이디를 대상으로 조사한 결과입니다.
- 이번 신입, 여자력이 대단하던데.
- 신사의 인주를 모으는 역사녀(歴史女)가 늘고 있다.
- 오제 지역은 마운틴걸에게 인기입니다.
- 이 영화는 여자와 애들 취향이다.
- 신문의 생활가정란은 여성스러움이 포인트다.
- 이렇게 여자여자한 기사는 싫어.
- 거기 파견 사원, 이거 복사 좀.[62]
- 당사는 육아와 양립할 수 있도록 여성 사원을 배려하고 있습니다.
- LGBT스러운 섬세함이 느껴지는 소설이다.
- 우리 회사 여자들이 차는 참 잘 탑니다.
- 여자애라면 출산 선물로 핑크가 딱이지.

62
역자 주 2021년 일본 후생노동성의 조사에 따르면 전체 파견 노동자의 성비는 거의 반반으로, 여성이 근소하게 많은 정도입니다. 그러나 2000년대 이전까지는 여성이 7할 이상으로 훨씬 많았고, 현재에도 사무직에서는 여성의 비율이 압도적으로 높기 때문에 여전히 '파견직은 다 여성이다'라는 고정관념이 일본 사회에 남아 있습니다.

2장 웹에서 일어나는 일

변화하고 변화할 수 있는 의식과 규칙

1 무엇을 지향할 것인가

'낚시성 제목'과 성차별

같은 내용의 기사인데 신문과 웹에서 제목이 크게 다른 경우가 있습니다. 조회 수, 즉 페이지뷰[1]를 올리기 위해 온라인 기사의 제목을 과장하거나 명백히 오해를 부르는 표현을 써서 비판의 대상의 되곤 합니다. 기존 종이 매체와 같은 감수성으로 웹을 운영하기 때문이라는 지적도 있습니다.

실제 사례를 통해, 젠더에 대한 고민이 없는 상황에서 빠지기 쉬운 유형을 네 가지로 분류해보았습니다. 종이 매체를 기반으로 활동하는 기자들의 자기 성찰을 담고, 이 다층적이고 새로운 문제에 대한 전문가의 조언을 받아 분석했습니다.

세로축은 종이 매체의 제목을 손대지 않고 그대로 사용했는지, 아니면 웹용으로 가공했는지를 나타냅니다. 가로축은 페이지뷰를 신경 쓰는지, 혹은 무시하는지를 나타냅니다. 두 축이 교차하면서 사분면이 생겨나죠. 여러분이 평소에 독자로서 자주 보는 웹미디어의 제목은 어디에 위치하나요? 뉴스 생산자라면 자신이 쓴 기사가 어디쯤에 있는지 확인해보세요.

이 장에서는 페이지뷰를 평가 축으로 삼지만, 페이지뷰가 아닌 다른 평가 기준이나 지표를 사용하는 사이트도 있습니다.

[그림 1]

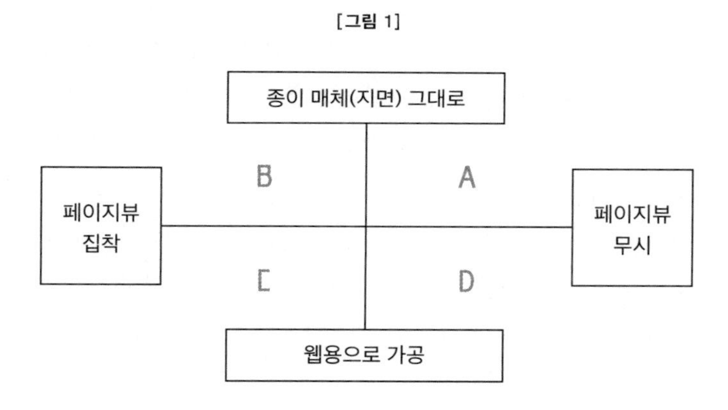

1

저자 주 웹사이트에 표시되는 페이지의 열람 수. 사이트 방문자 수와는 다르며, 이용자 한 사람이 사이트에서 각각 다른 페이지를 열 때마다 카운트됩니다. 사이트 자체의 방문자 수는 '섹션 수'라는 지표를 활용하지 않는 이상, 측정하기 어렵습니다. 페이지뷰가 많으면 광고 수주 등 장점이 많습니다. 또한 일본의 많은 신문사는 야후 뉴스 등의 플랫폼에 자사의 뉴스를 제공하는데, 그 대가도 페이지뷰를 기본으로 산정됩니다.

A 종이 매체 그대로·페이지뷰 무시

페이지뷰를 의식하지 않고 신문의 제목을 그대로 웹에 이용했다가 비난받은 사례가 있습니다. 예를 들면, 아래와 같은 헤드라인을 들 수 있습니다.

> '내조의 힘' 빈틈없는 마리코 부인
> 엄마 선수의 새로운 길

이러한 제목들은 1장에서 다루었던, 여성은 가정에서 아이를 키우는 존재라는 '성별 역할 분업'의 고정관념이 지금도 뿌리 깊게 남아 있음을 드러냅니다. 이제껏 종이 매체를 통해서는 독자들의 불만이 잘 드러나지 않았지만, 소셜 미디어 등에서는 금세 비판이 일어났죠. 젊은 세대를 포함한 다양한 독자들이 볼 뿐만 아니라, 기사에 대한 의견도 소셜 미디어에서 보다 쉽게 표명하기 때문입니다.

[그림 2]

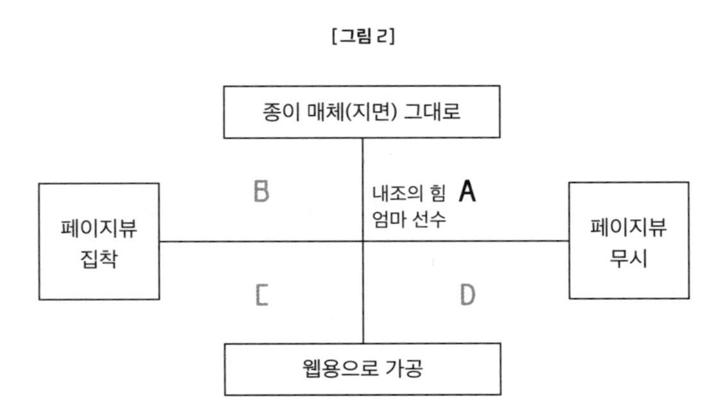

B 종이 매체 그대로·페이지뷰 집착

종이 신문의 헤드라인이 웹의 페이지뷰를 올리는 데에도 효과가 있으리라 예상하며 사용하는 사례입니다.

하시모토 칸나, 세일러복 입고 노반 투구, 천사 같은 시구

프로야구 등 스포츠 경기에서는 여성 연예인이나 유명인사가 시구에 등장하곤 합니다. 지면과 웹 모두 '○○씨, 미니스커트 차림으로 노반 투구'라는 제목을 붙였는데, 이런 사례는 주로 스포츠지에서 많이 보이죠. '포수 미트를 향해 노 바운드(no bound)로 투구했다'라고 설명하지만, 시구식은 경기 전의 특별 행사일 뿐이므로 어떤 투구를 했는지는 뉴스 가치가 별로 없습니다. '노반'을 '노 팬티'의 일본식 표현인 '노판'로 착각해 클릭하는 독자를 노린 것으로 보입니다.

[그림 3]

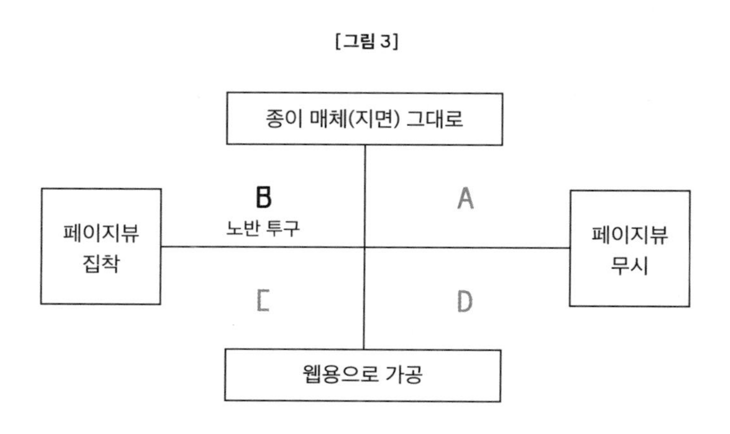

A→B '페이지뷰 무시'에서 '페이지뷰 집착'으로

조회 수를 의식하지 않고 신문 제목을 그대로 웹에도 게재했는데, 페이지뷰가 올라가는 것을 보고서 이후부터는 계속 그 제목을 그대로 사용하는 경우입니다. 대표적인 사례는 다음과 같습니다.

스쿠미즈아게, 섬에서 활기

오키나와 방언에서 '스쿠'(スク)란 농어류의 잡어를, '미즈아게'(水揚げ)는 어획을 뜻합니다. 지방지에서 매년 풍물 소개 기사로 다루었지만 이전까지 문제가 된 일은 없었습니다. 하지만 웹에 기사 제목이 올라가자 물고기 '스쿠'가 아니라, 학교 체육 시간에 입는 수영복을 뜻하는 '스쿨 미즈기'(水着)의 줄임말 '스쿠미즈'(スク水)로 오인되면서 조회 수가 폭발했습니다.[2]

'노반 투구'나 '스쿠미즈'는 웹에서 일어나는 전형적인 사례입니다. 신문사도 이에 대한 비판을 알지만 일부러 계속하는 것으로 보입니다.

2 저자 주 자세한 내용은 「인터넷 사용자가 보는 젠더와 표현」(132쪽) 참조.

[그림 4]

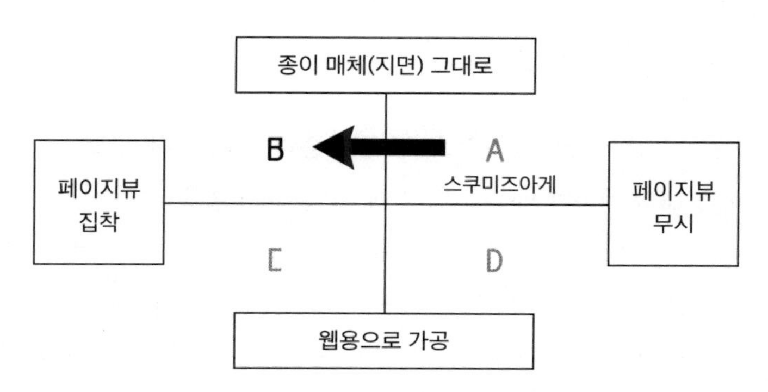

C 웹용으로 가공·페이지뷰 집착

○○녀, 꽃미남 ○○

지금 가장 시급한 문제는, 기사 내용은 기존 종이 매체 그대로 내보내되 제목만 바꾸어 웹에 게재하는 유형입니다.

한동안 기사 제목에 빈번하게 등장했던 '카메라조시'[3], '오자와 걸즈'[4] 등의 단어도 이에 해당합니다. 이제 종이 매체에서는 제목에 사용하기를 자제하고 있지만, 웹에서는 여전히 흔히 보입니다. '꽃미남 ○○'도 미디어가 미추를 결정해 소비의 대상으로 삼는 구도라는 점에서 본질은 같습니다.

그 외에 신문지상에서는 크게 다루지 않는 '○○ 관광홍보대사 내방' 등의 사례도 있습니다. 젊은 여성 등이 홍보 목적으로 신문사를 방문했다는 내용인데, 온라인에는 사진까지 곁들여 크게 게재되곤 합니다. 뉴스의 가치를 판단하는 신문사의 중요한 기능이 제대로 작동하지 않은 사례입니다.[5]

3
역자 주 '카메라'와 '여자'(女子, 조시)의 합성어로, 카메라를 들고 다니며 거리나 공원 등의 풍경을 찍는 여성들을 지칭합니다. '마운틴걸'과 마찬가지로, 이전까지 주로 남성들의 취미라고 여겨졌던 영역에 여성이 늘어나기 시작하면서 생겨난 단어입니다.

4
역자 주 일본의 야당 세력을 대표하는 정치인 오자와 이치로가 키운 정치 신인들, 소위 '오자와 칠드런' 중에서도 여성 정치인들을 가리키는 단어입니다. 2009년 중의원 선거에서 여러 여성 정치인들이 당선되며 새로운 바람을 일으켰지만, 철저한 파벌주의와 가부장적 정치 문화 아래 일시적으로 흥행에만 이용되었다

[그림 5]

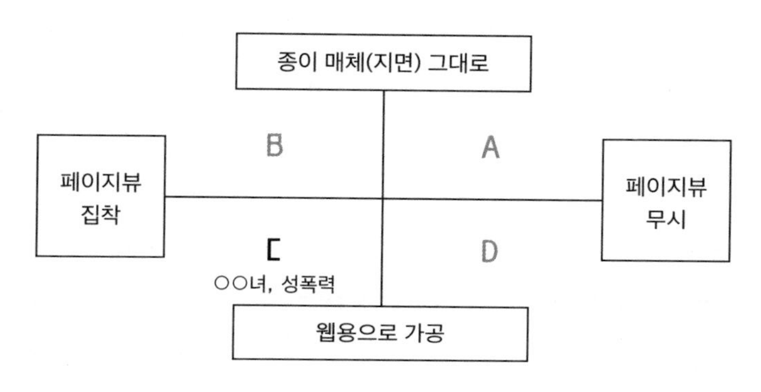

는 비판도 있습니다. 실제로 2009년에 당선되었던 여성들은 이후 선거에서 대부분 낙선하며 정치 경력이 단절되었습니다.

5 편집자 주 한국에서는 포털 사이트에 올라가는 뉴스의 제목을 포털 사이트 회사에서 자체적으로 바꾸는 관행이 문제가 되어왔습니다. 뉴스의 내용이나 가치와 무관하게 낚시성 제목을 붙이는 것에 대한 비판에 관해서는 「포털 뉴스 선정적 제목 바꾸기가 문제」, 『한겨레』, 2019년 10월 20일 등 참조.

더욱 심각한 것은 성범죄·성폭력 관련 기사 제목입니다. 지면에 게재된 성범죄 기사를 웹에 옮겨 실으면서 제목을 선정적으로 바꾸는 경우가 있습니다. 한 지방지의 동일한 기사 제목을 비교해봅시다.

신문	웹
주거침입 등 혐의	여아 목욕 중, 창문 틈새로…
강제 외설 혐의로 체포	"마음에 드는 여성" 몸을 만지다
여고생 가슴 등을 만진 혐의	여고생 등 뒤에서…남성 체포
여고생을 따라다니다, 성추행 혐의	'귀여워서' 1km나…
불법촬영과 외설, 현교육위원회 두 교사 징계면직	"스위치가 켜져버렸다" 57세 불법 촬영 교사 징계 면직

종이 매체에서는 체포·혐의가 제목인 데 반해, 웹에서는 성폭력 수법이나 가해자의 진술이 강조되어 있습니다. 사건을 축소하고 성적인 콘텐츠로 소비하기를 부추기는 행태죠. 이렇게 선정적인 제목이 달리면 기사의 페이지뷰가 상승해 '많이 본 뉴스' 순위의 상위권에 오르기도 합니다. 다른 미디어에도 "포옹했을 뿐, 사이가 좋아서 서로… 여성에게 외설 행위, 남성 체포 '강제로 하지 않았습니다'", "20대 여성의 몸에…파키스탄인 남성 체포 '뒤에서 사타구니가 확 닿았다'라며 혐의

일부 부인" 등의 제목이 있었습니다.

성폭력은 피해자의 몸과 마음에 중대한 영향을 끼칩니다. 피해를 가볍게 다루는 표현은 2차 가해가 될 가능성이 크고, 성폭력에 관한 잘못된 인식인 '강간 신화'[6]를 사회에 각인시킵니다. '진심으로 저항하면 도망칠 수 있다', '밤에 혼자서 돌아다니다가 그런 일을 당했다'와 같은 강간 신화는 피해자를 탓하며 몰아세웁니다. 3장에서 성폭력 피해 보도에 대해 상세히 기술하겠지만, 성폭력이 인간의 존엄성을 크게 훼손한다는 사실을 절대로 잊어서는 안 됩니다.

6

저자 주 성폭력에 관한 편견 어린 믿음. 근거가 없고 사실이 아님에도 사회에 스며들어 사람들이 믿어버립니다.

B→C 지면과 웹 연동·페이지뷰 집착

2020년 6월 여성 아이돌 그룹의 멤버가 각지의 미술관을 방문해서 예술의 힘을 알리는 기획 '미술관 여자'가 신문사 웹사이트에서 시작되었습니다. 도쿄도 현대미술관을 방문한 첫 회 기사는 신문 지면에도 게재되었습니다.

기사 속의 여러 사진에는 관내에 전시된 유명 미술가의 작품을 배경으로 아이돌 스타가 서 있었습니다. 이 젊은 여성 스타의 사진 역시 하나의 '작품'으로 제시했죠. '어려워 보이는 예술을 내가 이해할 수 있을까', '요즘 젊은 여성들은 소셜 미디어에 사진을 찍어 올리기 바쁘다. 이토록 가까이에 사진 찍기 좋은 장소가 있다는 걸 여성들이 얼마나 알고 있을까' 하는 설명도 곁들였습니다. 웹에서는 '젊은 여성을 무지한 존재로 소비한다', '미술 작품이 들러리인가'라며 비판하는 댓글이 쏟아졌습니다. 사이트는 폐쇄되었고 '다양한 의견과 지적을 무겁게 받아들여, 이후의 연재는 재검토하겠습니다'라는 공지가 올라왔습니다.

한편 이와 대조적으로 자신의 의견을 당당하게 밝히는 여성을 공격하는 '온라인 괴롭힘'도 일어나고 있습니다.[7]

7
저자 주 상세한 내용은 「자기주장을 하는 여성에 대한 온라인 괴롭힘」 (150쪽) 참조.

[그림 6]

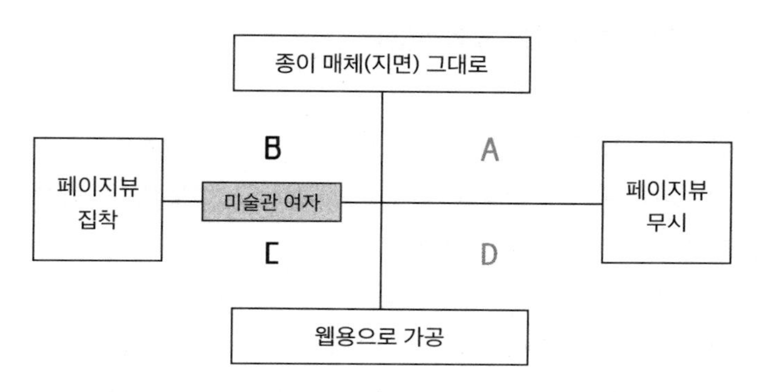

D 웹용으로 가공·페이지뷰 무시: 젠더를 고려한 제목이란?

신문사의 웹 활용 방식은 왜 이런 비판을 불러올까요?

신문 지면의 기사는 '기자 → 데스크(또는 부장) → 편집 기자(레이아웃 및 제목 담당) → 편집 데스크 → 교열(제목 및 기사의 오타, 사실관계 등 확인) → 인쇄'로 이어지는 과정을 거쳐 세상에 나갑니다. 하지만 현재 웹 부문의 시스템은 지면 부문에 비해 준비되어 있지 않습니다. 사내 연수 등을 통해 제도를 충실히 마련하지도 않았고 의식 향상을 도모하지도 않으니 젠더 문제에 대한 이해가 부족합니다. 그 배경에는 기존 '다수자 남성'의 시선으로 제목을 결정하고 점검도 제대로 하지 않는 젠더 차별 의식이 있죠. 다만, 소셜 미디어에서 내뱉은 개인의 불평이 세상에 확산되듯, 복잡한 확인 과정이나 제어 장치를 거치지 않고 손쉽게 정보를 발신할 수 있다는 점은 원래 웹 미디어가 지닌 특징이기도 합니다. 웹 이용자를 폭넓고 다양하게 고려한다면, 그림에서 아래쪽으로 진행되어야 합니다.

웹에서는 접근 경로 등을 분석하여 어떤 제목이 조회 수를 올리는지 쉽게 알아낼 수 있습니다. 젠더 불평등을 확대 재생산하는 제목의 기사가 '많이 본 뉴스' 순위의 상단에 올라가는 일도 있습니다. 조회 수 지상주의에 빠지면 선정적인 제목을 쓰게 되고 이를 보는 독자들은 상처를 입습니다. 그림의 왼쪽으로 급격히 치우치는 거죠.

그렇다면 젠더 평등을 고민한 제목이나 표현은 그림 오

[그림 7]

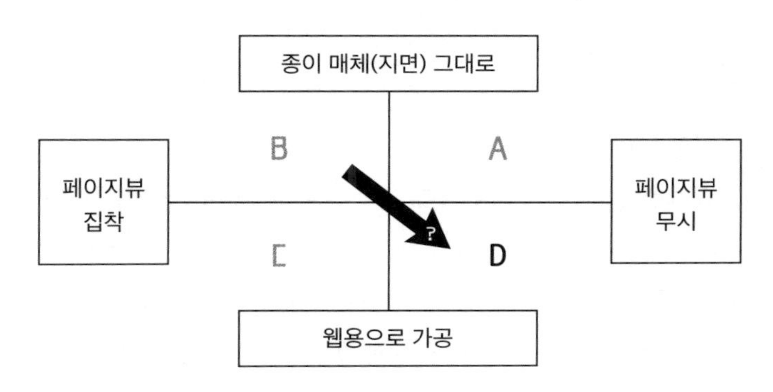

른쪽 아래의 D에 위치할까요? 조회 수를 그저 무시하는 것만이 올바른 태도일까 하는 의문을 품고, 젠더 문제의 전문가인 오사카예술대학 객원준교수(젠더법 전공) 다니구치 마유미 씨[8]의 이야기를 들어보았습니다.

8 저자 주 오사카대학 대학원 박사과정 수료. 2012년 서민의 시선으로 정치를 끝장내자는 '전일본아줌마당'을 페이스북으로 설립. 2018년 임의 단체 '미디어계의 성희롱을 고민하는 모임' 대표, 언론 보도에 종사하는 여성들의 성희롱 피해 실태 조사 진행. 전 일본럭비협회 이사. 저서 『일본 헌법: 오사카 아줌마 해설』(日本国憲法: 大阪のおばちゃん解説), 『아저씨들의 관례』(おっさんの掟) 등.

젠더 주류화라는 축

다니구치 씨는 "인권 존중은 모든 것의 기본이며, 다양한 시스템에 젠더 관점을 도입하는 젠더 주류화(gender main-streaming)[9]가 현재의 국제 기준입니다. 앞서 언급한 두 가지의 축에 더하여, 인권을 중심에 두고 국제 기준과 일본의 현 위치를 양극으로 삼는 축을 생각해볼 수 있겠습니다"라고 지적했습니다. 이 세 번째 축을 더하면 [그림 8]이 됩니다.

[그림 8]

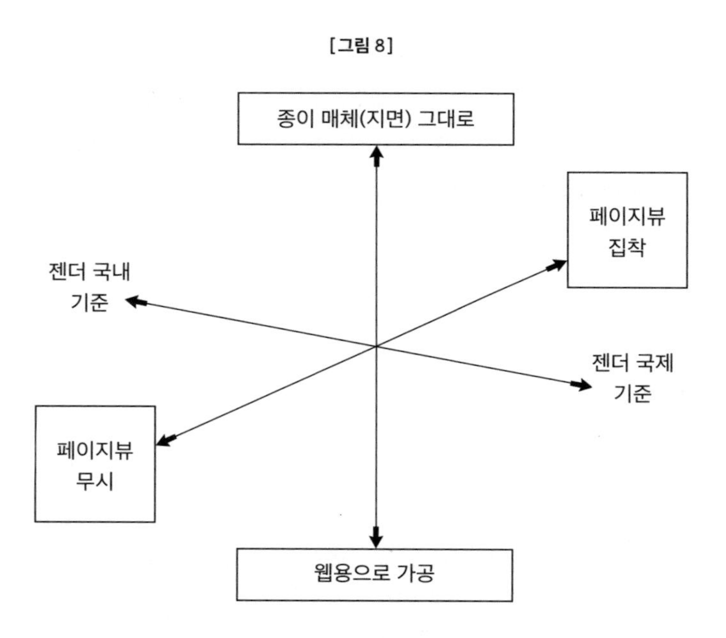

그러면 지금까지 사례로 들었던 제목들은 [그림 9]와 같이 다시 위치 지을 수 있습니다.

[그림 9]

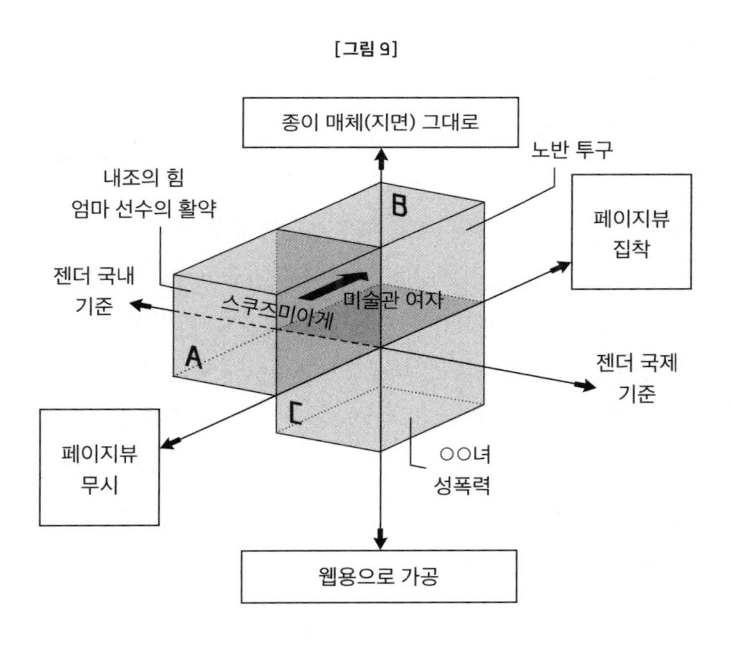

앞에서 나쁜 사례로 들었던 제목들은 모두 세 번째 축의 왼쪽,

9

저자 주 정책 결정 과정 및 다양한 프로그램, 시스템 등에 젠더 평등 관점을 도입하는 것을 뜻합니다. 1995년 세계여성회의(베이징회의)의 베이징 행동강령에 그 개념이 도입되어 널리 알려졌습니다. 2015년 UN에서 채택한 '2030 지속가능개발 의제'(The 2030 Agenda for Sustainable Development)의 전문에도 모든 사람의 인권을 실현하고 젠더 평등을 달성한다는 지향점을 담고 있습니다.

국내 기준 영역에 있습니다. 다니구치 씨는 '일본어로, 일본에 사는 사람을 향해, 일본의 뉴스를 전하는' 내부 지향적 기성 미디어를 비판하며 '좌측으로 갈수록 인권에서 멀어진다', '영어로 번역하면 포르노사이트처럼 보이는 제목도 있다'라고 쓴소리를 했습니다.

세계의 인권 및 젠더의식은 계속 앞으로 나아가고 있는데, 혼자 오래된 고정관념에 머물러 있다 보면 뒷걸음질 치지 않으려고 해도 어느새 그림 속 왼쪽 영역으로 휩쓸려가고 맙니다.

다니구치 씨는 페이지뷰도 하나의 지표이므로 경제적 관점에서 모두 부정하지는 않았지만, 그럼에도 '금단의 열매'임을 강조했습니다. '누구를 대상으로 하는가? 일시적인 방문자를 염두에 둔 페이지뷰 올리기는 충성도 높은 양질의 독자를 멀어지게 만들 가능성이 있다'라고 경고했습니다. 페이지뷰를 노리는 낚시성 제목, 선동적인 제목이 '더 격한 언어가 되면서 자제력이 느슨해지는' 악순환에 빠지기 때문에, 결코 지속가능한 모델이 아니라는 뜻이죠. 목소리를 갖지 못한 약자들의 소리를 세상에 전해야 할 미디어가 도리어 자극적인 말로 독자를 쉽게 상처 입히지 않을까 우려했습니다.

페이지뷰에 지나치게 사로잡히지 않고 다양한 독자를 고려하면서, 국제 기준에 맞추어 젠더 평등을 추구한다면 [그림 10]의 E 영역이 웹 표현의 기준이 됩니다.

다니구치 씨는 젠더 평등의 열쇠는 아래에서 시작되어 위로 확산되는, 한 사람 한 사람의 의식 개혁이라고 지적합니다. "글로벌하면 다 좋다는 뜻은 아니지만, 당신이 붙인 제목

[그림 10] 웹용 가공·페이지뷰 일정 부분 고려·젠더 국제 기준

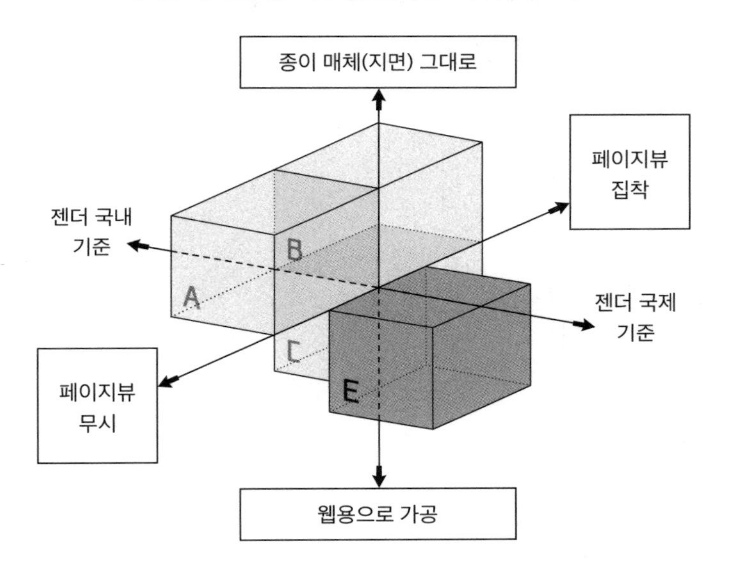

이나 기사 내용을 읽으며 낡은 젠더 의식에 사로잡힌 독자가 세계무대로 나가 일한다고 상상해보세요. 제목은 기사를 읽게 만드는 수단이어야 합니다. 어느새 수단을 목적으로 여기고 조회 수 올리기에 매몰되지는 않았나요? 인권 존중이라는 기본에서 벗어나지 않았습니까? '젠더 국제 기준'을 과연 익숙하게 받아들이고 있는지, 지금 서 있는 위치를 스스로 확인해보세요"라고 호소합니다. 그러지 않으면 아무리 시스템을 정비하자고 외쳐도 '너나 잘해'라는 말을 들을 테니까요.

누구나 정보의 생산자가 될 수 있는 지금 이 시대, 무엇보다 중요한 관점 중의 하나입니다.

2 웹 미디어의 가이드라인: 설문조사

종이 매체로 출발한 신문사들은 1990년대 인터넷 초창기에 디지털 체제를 갖추기 시작해 약 30년 동안 충실하게 다져왔습니다. 미디어뿐만 아니라 어느 분야, 어느 업계나 같은 흐름 속에 있습니다. 이제 누구나 정보 생산과 유통의 주체가 될 수 있는 소셜 미디어 시대가 왔죠. 바람직한 젠더 표현이란 과연 무엇인지 답이 정해지지 않은 가운데, 부적절한 표현이 보이면 댓글에서 비판이 일어나고 사과, 혹은 반박하는 과정이 웹에서 반복되고 있습니다.

그렇다면 처음부터 웹만을 활동 무대로 삼아온 미디어는 어떻게 대처하고 있을까요? 2021년 6월 『비즈니스 인사이더 재팬』, 『허프포스트 재팬』, 『버즈피드 재팬』을 대상으로 설문조사를 실시했습니다.

규칙 설정

세 미디어 모두 젠더 평등을 실천하기 위한 공통 기준이나 지침, 규칙 등을 마련해놓고 있었습니다. 『비즈니스 인사이더 재팬』은 '온화함을 출발점으로 하는 보다 나은 비즈니스와 사회인'이라는 이념과 함께 '작은 목소리에 귀를 기울인다', '공정과 공유의 정신' 등 5가지 약속을 내걸고 있습니다. 『버즈피드 재팬』은 미디어 비즈니스의 핵심 가치로 '혐오를 원동력으로 삼지 않는다', '다양성과 포용성'을 내걸고, 직업적 가치로서 '다양한 전문성과 다양한 관점'을 중시할 뿐만 아니라 LGBT법연합회[10]의 보도 가이드라인도 참조하고 있습니다.

교차 점검, 열린 논의

기사나 제목을 작성할 때 다양한 관점을 중요하게 여깁니다. 『허프포스트 재팬』에서는 젠더 관련 원고를 해당 주제에 정통한 편집자 여러 명이 점검하고, 일반 기사는 편집 단계에서 내부 검토한 뒤 위화감이 있는 내용에 대해 서로 의견을 교환

10
저자 주 정식 명칭은 '성적 지향 및 성 정체성 등으로 어려움을 겪는 당사자와 관련된 법을 정비하기 위한 전국연합회'입니다. 주의해야 할 표현 및 개념, 취재를 하거나 취재에 응할 때의 체크 리스트 등을 정리해서 알리고 있습니다.

합니다. 『버즈피드 재팬』은 뉴스 편집부의 성비가 거의 반반입니다. 매년 특집 기사를 게재하는 국제 여성의 날(3월 8일) 전후 등 기회가 있을 때마다 젠더 의식 및 관련 지식을 공유하려고 노력합니다. 뿐만 아니라 『허프포스트 재팬』과 마찬가지로 일반 기사의 편집은 팀 내의 누구라도 과정을 열람할 수 있으며, 담당이냐 아니냐에 관계없이 의견이 있는 사람들은 누구라도 토론에 참여합니다. 『비즈니스 인사이더 재팬』은 기자의 시각에 편견이 없는지 반드시 여러 명이 검토하고, 열린 장에서 의견을 교환한 기록을 남긴다고 답변했습니다.

비판에 대한 대응

만약 소위 '댓글 논쟁'이 일어났을 때는 어떻게 하는지도 물었습니다. 여기서 '논쟁'이란 단순한 비난이나 모함이 아니라, 구체적이거나 명확한 근거가 있는 비판이 오가는 경우를 상정합니다. '신속하게 원인을 검증하고 필요하다면 수정, 사과한다. 수정 내용이 반영된 일시를 명기해 공개한다'(『비즈니스 인사이더 재팬』), '편집부에서 협의해 필요하다면 즉시 대응한다. 과거에는 편집장 명의로 해명문 등을 게재하기도 했다'(『허프포스트 재팬』), '편집부에서 협의해 필요하다면 정정, 수정하고 그 취지를 명시한다'(『버즈피드 재팬』)라고 답변했습니다. 어느 미디어나 모두 단순한 수정이나 사과만 하지 않고, 이유 등을 함께 싣는 방침을 두고 있었습니다.

출연자 성비를 평등하게,
50:50 프로젝트

각 미디어에는 독자적인 대처 방법도 있었습니다. 『비즈니스 인사이더 재팬』은 이중 검토 체제가 마련되어 있고, 최신 법률과 운동, 해외 동향에 항상 주의를 기울인다고 합니다. 『버즈피드 재팬』은 사내 8개 부문의 리더 중 5명이 여성이고, 편집장 2명 중에서 콘텐츠 부문 편집장이 여성입니다. 일반적으로 남성이 많은 일본 미디어계 기업 분위기와는 매우 다른 문화와 풍토라고 하겠습니다.

또한 『허프포스트 재팬』은 인터넷 방송 출연자의 성별 비율을 평등하게 맞추는 '50:50' 프로젝트를 시작했는데, 광고팀이 관련 기업에도 적극적으로 응하도록 권유함으로써 이해관계자들도 젠더 평등 실현에 함께하기를 지향하고 있습니다. 나아가 '여배우'나 '샐러리맨' 등은 '배우', '직장인' 등으로 바꾸어 표현하며, '~상', '~씨'의 경칭을 성별로 구분하지 않고 통일해서 사용합니다.

3

INTERVIEW: 스마트폰 어드바이저 모바일 프린스

인터넷 사용자가 보는 젠더와 표현

뉴스는 웹사이트뿐만 아니라 다양한 플랫폼, 소셜 미디어를 통해서도 배포됩니다. 뉴스에 등장하는 젠더 관련 표현을 인터넷 이용자들은 어떻게 보고 있을까요? 인터넷을 주 무대로 젠더 등 사회 문제에 대해 지속적으로 발언해온 스마트폰 어드바이저 '모바일 프린스' 씨[11]에게 들어보았습니다.

11
저자 주 오키나와시 출신의 개그맨. 휴대폰 판매 경험을 살려 스마트폰의 활용 방법 강의. 류큐신보의 초·중등생 신문 『류폰!』(りゅうPON!) 연재, RBCi라디오 「업!」(アップ!) 고정 출연. 저서 『실패에서 배우자! 13세부터 지키는 스마트폰 규칙』(しくじりから学ぶ13歳からのスマホルール). 오키나와 국세사무소 '스마트 신고 납세 대사'로 활동.

저는 스마트폰 및 인터넷 사용법을 초·중등생 및 노년층에게 가르칩니다. 젠더 이론이나 미디어 이론을 전공하지는 않았지만, 스마트폰·인터넷 사용법과 정보의 취사선택 및 활용법은 떼려야 뗄 수 없는 관계입니다. 예를 들어, 유튜브에서 사회차별을 생산하는 동영상만 보던 사람이 실제로 차별주의자가 됐다는 뉴스를 접할 때가 있습니다. 그렇게 되지 않으려면 정보의 바다에서 어떻게 원하는 바를 얻어야 할까요? 지금 인터넷에서는 무슨 일이 일어나고 있을까요? 최소한 가짜 뉴스나 차별, 젠더 불평등에 대해서는 제대로 전달하고 책임을 다해야 한다고 생각합니다.

사용자 vs. 미디어

일부 인터넷 사용자가 쓰는 '마스고미'[12]라는 말에서도 드러나듯, 최근 10여 년 동안 매스미디어를 대단히 경시하고 적대시하는 경향이 생겼습니다. 트위터 등이 일반화된 이후로는 기자의 개인 계정에 몰려가서 공격하거나 '이러니까 마스고미지'라는 댓글을 남기는 일도 있죠.

『류큐신보』 및 『오키나와타임스』에 저도 이따금씩 기고하다 보니, 트위터에서 '이 빨갱이 XX'라든가 '좌파 앞잡이', '중국 스파이'라는 말을 듣는데, 사실은 얼마 전까지 『세이쿄신문』에도 연재를 했습니다. 그래서 '저 놈은 『류큐신보』에 글을 쓰니까 극좌다'라든가 '공산당원이다'라는 말을 들을 때 '창가학회[13]가 발행하는 『세이쿄신문』에도 연재한다'라고 응수하면 입을 다뭅니다. 휘두르려고 주먹을 치켜들었다가 어떻게 내려야 할지 모르는 꼴이랄까요.

인터넷에서는 언론인만이 아니라 정치인 등 권위 있는 사람을 조롱하고 바보 취급하는 경향이 있습니다. 그런데 2009년 민주당 정권이 들어서던 즈음부터 조롱과 공격의 대상이 당시의 민주당 쪽 의원들로 바뀌었습니다. 지금은 그 의원들이 다시 야당이죠. 어쩌다 제가 여당 정치인의 금전 비리 등을 두고 '이건 너무 지나치잖아', '이쯤 되면 물러나야지'라고 비판하면 '모바일 프린스는 정치적인 발언을 함부로 한다'느니 '정치적이네' 하는 말을 듣는데, 정작 그렇게 말하는 사람들이 야당 쪽 의원들을 호되게 공격하고 있었습니다. 그들의 입장에서 집권 여당을 향해 비판이나 비평을 하는 신문사는 일종의 적인 겁니다.

12 저자 주 '매스컴'과 '고미(ゴミ, 쓰레기)'를 합성한 조어로, 주로 대형 신문사나 방송국의 보도 태도 등을 비판할 때 사용되는 멸칭입니다.

13 역자 주 1930년 일본에서 창립된 불교 계열의 신흥 종교 단체로 정식 명칭은 '국제창가학회'입니다. 192개국에서 활동한다고 밝힐 정도로 큰 규모의 종교단체이며, 한국에도 본부가 있어 신도들이 포교 활동을 하고 있습니다.

일본의 인터넷 문화에는, 야당 의원을 비판하면 괜찮지만 자민당 의원을 비판하면 단숨에 정치 계정으로 몰아가는 모종의 분위기가 있습니다. 페미니즘에 대해 언급하거나 페미니스트 성향을 드러내는 주장을 하는 경우도 마찬가지죠. 저도 젠더 평등에 대해 발언했다가 이념적 편향을 보인다며 공격당했습니다.

언론사의 신뢰를 지키기 위해서라도

젠더 관련 기사를 많이 싣는 신문에는 아무래도 기대치가 높겠죠. 이런 매체가 젠더 관점에서 형편없는 기사를 실으면 '어떻게 이런 제목으로 기사를 내느냐'며 더욱 비난을 받곤 합니다.

젠더 평등과 페미니즘을 깊이 고민하며 기사를 실어도, 조금이라도 틈이 보이면 웹상의 독자들에게서 바로 비판이 날아오죠. 큰 회사에는 다양한 사고방식을 지닌 사람들이 있으니, 그중에는 젠더의식 없이 기사를 쓰거나 제목을 붙여서 게재하는 사람도 있습니다.

그럴 때 주목을 받으려고 성차별적인 제목을 붙이면 신문사 자체에 대한 신뢰가 흔들립니다. '평소에 옳은 체하는 말만 하더니 이따위 기사를 쓰느냐'며 집요한 비판이 쏟아집니다. 신문사만이 아니라 대기업이나 관청, 학교 등 '권위'가 있는 조직은 그만큼 엄격하게 평가됩니다.

지금까지 인터넷을 주 무대로 삼지 않았던 사람이나 단체가 소셜 미디어 등을 통해 정보를 생산하겠다고 나서는 건, 말하자면 '원정 경기'와 같습니다. 예컨대 일본 프로야구의 요미우리 자이언츠 대 한신 타이거즈 전이 열렸는데, 타이거즈 관중석에 딱 한 사람이 자이언츠 유니폼을 입고 앉아 있는 상황이라고 보면 됩니다.

밖에서 바라보면 신문이라는 매체 자체가 아저씨 같은 말투로 설교하는 느낌이 있습니다. 신문은 아저씨들이 쓰고 아저씨들이나 읽는다는 이미지가 있긴 하죠. 특히나 사설은 거만하게 느껴집니다. 물론 신문사 측의 견해를 드러내는 글이니 무척 중요하지만, 그 뿌리를 이루는 임원이라든가 지면 제작에 권한을 지닌 사람들은 압도적으로 남성이 많습니다. 남성 위주의 관점이 만연하고, 젠더 문제를 없는 셈 치거나 아예 기사로 쓰지 못하게 한다는 말도 들립니다. 그런 사내 문화가 쌓이고 쌓이다 보면 바깥에까지 냄새를 풍기는 법입니다. 다른 집에서 나는 냄새는 신경이 쓰이지만, 내 집에서 나는 냄새는 알아차리지 못하는 것과 마찬가지 아닐까요?

인터넷이라는 생태계에서

2021년에는 도쿄올림픽·패럴림픽 및 코로나 바이러스와 연관된 젠더 이슈가 많았습니다. 전 도쿄올림픽 조직위원장 모리 요시로 씨의 발언이 대표적이죠. 이런 말이 드러나면 '정말 심각한 발언이다'라는 의견이 가시화되고, 결국 고름을 짜내듯이 불이 붙습니다. 사회가 페미니즘 시각을 장착하며 성차별에 민감해졌다는 느낌이 듭니다.

이러한 일련의 움직임은 최근 갑자기 등장한 게 아닙니다. 수많은 페미니스트들이 몇십 년에 걸쳐 피, 땀, 눈물을 흘리며 각고의 노력을 한 끝에 틔워낸 것입니다. 진심으로 페미니스트 여러분을 존경합니다.

나이가 많은 사람, 특히 남성이 트위터를 시작하면 비판을 쉽게 부릅니다. 조직 내에서 어느 정도 위치에 오른 사람 특유의 거만함을 많이들 드러내기 때문이죠. 페이스북이나 트위터, 인스타그램, 틱톡 등의 소셜 미디어는 각각 이용자층도 달라서 이른바 '쓰는 근육', 즉 활용 방식도 다릅니다.

일본의 경우, 어느 정도 권위가 있다고 생각되는 사람이 페이스북에 자신의 견해를 전개하면 '좋아요, 응원하겠습니다' 같이 공감하는 반응이 올라오고 게시물이 공유되기도 합니다. 하지만 똑같은 글을 트위터에 쓰면 '건방 떠는 소리 하네', '때려잡아!' 하는 반응이 돌아옵니다. 소셜 미디어마다 생리가 다르기 때문이죠. 물론 아소 다로[14] 씨처럼 신기한 사례도 있습니다. 누구보다도 '거만한 아저씨'로 보일 만한 인물이지만, 트위터에서 일방적으로 두들겨 맞지 않습니다. 언론마저 윽박지르는 그의 발언이나 태도가 일부 이용자들에게는 '우리 아소'라 불릴 만큼 호감으로 느껴지는 모양입니다. 하지만 똑같이 거만한 소리를 신문이 쓰면 공격당하니, 참으로 알다가도 모를 일이죠.

'거만한 아저씨'를 공격하는 행동은 인터넷에 익숙하지 않은 사람을 자신들에게 유리한 홈그라운드에서 몰아세우는 짓입니다. 토론이나 논쟁으로는 이기지 못하지만, 트위터에서는 사람 수로 밀어붙여 무너뜨릴 수 있습니다. 그래서 악의적인 이용자들은 자신들이 이길 수 있는 사람, 반박하지 못할 상대를 노립니다. 이미 두들겨 맞고 있는 사람에게 몰려가서 때리는 거죠.

'메뚜기 인플루언서'라고 불리는 이들이 있습니다. 누군가가 어이없다 싶은 말을 쓰면 그곳으로 메뚜기처럼 무리지어 몰려가는 사람들이죠. 문제가 될 만한 글을 자주 올리는 사람이면 '공공의 적' 리스트 같은 곳에 올려 공유합니다. 그런 표적이 되더라도 자신이 하고 싶은 말을 하겠다는 각오가 된 사람은 꺾이지 않을지도 모르겠습니다. 반대로 응원해주는 사람도 생기니 '하이 리스크, 하이 리턴'이랄까요. 그런 식으로라도 자신이 쓴 글을 널

14
역자 주 92대 총리대신까지 지낸 중의원 14선 경력의 정치인. 오랜 정치 경력 동안 일본이 일으킨 침략 전쟁을 옹호하고 지역 및 계급 차별 의식을 가감 없이 드러내는 등 각종 망언으로 국내외적인 비판을 받아온 인물입니다. 그의 망언은 자신의 존재감을 과시함으로써 일본 보수 세력의 결집을 도모하려는 정치적 계산에서 나오는 것이라고 보는 시각이 많습니다.

리 알리고 싶어 하는 사람도 있겠지만, 아무런 각오 없이 그렇게 공격당하면 정신적으로 무너지기 때문에 별로 권하고 싶지 않습니다. 그렇다고 해서 타협해서는 안 됩니다. 우선 인터넷 생태계를 제대로 인식한 다음, 진심으로 말하고 싶은 의견은 굽힘 없이 표현해야 합니다.

인터넷 사용자와 언론의 호모소셜한 공범 관계

제 고향 오키나와에서 기사 제목을 계기로 인터넷에서 성차별적인 분위기가 불타올랐던 사례가 있습니다. 『류큐신보』의 「스쿠미즈아게, 섬에서 활기」라는 기사입니다. '스쿠'라는 물고기의 어획이 시작되었다는 지역 기사가 웹에 올라가자, 트위터의 '실시간 트렌드'에 올랐습니다. '스쿠미즈아게'가 학교 수영복을 가리키는 인터넷 용어인 '스쿠미즈'를 연상시켰기 때문입니다. 관련 기사만 나오면 트위터 이용자들이 수영복 차림의 여학생이 그려진 그림이나 동영상을 올려댑니다. 벌써 10년째 일어나는 문제입니다.

학교 수영복을 '스쿠미즈'라고 부르며 성적으로 소비하는 것도 무척 심각한 성차별입니다. '스쿠미즈'라는 부분만 보고 "학생 수영복에 대해서 뭔가를 이야기하는 기사인가 본데, '아게'는 뭘까?" 하고 궁금해서 클릭했다가 수영복과 전혀 관계없는 글을 읽었다더라 하는 착각이 우스갯소리가 되어 트위터의 '트렌드'에 오르자 신문사도 매년 똑같은 짓을 계속했습니다.

처음에는 우연이 겹치면서 '트렌드'에 올랐을지 모르지만, 몇 년이 흘러도 똑같은 일이 벌어진다면 의도가 있음이 분명합니다. 사람들이 착각하지 않도록 "'스쿠' 어휘"으로 제목에 따옴표를 치거나 조사를 붙이는 해결 방법이 얼마든지 있으니까요. 하지만 덕분에 조회 수도 올랐고, 평소 오키나와 신문을 때려잡으려고 혈안이던 이용자들에게도 호의적으로 받아들여졌습니다. 호모소셜(homosocial)[15]한 공범으로 신뢰 관계를 맺은 거죠.

함께 여성 접대부가 나오는 업소에 술을 마시러 가거나 천박한 짓거리를 하며 비밀을 공유함으로써 친밀해지는 것과 유사하지 않나요?

젠더 관점이 필요한 이유

제가 젠더에 관심을 갖게 된 계기는 가족의 경력 단절, 인터넷 리터러시에 대한 개인적인 각성, 인터넷 공간에서 일어나는 대립의 격화, 이렇게 3가지입니다.

15
저자 주 동질성이 높은 집단과 유대감을 가리키는 말. 특히 남성우위사회에서는 남성들만의 결속 안에서 '남자는 이래야 한다'는 가치관 아래 동조하라고 압박하거나 이질적인 것은 배척하는 맥락에서 사용됩니다.

첫 번째 계기에 대해 말하자면, 저는 현재 34세인데요, 서른 즈음부터 친구들과 대화를 하면 남자는 초지일관 어떻게 자신의 일을 잘해나갈지 이야기하는 데 반해, 여자는 출산과 육아를 병행해야 하니 직업을 바꾸는 게 좋을까 하는 이야기를 했습니다. 남성들이 고민하지 않는 부분을 여성들은 고민하고 있음을 깨달았죠.

제 가족에게 눈을 돌려보면, 파트너인 아내는 육아를 하느라 일을 그만두어 경력이 불안정해졌습니다. 넷이나 되는 아이를 돌보며 본인은 "지금 즐거워", "행복해"라고 말하지만, 나이를 먹고 40대, 50대가 되었을 때 아내가 후회하지 않을까 하는 걱정이 들었습니다.

게다가 셋째 아이로 딸이 태어나면서부터는 여자의 인생에 대해 여러 가지 생각이 들었습니다. 마침 일본에서 페미니즘 운동이 더욱 활발해지던 때였고, 나와 가장 가까운 사람들이 "역시 그런 문제들이 있지" 하며 고민하는 모습을 보고서 젠더 문제에 관심을 갖기 시작했죠.

두 번째 계기는, 인터넷 사용법을 강의하는 사람으로서 젠더 관점이 없어서는 안 되겠다는 깨달음이었습니다. 인터넷을 매개로 한 성폭력이나 돈을 받고 연인의 나체 사진을 몰래 판매하는 행위 등이 실제로 일어나고 있으니까요. 한국에서도 'n번방 사건'[16]이라는 스마트폰을 매개로 한 성착취 사건이 있었죠. 남성이나 남자아이도 디지털 성범죄에 휘말릴 가능성이 얼마든지 있지만, 피해자가 대부분 여자아이들이란 점이 더 중요합니다. 체

코의 다큐멘터리 영화 「#위왓치유」가 바로 그런 내용을 담고 있습니다.[17]

세 번째 계기는 트위터에서 기이할 정도로 격렬해진 여성 및 페미니스트에 대한 공격입니다. 얼마 전까지 인터넷에서는 우익이냐 좌익이냐 하는 정치적 입장 차이로 불꽃이 튀곤 했습니다. 아베 신조 전 수상의 존재로 우파 집단이 부쩍 기세가 오르자 리버럴리스트[18]들은 이를 아니꼽게 여겼고, 우파는 그런 갈등을 더욱 부채질해 분노로 이끌었죠. 우파와 좌파는 거리낌 없이 맞섰지만,

16

저자 주 2018년부터 2020년까지 한국에서 일어난 대규모 디지털 성범죄. 익명성이 높은 메시지 어플리케이션 텔레그램으로 여성을 협박해 나체 사진을 받은 뒤 온라인 공간에 올리면, 많은 사람들이 들어가 성적 가해 행위를 했습니다. 가해자는 26만 명에 이르며 피해를 당한 여성은 70명 이상, 그중 미성년자가 16명이나 있었다고 합니다.

17

저자 주 원제 'Caught in the net'. 얼굴이 어려 보이는 여성 배우 3명이 12세로 위장하여 소셜 미디어를 개설하자, 성인 남성들이 몰려들어 집요하게 나체 사진을 보내라고 협박하는 모습을 촬영한 다큐멘터리.

18

역자 주 원래 자유주의(liberalism)는 17-18세기 유럽에서 봉건제, 절대주의 등과 대립하며 일어나 근대 사회와 자본주의 성립의 바탕이 된 정치·경제적 사상이지만, 오늘날에는 세계 각국의 역사적·사회적 맥락에 따라 조금씩 다른 의미로 사용됩니다. 그 복잡한 배경과 맥락 때문에 '자유주의자'보다는 영어 그대로 '리버럴리스트'라고 번역되는 경우가 많습니다. 일본의 경우에는 1990년대 이후 사상계와 언론계를 리버럴리스트 성향의 인물들이 주도하면서, 일반적으로는 좌파 성향의 지식 엘리트를 가리키는 말로 사용되고 있습니다.

다음 수상이 된 스가 요시히데 씨는 구심력이 없었기 때문에 우파 집단의 기세는 점차 시들해졌습니다.

이전에는 우냐 좌냐 하는 해시태그 운동[19]이 인터넷에서 두드러지게 나타났지만, 최근에는 페미니즘을 둘러싸고 커다란 불꽃이 일어나고 있습니다. 페미니스트와 안티페미니스트의 대립이 '아베 부재'가 만든 구멍을 메우고 있나 하는 생각도 듭니다.

여성에 대한 공격에 직장은 어떻게 대처해야 하는가

인터넷에서 인권과 관련된 발언을 했다가 공격당하는 여성이 아주 많습니다. 공격당해도 어쩔 수 없다고 각오해야만 발언할 수 있다니 참 이상합니다. 이에 대한 뾰족한 해결책은 보이지 않습니다. 하지만 언론사라면 사내 연수 프로그램으로 관련 교육을 실시하고, 정보 생산자를 지키기 위한 시스템을 만들어야 하지 않을까요?[20]

인터넷에서 한 발언을 일의 일부로 친다면 비판도

19
저자 주 사회 문제에 대한 자신의 주장을 소셜 미디어로 알리기 위해 해시태그를 달아 확산시키는 행동. 최근에는 흑인차별에 항의하는 #BlackLivesMatter나 성희롱·성폭력 퇴치를 위해 피해자가 목소리를 높인 미투 운동 등이 널리 알려졌습니다.

받겠다는 각오로 맞붙겠지만, 문제는 핵심을 제대로 이해한 비판이나 일리 있는 수준의 반응이 되돌아오지 않는다는 점입니다. 일방적인 딱지 붙이기나 비방, 모함 등이 지속되다 보면 정신적 피해가 커집니다. 회사가 '비판도 달게 받아들여야 한다'라고만 해서는 안 됩니다. 앞으로 일본에서는 정보 개시를 청구하면 가해자를 특정할 수 있게 되고 그러면 재판도 쉬워지기 때문에, 조직이 이 같은 소송을 뒷받침해줄 체계를 갖춰야 합니다. 한편으로는, 공격당하면 상대방도 손상을 입는다는 사실을 알고서 이를 원동력으로 삼는 사람들도 나올 터라 양상이 어찌 될지는 짐작하기가 어렵습니다.

인터넷상의 비방에 대한 규칙이 엄격해지리라고 저는 예상합니다. 하지만 인터넷 이용자들은 금세 빠져나갈 길을 찾아내고야 말 겁니다. 예컨대 겉으로 보기에는 칭찬하는 글 같지만, 앞글자만 읽으면 지독하게 저주하거나 조롱하는 말이 등장할지도요.

'조로메(ぞろ目) 댓글'이라는 것도 있습니다. 일본에서는 별로 많지 않지만 외국에는 꽤 있는데, 허가한 사

20

편집자 주 한국뿐 아니라 여러 국가에서 기사 내용을 막론하고 여성 기자에 대한 온라인 괴롭힘이 심각해지고 있습니다. 이와 관련해서는, 괴롭힘의 실태와 개인적·조직적 대처 형태, 이후의 영향을 조사한 김창욱·신우열의 보고서 『여성 기자 온라인 괴롭힘에 관한 저널리즘 사회학적 연구』, 전국언론노동조합 성평등위원회, 2022 참조.

람이 아니면 읽지 못하는 '비공개 계정'으로 어느 게시물에 댓글을 쓴 경우, 숫자상으로는 댓글 건수에 들어가지만 정작 원 게시물을 쓴 사람에게 그 계정이 공개되어 있지 않으면 읽지 못합니다. 어떤 내용의 글이 달렸는지, 누가 썼는지도 알 방법이 없습니다. 하지만 자신의 게시물에 댓글이 많이 달려 있다는 것은 보입니다. 음습한 괴롭힘이죠. 인터넷에서 누군가를 배제하고 괴롭히는 사람들은 놀라울 정도로 다양한 수법을 고안해냅니다.

현재 무방비 상태인 조직이라면 서둘러 대책을 세워야 합니다.

인터넷상의 의견은 '신경 안 써도 된다'는 사람들에게

'리버럴한 아저씨'[21]라는 말이 있습니다. 평소 인권에 대해서는 높은 의식 수준을 보이던 사람이 젠더 문제에 대해서는 갑자기 바보가 되더라는 이야기, 꽤 자주 들리죠.

'인터넷에 올라오는 의견은 일일이 신경 쓸 필요 없다'고 말하는 사람이 있습니다. 하지만 차별 구조를 부채질하는 표현이 실제로 돌아다니고, 거기에 불이 붙기도 합니다. 사실을 알렸으니 아무 문제가 없다고 여기는 한편, 그 말이 어떻게 가공되고 오해를 사는지에 대해서는 미처 생각하지 못하는 경우도 있죠.

'인터넷의 목소리는 무시한다'는 태도도 문제지만, 그렇다고 인터넷의 목소리에만 지나치게 끌려 다녀서도 곤란합니다. 조회 수를 올리는 데만 급급하다 보면 또 다른 함정이 기다리니까요. 하나부터 열까지 모든 사람의 목소리를 듣지는 못하더라도 최대한 다양한 목소리를 듣고 자신 안에서 소화해야 합니다. 언론사의 제일 윗자리에 있는 사람이든 현장에 있는 사람이든 똑같습니다. 인터넷 역시 사회의 한 측면이고 영향력도 점차 커지고 있으므로 다양한 측면을 고민해나가야 합니다.

'신경 안 써도 된다'라고 말하는 사람이 만약 남성이라면, 어떻게 해야 그의 태도가 바뀔까요? 여성에게는 미안한 말이지만, 같은 남성이 지적하면 대부분은 좀 더 귀를 기울입니다.

예전에 『류큐신보』가 저와 오키나와 유튜버 '세야로가이 아저씨'[22]가 국제 남성의 날에 젠더에 대한 대담을 진행해보면 어떻겠냐고 제안했던 적이 있습니다. 여성 페미니스트의 계정에 남성이 찾아와 시비를 걸며 불

21
역자 주 진보적인 리버럴리스트 성향을 스스로 드러내는 중년 이상의 남성을 가리키는 말입니다. 일본 사회에서도 '아저씨'(おじさん)라는 말은 다소 보수적인 어감을 담고 있는데, 젠더 이슈 등 특정한 주제에서 한계를 드러낼 때는 조소의 뉘앙스로 사용되기도 합니다.

22
저자 주 개그 콤비 '립 서비스'로 활동. 여러 시사 문제에 날카롭게 일침을 날리는 캐릭터를 내세워 유머와 풍자가 섞인 유튜브 콘텐츠 제작. 저서 『'세야로가이!'로는 성에 안 차』(せやろがい! ではおさまらない).

꽃 튀게 싸울 때 다른 남성이 끼어들면, 시비 걸던 남성이 입을 다물거나 그의 말을 듣는 경우가 꽤 있습니다.

남성으로서 젠더 이슈에 강한 문제의식을 가진 사람은 이렇게 설득하는 역할을 맡아야 합니다. 페미니즘 운동의 얼굴이 되기는 어렵겠죠. 하지만 가부장제 같은 구습에 젖어 있거나 뭐든 남성이 옳다고 내심 생각하는 사람에게 "그렇지 않습니다!" 하고 선제공격은 날릴 수 있습니다. 갑자기 사장한테 그런 말을 할 수 있겠느냐고요? 그렇다면 동료 남성 직원부터 시작해서 조금씩 그 온도를 높여봅시다. 공감하는 여성 직원들을 동지로 모으고, 차츰 남성들도 내 편으로 만들어가는 거죠. '이렇게까지 애써야 되나', '리버럴한 아저씨, 제발 스스로 고민 좀 해보세요'라는 좌절이 찾아오겠지만요.

'남성 약자론'으로 상쇄되는 페미사이드

젠더 평등에 대항하는 남성들이 꺼내드는 반론으로 '남성 약자론'이 있습니다. 2021년 8월 도쿄 오다큐선 전철 안에서 승객이 무차별적으로 칼에 찔린 사건[23]이 일어났을 당시에도 어김없이 등장했습니다. 보도에 따르면 체포된 용의자는 "화려한 여자와 함께 있는 남자의 목을 일본도로 그어버리고 싶었다", "행복한 여자를 증오한다"라고 진술했다고 합니다.

'페미사이드'라는 말은 그저 여성이라는 이유로 살해당하는 것을 의미합니다. 이 사건 이후 '페미사이드를 멈춰라'는 목소리가 높아졌습니다. 하지만 인터넷에서는 범행 대상에 남성도 포함된다며 '여성을 노렸다고 할 수 없다'는 주장과 함께 백래시가 일어났죠.[24] 여성은 언제나 보호받는 입장에 있지만 약한 남성은 보호받지 못한다는 '남성 약자론'을 들고 나와 문제를 덮어버리려는 게시물들도 소셜 미디어에 올라왔습니다.

제게는 오키나와에 위치한 재일 미군기지 문제와 무척 비슷하게 느껴집니다. 예를 들어 미군 헬기에서 부품이 낙하하는 사고가 일어나면 '사람이 안 죽었으니까 괜찮다'라는 말이 나옵니다. 또 '민간 비행기도 하늘을

23

저자 주 2021년 8월 도쿄 오다큐선에서 승객 10명이 중경상을 입은 상해 사건. 살인미수 등의 혐의로 30대 남성이 체포되었습니다.

24

편집자 주 2016년 5월 17일에 발생한 강남역 여성혐오 살인 사건도 비슷한 '논란'에 휘말렸습니다. 당시 이 사건을 다룬 기사의 제목을 보면 '페미사이드'와 '묻지마 살인'이 혼재돼 있습니다. "강남역 묻지마 살인", "강남역 화장실 묻지마 살인", "묻지마 살인범"을 내세운 언론은 가해자의 정신질환 이력을 강조합니다. "여성혐오 사건", "여성혐오 테러리스트", "혐오 살인"을 제목으로 정한 언론은 가해자가 화장실에 숨어 여성이 들어올 때까지 기다렸다는 사실에 주목합니다.

날아다니는 이상, 위험 요인은 다 있다'라거나 '차에서도 뭔가 떨어지지 않느냐'라고 말하는 사람도 있죠. 그밖에 '돈이라도 받아 챙기려고 그러느냐', '오키나와는 그것(기지) 덕분에 혜택 받고 있지 않나' 등 핵심에서 벗어난 반응도 나옵니다.

젠더 문제와 완전히 똑같다고는 할 수 없지만, 꽤 비슷한 점이 있다고 봅니다. 제 자신은 생물학적으로나 성 정체성 측면에서나 여성도 아니고 솔직히 젠더 불평등도 별로 체험해보지 못했지만, 미군기지가 있는 오키나와에 사는 당사자이니 그런 맥락으로 치환해서 생각해 보곤 합니다.

여성을 노린 범죄임을 인정하기 싫고 봐도 못 본 척 하고 싶어 하는 사람들은 온갖 이유를 들고 나와 문제를 덮어버리려고 합니다. 남자도 힘드니까 참으라는 식이죠. 그런 반응을 보면 마음이 정말 아픕니다.

4

INTERVIEW: 변호사 오다 게이코·다케이 유키코

자기주장을 하는 여성에 대한 온라인 괴롭힘

여성을 비방하거나 차별하는 발언이 인터넷에서 두드러지게 나타나며 사회문제가 되고 있습니다. 미디어가 빠르게 디지털화되는 가운데, 이 문제를 어떻게 마주해야 할까요? 인터넷에서 공격당한 뒤에 소송을 제기했거나 도리어 피소를 당했던 여성들이 있습니다. 이들의 법률대리인을 맡았던 오다 게이코 변호사,[25] 다케이 유키코[26] 변호사의 이야기를 들어보았습니다.

25

저자 주 가나가와현 변호사회 소속. 이혼·상속 등 가사사건, 성희롱·성폭력 피해 등 각종 손해배상청구 관련 민사사건 전문. '분노하는 여성들의 모임'(怒れる女子会)의 주요 멤버. 2019년에는 『데이즈 재팬』 히로카와 류이치 전 편집장의 성폭력 및 권력형 괴롭힘 사건에 관한 검증위원회 위원으로 활동. 공저 『일본의 페미니즘 since1886 성의 투쟁 편』(日本のフェミニズム since 1886 性の闘い編), 저서 『앞으로의 남자아이들에게』(これからの男の子たちへ).

26

저자 주 이토추상사를 거쳐, 히토쓰바시대학 대학원 법학연구과(법과대학원) 수료 후 제1도쿄변호사회 소속으로 활동. 기업 및 미디어 대상으로 젠더 및 괴롭힘에 대한 강의 진행. 공저 『이걸로 알았다! 초역 특정비밀보호법』(これでわかった!: 超訳 特定秘密保護法), 『지금이야말로 알고 싶다! 다 함께 배우는 일본국 헌법』(いまこそ知りたい!みんなでまなぶ日本国憲法) 등.

#KuToo 운동

#KuToo 운동은 직장에서 하이힐이나 펌프스를 강제하는 데 대항하는 움직임이었습니다. 오다 변호사님은 이 운동을 시작했던 이시카와 유미 씨의 소송대리인을 맡으셨습니다. 재판까지 가는 과정을 설명해 주시겠습니까?

오다 2019년 1월 이시카와 씨가 "왜 다리를 망가뜨리면서 일을 해야 하나, 남자들은 편한 신발을 신는데"라고 트위터에서 중얼거리듯 쓴 글이 발단이었습니다. 이 게시물은 6만 건의 '좋아요'를 받으면서 단기간에 굉장한 기세로 확산되었습니다. 인터넷사이트 Change.org에 개설된 서명 운동 "#KuToo 직장의 하이힐·펌프스 강제 착용을 없애자!"는 3만 명이 넘는(2022년 1월 4일 기준) 찬성을 얻었고, 국회에서까지 논의되었죠. 일련의 행동은 국내외에서 큰 화제가 되었지만, 한편으로 백래시가 거세져서 이시카와 씨는 주로 트위터에서 심각한 공격에 노출되었습니다.

이시카와 씨는 블로그에서 '몇만 건의 모멸적인 메시지를 익명의 트위터 이용자들에게 받고 상처를 받았다'라고 말씀하셨죠.

오다 2019년 11월에 발간된 『#KuToo: 구두로 생각해보는 진정한 페미니즘』(#KuToo: 靴から考える本気のフェミニズム)은 그런 공격 실태를 알리기 위해 쓰였습니다. 이시카와 씨는 이 책에 '백래시 실록: 140자의 투쟁'이라는 제목의 장을 넣어, #KuToo나 자신에게 쇄도했던 비난과 모함을 악성 댓글[27]의 사례로 인용하고 비판했습니다.

가해자의 고소

괴롭힘이 어느 정도는 수그러들 거라 예상했는데, 결과는 그 반대였지요?

오다 더한 공격을 낳았죠. 책에서 인용했던 트위터 게시물을 쓴 남성이 "내가 쓴 글은 악성 댓글이 아닌데 악성 댓글로 인용되었다. 저작권법 위반이다"라며 출판사와 이시카와 씨를 상대로 출판 금지 및 손해배상청구 소송을 제기했습니다.[28]

27
역자 주 원어는 クソリプ(구소리프). 배설물을 뜻하는 '구소'와 댓글을 뜻하는 '리플라이'(reply)의 합성어입니다.

이시카와 씨가 비방을 계속하는 상대를 고소한 게 아니라 반대로 고소를 당했군요.

오다 이시카와 씨는 책에 몇몇 트위터 게시물을 갖다 썼지만, 저작권법상 인용에 해당하는 요건을 충족하면 글쓴이에게 양해를 구하지 않아도 됩니다. 그런데 '무단으로 인용했다', '저작권법 위반이다', '상술이다' 등 공격이 넘쳐났습니다. 재판의 배경에 #KuToo에 대한 백래시가 있었죠. 이 소송은 '자기주장을 하는 여성'에 대한 괴롭힘에서 시작되었다고 할 수 있습니다.

주된 쟁점은 사실 관계가 아니라 '이시카와 씨의 책에 인용된 트위터 게시물이 저작권법을 위반했는가, 아닌가'

28

저자 주 #KuToo 운동을 일으킨 이시카와 유미 씨가 자신의 트위터 게시물을 책에 무단 게재함으로써 저작권과 명예감정에 침해를 받았다며, 남성 트위터 이용자가 이시카와 씨와 출판사를 상대로 출판 금지 및 약 220만 엔의 손해배상을 청구한 소송. 도쿄지방재판소는 2021년 5월 원고의 모든 소를 기각했습니다. 그 뒤 원고인 남성이 항소했습니다.

역자 주 2022년 9월 일본 최고재판소(대법원)는 원고의 상고를 기각했고, 이시카와 씨의 승소가 확정되었습니다.

였군요. 양쪽의 주장은 어떤 내용이었습니까?

오다 이해하기 쉽지 않을 테니, 문제가 된 트위터에서 어떤 말이 오갔는지 일단 설명하겠습니다. 원고 남성이 쓴 글은 이런 식입니다.

"반대로 말하면, 남성이 수영복 팬티 차림으로 출근해도 #KuToo 찬성자는 용인한다는 말입니까?"

#KuToo에 찬성하는 다른 트위터 계정에 올린 댓글입니다. 이런 공방을 본 이시카와 씨는 '무슨 어처구니없는 말을 하나' 싶어 그 남성의 댓글을 인용하는 형식으로 비판적인 의견을 트위터에 썼습니다.

"그런 말이 아닙니다. 만약 #KuToo가 '여성에게 수영복 차림으로 직장에 출근할 권리를!'을 외치는 거라면 모르겠지만, #KuToo는 '남성이 신는 구두도 선택지에 넣으라!'는 뜻이니까요."

남성의 트위터는 #KuToo운동에 대한 비난이라고 볼 수 있겠군요.

오다 저도 그렇게 이해했습니다. 이시카와 씨는 이 남성의 글을 '초점이 어긋나서 대화가 제대로 되지 않는다'고 여겨 악성 댓글의 예로서 책에 인용했고 여성들의 구두 문제가 수영복으로 비약하는 점 등을 비판했습니다. 이에 대해 남성은 재판에서 이렇게 주장했습니다.

"나는 복장에 관한 TPO를 말했을 뿐인데, 이시카와 씨가 #KuToo 운동을 비판하는 악성 댓글로 책에 실은 것은 제가 쓴 트윗의 취지를 왜곡하는 행위이며 저작권 침해입니다."

저는 이 해석에 놀랐습니다. 왜냐하면 직장의 TPO가 #KuToo의 핵심이기 때문입니다. '직장에서 여성과 남성에게 다른 TPO를 적용하는 것'에 대한 문제 제기이므로 #KuToo와 직장의 TPO는 밀접한 관계가 있습니다.

승소해도 끝나지 않는 비방

2021년 5월 도쿄지방재판소는 '남성이 올린 트위터 게시물의 취지는 #KuToo에 대한 비난임이 명확하다'라는 점에서, 이시카와 씨가 한 인용은 법이 정한 요건을 충족하고 저작권법 위반이 아니라고 판결했습니다. 즉, 남성의 소송은 기각되었고 이시카와 씨의 전면 승소로 판가름 났죠. 그럼에도 웹에 이시카와 씨에 대한 비방과 모함이 넘쳐났습니다.

오다 판결 후에도 내용을 곡해하고 유언비어를 퍼뜨리는 사람이 많았죠. 트위터 계정이 없거나 들여다보지 않는 사람은 전혀 알지 못하는 세계입니다. 하지만 온라인 괴롭힘은 정말로 끈질기고, 끝도 없이 확산됩니다. 이런 현상이 너무나도 가볍게 여겨지고 있다고 봅니다.

온라인 괴롭힘의 다른 사례

온라인 괴롭힘을 멈추게 하려면 시간과 노력이 많이 들죠. 안전보장 관련 법안에 항의하는 청년 단체 '실즈'(SEALDs)의 전 멤버인 두 여성이 인터넷에서 비방을 계속하는 상대에게 손해배상을 청구했습니다. 소송 판결은 2021년 6월 도쿄지방재판소, 항소 판결은 2022년 2월에 도쿄고등재판소에서 나왔고, 모두 원고가 승소했죠.[29] 다케이 변호사님은 전 멤버 두 사람의 소송 대리인을 담당하셨는데, 여기서는 어떤 문제가 있었나요?

다케이 당사자가 대단히 고통스러워했는데요. 우선, 시간과 비용 문제가 있었습니다. 원고 여성들은 실즈에서 활동하던 2015년 6월 국회 앞에서 했던 연설로 주목받음과 동시에 공격의 대상이 되었습니다. 그런데 제소는 2019년 8월

에야 했어요. 왜 이렇게까지 시간이 걸렸냐면, 게시자를 특정하는 데에 상당한 노력과 시간이 필요했기 때문입니다.

어떤 절차가 필요했습니까?

다케이 트위터에서 비방과 모함을 지속하는 게시물의 주인을 특정하려면, 트위터 회사 측에 IP 주소 공개를 위한 가처분을 청구해야 합니다. 재판소가 가처분 명령을 내면 미국 트위터 본사에서 게시물 주인의 IP 주소를 공개해주는데, 그

29

저자 주 안전보장 관련 법안에 항의하는 실즈의 멤버였던 두 여성이 트위터에서 모함하는 내용의 글로 명예를 훼손당했다고 주장하며, 게시한 여성에게 총 99만 엔의 손해배상을 청구했던 소송. 도쿄지방재판소는 2021년 6월, 게시물 내용은 진실로 인정할 수 없으므로 게시자에게 총 99만 엔을 지불하라고 명령했습니다. 그 뒤 양쪽이 항소했고, 도쿄고등재판소는 2022년 2월 배상액을 총 242만 엔으로 증액했습니다. 1심에서 명예훼손으로 인정받지 못했던 게시물에 대해서도 '원고의 사회적 평가를 저하시켰다'라고 인정했습니다.

편집자 주 안전보장 관련 법안은 일본이 '집단적 자위권' 행사를 위해 통과시킨(2015년 9월 19일) 11개 법안을 일컫습니다. 이에 반대하는 청년단체 실즈는 "자유롭고 민주적인 일본을 지키기 위한 학생들의 긴급행동으로서 10대부터 20대 초반의 젊은 세대가 주축을 이루었습니다", 실즈, 『이것이 바로 민주주의다!』, 정문주 옮김, 민음사, 2016 참조.

것만으로는 게시물의 주인을 특정할 수가 없어요. 그 다음으로는 IP 주소를 관리하는 프로바이더에게 발신자 정보 공개를 요구하는 소송을 제기합니다. 이렇게 가처분 등을 포함해서 몇 번이나 재판 수속을 밟아야 하죠. 그런 준비 단계에서 변호사 비용이 발생합니다. 게시물 주인을 특정하는 일만으로도 피해자가 시간과 비용을 꽤 많이 부담해야 하는 겁니다.

그동안 웹에서는 온갖 욕이 난무했겠죠. 정신적인 고통이 상당했겠습니다.

다케이 원고 한 사람은 일본에서 생활하기 어렵게 되어 일시적으로나마 거주지를 해외로 옮겼습니다. 이 여성은 거리에서 처음 보는 사람에게조차 '나한테 욕한 사람 아닐까' 하는 생각이 들어 두려웠다고 합니다. 이들은 실명으로 활동했기 때문에 사람들이 쉽게 알아봤고, 아르바이트 면접에 가도 채용이 되지 못하는 경우가 많았습니다. 웹상의 비방과 모함으로 불이익을 당한 겁니다.

미디어 보도 방식의 문제

실즈 멤버들이 당한 공격이 심각했는데요, 왜 유독 여성에게 집중되었을까요?

다케이 당시 실즈의 중심 멤버는 남성이었지만, 남성 멤버에 비해 여성 멤버에 대한 비난과 모함이 더 심각하다고 느꼈습니다. 자기주장을 하는 여성을 침묵시키려는 엄청난 압박이었죠. 재판에서 고소한 상대방은 여성이었지만, 우연히 특정할 수 있었던 사람일 뿐입니다. 산더미 같은 악성 게시물 중에는 남성이 올린 것도 대단히 많았을 겁니다. 그 원인을 생각해보면, 미디어의 보도 방식, 취재 대상을 다루는 방식에도 문제가 있습니다.

어떤 점일까요?

다케이 미디어에 나타나는 외모지상주의죠. 예를 들어 2014년 홍콩에서 일어났던 대규모 민주화 운동 '우산 혁명'은 남성인 조슈아 웡 씨가 시작했지만, 일본에서는 여성인 아그네스 차우 씨만 화제가 되었습니다. 차우 씨의 외모 등이 언급되며 '홍콩 민주화의 여신'이라고 불리기까지 했죠. 이런 보도 방식은 실즈에게도 마찬가지였습니다. '멋지고 화려한 여성들도 시위에 나서서 이렇게 외친다'라는 뉘앙스의 보도가 적지 않았어요. 미디어가 여성들의 외모나 패션을 다루며 소비의 대상으로 만들면, 그 대가는 여성들이 짊어집니다. 이런 점은 미디어 내에서 꼭 함께 논의해주기를 바랍니다.

판결 후 기자회견에서 원고 여성은 이렇게 말했습니다. "젊은 여성, 즉 나이와 성별이라는 두 가지 요소가 합쳐지면 내 존재가 이렇게까지 가볍게 취급되는구나 싶어 좌절감을 느꼈습니다. 여성으로 태어났다는 사실이 절망스럽습니다." 바로 이 말에 문제가 응축되어 있다고 생각합니다. 여성은 편안하게 자신의 생각을 말하지 못합니다. 뭐라도 한마디 하면 엄청난 공격에 맞닥뜨리니까요. 현실 사회에서도 그렇지만, 인터넷 사회에서는 더 과도하게 나타나는 경향이 있습니다. 이에 대해 두 분은 어떻게 생각하십니까?

다케이 해외에서도 여성을 노린 온라인 괴롭힘이나 비방은 심각한데, 거기다 민족, 인종 등 소수자의 요소까지 합쳐지면 더욱 가열되는 경향이 있죠. 이는 일본에서도 보이는 현상입니다. 국제인권단체 앰네스티는 2018년 트위터에서 여성들이 비난과 모함으로 심각한 피해를 입는 문제를 조사한 뒤에 '트위터는 여성에게 유해한 공간이다'라고 단언하기까지 했습니다.[30]

오다 '사용하지 않으면 된다', '안 보면 그만이다'라고 쉽게 말하지만, 사회에 관심을 두고 뭔가를 발언하고 싶을 때 트위터 등 소셜 미디어가 필수적입니다. 그럴 듯한 지위가 없어도 누구나 말할 수 있고, 공감을 얻을 수 있고, 또 단숨에 확산되기도 하니까요. 이용하지 못해서 발생하는 '불이익'을 무겁게 생각해야 합니다. 특히 코로나 상황에서는 인터넷이 필수불가결한 소통의 기반이었으니까요.

소셜 미디어 속의 여성혐오와 사회 구조

소셜 미디어에 여성혐오가 만연한 이유는 무엇일까요?

30
편집자 주 앰네스티 보고서 및 조사에 대해서는 다음을 참조. "여성 인권 보장에 굼뜬 트위터", https://amnesty.or.kr/43795/; "여성들이 트위터에 알리고 싶은 온라인 폭력의 진실", https://amnesty.or.kr/campaign/violence-against-women-online/

오다 혐오 발언을 아무렇지 않게 내뱉는 배경에는 소셜 미디어가 익명의 공간이라는 점이 있습니다. 익명이면 자신의 피해를 밝히기도 수월하다는 장점이 있기 때문에 익명성을 무조건 나쁘다 말하고 싶지는 않아요. 하지만 변호사라는 지위는 은근히 드러내면서 '이런 말은 실명이었다면 못하겠지'라는 글을 아무렇지 않게 쓰는 트위터 이용자가 종종 보이는 걸 보면, 역시 원인 중 하나라고 생각합니다.

다케이 트위터 활성 사용자(active user)의 성별은 남성과 여성이 반반이라는 연구 결과가 있는데, 이 결과가 타당하다면 성별 치우침은 없다는 말입니다. 그런데도 왜 여성혐오가 넘쳐날까 생각해보면 일본의 위계 인식과 관련이 있지 않을까 싶습니다. 일본인에게는 다른 사람을 칭찬하기보다 깎아내리고 자신이 위로 올라가려는 경향이 있습니다. 그렇다면 누구를 깎아내릴까요? 강한 상대에게는 하지 않겠죠. 자신보다 약한 사람이나 여성에게 합니다. 게다가 자기주장을 하는 사람은 '건방지다'고 여기는 풍조도 있고요. 인간은 두려움을 동력 삼아 움직이기도 하는 존재이니, '내 권익을 점점 빼앗기겠구나' 하는 공포심이 여성혐오를 드러내는 이들에게 있지 않은가 싶습니다.

비방이나 괴롭힘으로부터 자신을 지키기 위해 할 수 있는 대책은 무엇이 있을까요?

오다 발신자 정보 공개 청구가 가능하다면 하는 게 좋습니다. 그러려면 도가 지나친 소셜 미디어 계정의 화면과 URL 등을 캡처해서 보관해 두어야죠. 다만, 권리 침해가 명확하지 않으면 발신자 정보 공개를 인정받지 못합니다. 말이라는 게 그리 간단히 위법이 되지는 않아요. 좋든 싫든 악성 댓글 같은 말을 할 자유도 있으니까요.

법적인 한계도 있겠죠.

오다 저는 법적 조치를 취해야 할 부분은 당연히 실행하지만, 더 나아가서 공론화하고 싶은 욕구가 있기 때문에 인터넷에서 검색을 자주 해봅니다. 검색 결과에 온갖 욕설이 나오지만, '법적으로 죄를 물을 수 있겠다' 싶은 것들은 사실 굉장히 적습니다. 명예훼손은 사실 적시 및 인격적 모독에 이르는 논평이 필요하고, 모욕도 수인한도[31]를 넘어야 하기 때문에 '못생겼다', '뚱뚱하다'처럼 외모를 공격하는 정도는 위법으로 인정받기가 어렵습니다.

온라인 괴롭힘은 현실 사회에 뿌리가 있다

말은 폭력이 되기도 하죠. 2020년 5월에는 후지TV의 리얼리티 방송에 출연했던 여성 프로레슬러 기무라 하나 씨(당시 22세)가 소셜 미디어에서 비방과 모욕에 시달린 끝에 스스로 목숨을 끊었습니다.

오다 역시 온라인 괴롭힘을 가볍게 여기다 일어난 비극입니다. 문제는 성차별적인 글을 마구 올리는 사람에게 있는데도, 피해자를 향해 "그러니까 소셜 미디어를 하지 말지 그랬어"라며 탓하거나 웹에서만 일어나는 문제라고 치부하곤 합니다. 아무리 현실 사회와 이어져 있는 문제라고 말해도 제대로 통하지 않을 때가 많아요.

다케이 소셜 미디어를 이용하는 사람과 하지 않는 사람의 감각에는 상당한 차이가 있는 것 같습니

31
역자 주 타인의 생활을 침해할 때 그 피해의 정도가 서로 참을 수 있는 한도를 뜻하는 법률 용어입니다.

다. 일본의 재판관들도 개인적으로는 소셜 미디어를 소극적으로 이용하는 경향이 있어 온라인 괴롭힘의 실태와 심각성, 현실 사회와의 연결성 등을 이해하고 있는지 불안할 때가 있습니다. 실명으로 소셜 미디어에서 적극적인 활동을 하는 사람은 오카구치 기이치[32] 판사 정도인데, 부적절한 게시물을 올렸다는 이유로 국회탄핵재판소에 소추되었죠. 파면이 결정되면 법조인 자격까지 잃게 되는데, 재판관들의 소셜 미디어 사용 자체가 더욱 위축되지 않을까 우려스럽습니다.

미디어는 웹에서 일어나는 괴롭힘 문제에 어떤 역할을 해야 할까요?

오다 괴롭힘 피해를 가시화하고 계속 알려나가야죠. 웹에 한정된 이야기만은 아닙니다. 2017년 즈

32
역자 주 센다이고등법원 판사로, 하루에도 수십 건의 사법 및 정치 관련 글을 올리며 트위터(현 엑스) 활동을 해왔습니다. 2017년에 일어난 살인 사건과 2018년 반려견 소유권 민사 소송에 대해 그가 쓴 게시물을 두고 피해자 유족과 소송 당사자 측이 모욕적이라며 항의했고, 일본 최고재판소는 '재판관의 품위를 손상시켰다'며 견책 징계를 두 차례 내렸습니다. 그러나 이후 당사자들이 탄핵소추를 국회에 청구했고, 2021년 6월 재판관탄핵재판소 소추가 결정되었습니다.

음부터 여성 정치인이나 변호사에게 원치 않는 통신 판매 상품이 착불로 배달되는 사건이 연이어 일어났는데요. 제가 일하는 법률사무소 앞으로도 주문한 적 없는 미용 음료며 화장품 등이 배송되었습니다. 똑같은 피해를 입은 사람들과 이야기를 나누다가 성차별·성폭력 등 젠더와 관련한 발언 때문임을 다 같이 직감했습니다. 2019년 2월 이 같은 피해를 입은 여성 7명이 기자회견을 했을 때 많은 보도진이 취재했습니다. 그러자 이후로는 그런 일이 사라졌어요. 가시화함으로써 '우리는 침묵하지 않는다'라는 자세를 보여주었고, 미디어 쪽에서도 많이 보도해준 덕분이라고 봅니다.

온라인에 난무하는 여성에 대한 비난과 성차별적인 게시물을 없애려는 움직임도 일어나고 있습니다. 2021년 10월에는 #KuToo 운동을 주도했던 이시카와 유미 씨, 시민운동가 히시야마 나호코 씨 등이 '온라인 세이프티 포 시스터즈'(Online Safety For Sisters)라는 모임을 결성했습니다. 차별적인 온라인 게시물을 막기 위해 법률 정비를 요구하는 서명운동을 전개할 예정이라고 합니다.

5

INTERVIEW: 저널리스트 하마다 게이코

'여자' 이야기는 뉴스가 아니다? 표현 이전에 신념을

인터넷과 소셜 미디어가 보급되면서 소통 및 표현의 무대는 더없이 다양화되었습니다. 종이 매체나 방송 등 기성 미디어와 인터넷 매체에 나타나는 젠더 표현은 어떻게 다를까요? 전 『아에라』 편집장, 전 『비즈니스 인사이더 재팬』 총괄편집장 등을 거치며 다양한 미디어를 경험한 저널리스트 하마다 게이코 씨[33]에게 들어보았습니다.

33

저자 주 1989년 『아사히신문』 입사. 1999년부터 『아사히신문』 계열의 주간지인 『아에라』 편집부 기자로 재직하며 여성의 삶과 직장에서 겪는 문제들을 취재. 2004년 『아에라』 부편집장 역임. 이후 편집장 대행을 거쳐 『아에라』 최초의 여성 편집장으로 취임. 2017년 3월 말 『아사히신문』 퇴사 후, 같은 해 4월 세계 17개국에 게재되는 온라인 경제미디어 『비즈니스 인사이더 재팬』의 일본판 총괄편집장 역임. 2020년 12월 말에 퇴사해 현재는 프리랜서 저널리스트로 활동. 저서 『일하는 여자와 죄책감』(働く女性と罪悪感).

누가 기사를 쓰는가

하마다 씨는 신문, 잡지, 웹 등 다양한 미디어 매체를 경험하셨습니다. 각 매체의 젠더관에서 차이를 느끼시나요?

하마다 차이는 있습니다만, 그건 각 미디어의 특성이라기보다 조직을 구성하는 사람의 문제라고 생각합니다. 예를 들어, 제가 17년 동안 관여했던 잡지 『아에라』는 여성의 문제를 적극적으로 다루는 편이었습니다. 제가 편집부에 들어가던 1999년에는 편집부원 3분의 1이 여성이어서 '우리는 이런 기사를 읽고 싶다, 쓰고 싶다' 의견을 말하기가 편했죠. 남성이었던 편집장은 '그렇게 원한다면 한번 해봐' 하는 입장이었고요. 권두특집으로, 일하는 여성들의 어려움이나 전업 주부가 느끼는 고독감 등을 깊이 다루었더니 잡지 매출도 눈에 띄게 올라가더군요.

편집장이 '여성 문제에 세상의 관심이 높고, 그게 매출로도 이어지는구나' 깨달으면서 이쪽으로 계속 가보자고 결정되었습니다. 그래서 당시에 신문이나 경제지가 거의 다루지 않았던 일하는 여성들이 겪는 문제 등을 『아에라』가 가장 빨리 다룰 수 있었습니다. 당시 편집부 내에서도 반발은 있었어요. 특히 남성 기자들이 '여자나 아이들 이야기는 뉴스가 아니다'라고 했죠. 그때까지는 정치나 경제 이야기가 아닌, 여성의 삶과 괴로움, 아이들이 겪는 문제 등은 뉴스 가치가 없다고 생각하는 사람이 많았습니다.

2021년 6월 경제지 『도요케이자이』가 '회사와 젠더'라는 특집을 구성했습니다. 이제 경제지도 젠더를 주제로 다루는구나 싶어 감개무량했습니다. 제가 『아에라』 편집장이었던 2014-15년 당시에는 기획서에 젠더나 페미니즘 같은 단어를 쓰면 남성, 특히 저보다 윗세대의 남성들은 망설이는 표정을 보였습니다. 노골적으로 싫은 얼굴을 하는 사람도 있었죠. 그러면 '일하는 여성' 같은 단어로 바꾸었습니다.

젠더관의 차이는 신문이냐, 잡지냐, 인터넷이냐 하는 매체의 형태보다는 누가 기사를 쓰느냐, 더 엄밀히 말하자면 누가 의사결정을 하느냐가 크다고 봅니다. 온라인 미디어에서는 데이터에 기반을 두고 어떤 기획을 할지 결정하기도 합니다. 하지만 그런 알고리즘 자체에도 편견이 있죠.[34] 이 역시 알고리즘을 누가 설계하는가의 문제입니다.

웹에서는 누구나 정보의 생산자이자 소비자가 될 수 있습니다. 그런 점에서는 인구 구성과 마찬가지로 웹에서도 이용자들의 성비가 어느 정도 균형을 이룬다고 봐야 합니다. 하지만 트위터나 야후코메[35]에는 여성혐오가 끊이질 않습니다. 왜일까요?

하마다 인터넷 사용자의 성비는 비슷하다고 하지만, 야후 뉴스에 댓글을 쓰는 사람은 어떨까요? 어느 조사[36]에서는 30대에서 50대의 남성이 반을 차지하고, 소수의 사람이 반복적으로 글을 올린다고 했습니다. 즉, 인터넷 전체로 보면 성비가 비슷해도 특정한 공간의 성격을 형성하는 사람들은 역시 한쪽으로 치우쳐 있다는 뜻

34
저자 주 2018년 아마존은 인공지능을 활용하여 인사 채용을 했으나, 여성을 불리하게 평가하는 결점이 발견되어 인공지능 운용을 정지시켰습니다. 과거 10년 동안 기술자 대부분이 남성이었다는 이유로 인공지능은 남성을 채용하는 것이 바람직하다고 간주했고, 여성과 관련된 단어가 이력서에 포함되면 낮은 평가를 내렸습니다. 다른 회사의 인공지능에서도 학습 데이터를 충분히 확보하지 않아 인종차별을 조장한 사례가 있었습니다.

35
저자 주 야후 뉴스의 댓글란을 말합니다. 하루에 약 32만 건의 댓글이 올라옵니다. 비방 등 부적절한 게시물이 끊이질 않아, 2014년 인공지능 감시 시스템이 설치되었습니다. 하루 삭제 건수는 2만 건에 달한다고 합니다. http://www.asahi.com/articles/ASPCJ5TBNPCCUTIL04J.html

이죠. 여러 분석에 따르면 소위 '인터넷 우익' 도 이용자의 2퍼센트 정도라고 합니다. 하지만 불과 2퍼센트가 엄청나게 리트윗을 하거나 '좋아요'를 누르면서 때로는 여론을 유도합니다. 플랫폼에는 이를 감시하고 편향을 시정할 책임이 있습니다.

2퍼센트가 여론을 이끌고 때로는 여론 자체로 보일 위험성이 있는 한편, 해시태그 액티비즘과 같은 긍정적인 측면도 보입니다.

하마다 인터넷의 힘이 있으니까 가능했던 일, 가능한 일이 있습니다. 미투 운동이나 검찰청법·입관

36

저자 주 2015년 야후의 발표에 따르면, 야후코메의 댓글 게시자의 80퍼센트가 남성이고 그중 30-50대가 절반을 차지합니다. http://news.yahoo.co.jp/newshack/yjnews_comment.html

편집자 주 한국의 대표 포털 다음은 뉴스 댓글을 2023년 6월 폐지했고, 네이버는 연예, 스포츠 댓글은 운영하지 않지만 뉴스 댓글은 운영하고 있습니다. 네이버 데이터랩에 따르면, 하루 평균 30만 건의 댓글이 달리며, 가장 활발한 댓글 작성자는 40-50대 남성입니다. 규정 미준수로 인해 댓글이 삭제되는 경우는 일 평균 200여 건 안팎이고요. 네이버는 욕설과 비속어 등을 거르는 AI '클린봇'을 운영하며 댓글 정화를 위해 노력 중이고, 2023년 4월 인터넷자율정책기구 혐오표현심의위원회는 '혐오표현 자율정책 가이드라인'을 제정해 2024년 3월에 첫 심의 의견을 내놓은 바 있습니다.

법 개정 문제[37] 등 한 사람의 목소리가 커다란 움직임이 되기도 했죠. Change.org 같은 서명 활동이나 크라우드 펀딩도 그렇고요. 지금까지는 인터넷의 위험성이 더 크게 인식되었지만, 최근 1, 2년 사이에 젊은이들이 인터넷의 힘을 현실로 이끌어내고 있습니다. 모리 요시로 씨의 여성비하 발언 당시에도 바로 다음 날부터 서명이 시작되었고, 일주일 남짓한 동안 15만 명 이상의 서명이 모여 올림픽조직위원회에 전달될 수 있었습니다. 이런 긍정적인 측면도 더 인식되고 신뢰를 얻어야 합니다.

하지만 긍정적인 측면에 편승하려고 하면 젊은이들의 힘만 이용하려는 꼴이 됩니다. 미디어도 스스로 행동하지 않으면 안 됩니다. 바람직한 경험을 여러 차례 하다 보면, 진정한 아군과 동료가 생기고 발전적인 여론도 생겨나리라 봅니다.

37
저자 주 입관법이란 '출입국 관리 및 난민 인정법'의 준말로, 일본 내 외국인 체류 자격과 관련된 법안을 말합니다.
역자 주 2020년 검찰관의 정년을 연장하는 법 개정에 항의 의사를 표시한 트위터 게시물 '#검찰청법개정안에항의합니다'가 리트윗을 포함하여 수백만 건에 달하자, 정부와 여당은 개정안 추진을 단념했습니다. '#난민송환이아닌보호를'은 2021년 외국인 수용과 송환 규정을 재검토하는 법 개정안에 대해 문제점을 지적하고 반대 의사를 표하기 위해 NPO 법인 난민지원협회가 시작한 캠페인입니다.

기계적 중립은 답이 아니다

인터넷에 올린 기사나 의견은 때로 댓글 포화를 맞기도 합니다. 언론사도 신경이 쓰일 수밖에 없습니다.

하마다 '신경을 쓴다'며 이상한 방식으로 균형을 잡지 않아야 합니다. 예를 들어 재무성 사무차관의 성희롱 문제[38]가 일어났을 때, 어느 방송국은 균형을 잡겠다고 거리 인터뷰를 해서 '남성도 살기 참 힘들다' 같은 의견을 내보냈습니다. 남성이 힘든 것과 성희롱 문제는 아무런 상관이 없습니다. 신문사에서도 뭔가를 주장할 때 반발을 두려워한 나머지, 이상한 방식으로 균형을 잡으려고 합니다. 꼭 말해야 하는 바가 있다면 신념을 가지고 발언해야 합니다.

화장품회사 '폴라'(POLA)가 몇 년 전 '이 나라는 여성에게 개발도상국이다'라는 광고[39]를 만들었을 때 격렬한 찬반양론이 일었습니다. 반발이 나오면 곧바로 '오해를 살 만한 표현을 해서 죄송합니다'라고 사과하는 기업이 많지만, '폴라'는 여성 고용 문제가 해결되어야

38 저자 주 2018년 당시 재무성 사무차관이 여성 기자를 한밤중에 회식 자리로 불러내어 성희롱 발언을 일삼았습니다.

한다는 신념으로 그 광고를 만들었기 때문에 전혀 흔들리지 않았고 후속편까지 만들었죠. 표현의 세심함이나 말투 이전에, 우리는 왜 이 회사에서 일하고 싶은가, 젠더 갭(gender gap)이 존재함을 일단 인정하는가, 이를 해결하기 위해 자신의 회사는 무엇을 하는가 등을 정보 생산자와 조직 자체가 자문해봐야 합니다. 미디어 내부에서는 아직도 여성 관리직을 몇 명까지 늘리자는 목표 설정을 두고 '능력 없는 여성도 승진시켜줘야 하나'라는 말들이 나옵니다. 우선, 자신이 몸담은 회사의 내부 방침부터 재검토하지 않으면 신념을 갖고 말하기가 어렵겠죠.

저 자신도 해야 할 말을 제대로 하지 않았다고 반성하곤 합니다. 사회를 바꾸려면 '아저씨'들을 움직여야 한다고 생각해, 다양성이나 젠더 평등의 중요성을 설명할 때 '다양한 인재가 있는 곳에서 혁신이 일어난다', '저출생 대

39 저자 주 화장품회사 '폴라'가 판매원을 모집하기 위해 만든 2016년 광고. '이 나라는 여성에게 개발도상국이다. 제한된 기회, 앞을 가로막는 불평등. 예전의 상식은 그저 굴레가 되고 말았다. 그것이 내게는 부자유다. 헤매지 마, 망설이지 마, 중요한 건 나 자신이 알고 있어'라는 내레이션이 흘러나왔습니다. 그 뒤에 2탄 '이 나라에는 환상의 여성이 살고 있다', 3탄 '이 나라에는 두 얼굴이 필요하다'도 만들어졌습니다.

책이 된다' 등 남성에게도 받아들여질 만한 논리로 말했습니다만, 이래도 되나 늘 고민스러웠습니다. 젠더 문제는 경제적 합리성이 아니라 인권의 문제다, 그러므로 해소되어야 한다고 단호하게 주장했어야 해요. 미투 운동 이후로 젊은이들의 운동 등을 보며 반성을 많이 했고, 이제는 저 자신도 더 단호히 말하려고 합니다.

책 두 권을 소개하겠습니다. 『그녀가 말했다』[41]는 미투 운동의 발화점이 되었던 할리우드의 거물 와인스타인의 성폭력을 보도한 『뉴욕타임스』 두 여성 기자의 이야기이고, 『배드 블러드: 테라노스의 비밀과 거짓말』[40]은 한 스타트업의 사기극을 파헤친 『월스트리트저널』 기자의 탐사 보도입니다. 혈액 몇 방울로 약 200가지의 질병을 진단할 수 있는 휴대용 소프트웨어를 개발했다고 주장했지만 모두 거짓이었죠. 기자 개인만이 아니라, 데스크 등 편집부의 상층부를 비롯해 회사의 법무부도 이들을 지원하며 함께 싸웠습니다. 일본이었다면 법무부서에서 소송을 두려워한 나머지 지나치게 신

40
한국어판 조디 캔터·메건 투히, 『그녀가 말했다』, 송섬별 옮김, 책읽는수요일, 2021.

41
한국어판 존 캐리루, 『배드 블러드: 테라노스의 비밀과 거짓말』, 박아린 옮김, 와이즈베리, 2019.

중한 태도를 보이다가 도리어 기사를 덮으려고 했을지 모릅니다. 미국의 미디어는 트럼프를 대상으로도 싸우고 보도합니다. 그러면서 오히려 온라인 판의 유료 회원이 늘어났다고 하죠. 싸우지 않으면 절대로 지지를 얻지 못합니다. 기자가 안전한 상황에서만 발언할 수는 없어요. 자신의 입장을 명확히 밝히고 신념에 입각해 보도하도록 회사가 지원해야 합니다.

거리낌 없이, 하지만 겸허하게

보도하는 사람이 '단호하게' 말하기 위한 효과적인 어법이 있을까요?

하마다 포섭 가능성과 겸허한 태도는 염두에 두는 게 좋죠. 다만, 예컨대 성희롱 문제에서 '남성들도 많이 힘들다', '그런 말을 꺼내면 회사에서 대화를 못한다'라고 하면 문제의 본질이 어긋나기 시작합니다. 본질에서 벗어나지 않으면서, 전달하는 방식은 냉정하게, 그리고 겸허함을 잊지 않는 겁니다.

겸허함이란 조심스러움이 아니라 누구에게나 편견이 있음을 인식하는 것입니다. 저 자신에게도 편견이 있습니다. 다수자의 특권[42]이라고 할까요. 예를 들어, 저는 성별로 보면 여성이니까 소수자일지도 모르지만, 일본인이니 일본 내에서는 다수자가 됩니다. 『아에라』에서는 편집부원 30명 중에 20명이 여성이고, 부편집장은 5명 중에서 4명이 여성인 시기가 있었습니다. 이때 남자 직원들이 편집회의에서 자신의 생각을 말하기 어려워했습니다. 자신의 입장이 늘 절대적이지 않다는 점, 경우에 따라 차별하는 쪽도, 차별당하는 쪽도 될 수 있다는 점을 의식하는지 아닌지에 따라 사물을 바라보는 방식이 바뀝니다. 그러면 발언할 때 주의해야 할 점도 보이겠죠. 자신들의 입장이 불리할 때는 문제 삼지 않는다거나, 표면적인 논란만 두려워하면 말에 힘이 실리지 않습니다.

몇 사람이 읽느냐보다는 누가 읽느냐

웹 콘텐츠 제작이 기존 미디어와 차이가 있나요?

42

저자 주 주류 사회집단에 속하기 때문에 애쓰지 않아도 얻을 수 있는 혜택이나 이득을 뜻합니다. 거의 자동적으로 부여되기 때문에 다수자 스스로 그 특권을 알아차리기가 어렵습니다.

하마다 누구를 독자로 보느냐 하는 전제가 다릅니다. 신문이나 잡지는 그들의 세계관을 좋아하는 사람에게 콘텐츠를 판매합니다. 예를 들어 『아에라』는 일하는 여성이나 맞벌이를 하는 현역 세대에게 지지를 받습니다. 그 구독자에 대한 『아에라』다운 약속과 문맥, 표현, 세계관이 있죠. 『비즈니스 인사이더 재팬』으로 옮겼을 때, 저는 그걸 그대로 『비즈니스 인사이더 재팬』 독자인 밀레니얼 세대에게 적용하려고 했습니다.

하지만 약속의 세계를 밀어붙이려다 보니 잘 안 됐어요. 결국은 인터넷 미디어도 세계관이 없으면 독자와 강하게 연결되기 어려운데, 처음부터 어디에서 누가 읽는지도 인식하지 못한 채 콘텐츠를 만들어버렸으니까요. 『비즈니스 인사이더 재팬』의 기사들은 우리 사이트만이 아니라 야후나 라인, 스마트 뉴스와 같은 플랫폼을 통해 읽는 경우가 많거든요.

신문 등 종이 매체가 온라인으로 뛰어들 때에도 이런 점을 좀 더 인식했더라면 좋았을 겁니다. 종이로 읽는 사람과 인터넷에서 읽는 사람 사이에는 차이가 있어요. 단순히 신문에 실리지 않은 부분을 장문으로 게재하기보다는, 글쓰기 방식이나 문체, 구성 등을 웹에 맞게 바꾸는 게 이상적이죠. 예컨대 기사가 장문이라

해도, 종이 매체의 경우에는 지금 자신이 어디 쯤 읽고 있는지 파악할 수 있습니다. 페이지를 분할하면 웹에서도 파악할 수는 있지만, 애초에 웹 페이지 분할 자체가 독자에게 그리 편한 방식이 아니에요. 스마트폰에서 스크롤을 하게 만들면, 독자는 '이 기사, 어디까지 계속 이어지는 거지?'하는 생각을 하게 되고요. 그래서 끝까지 읽게 하려고 글자 수도 일정 범위 내로 제한하고, 구성에 얽매이지 않는 평이한 표현을 사용합니다. 제목도 누구나 쉽게 이해하도록 단순하게 붙이고요. 그러지 않으면 '이런 의도로 썼을 리 없는데' 하고 오해를 사서, 실제로 야후코메에서 비판을 받기도 했죠. 어떤 독자가 읽을지 알 수 없다는 점을 전제로 해야 합니다.

웹에서는 광고 수입이 굉장히 중요한 부분입니다. 광고주는 페이지뷰를 신경 쓰지 않습니까?

하마다 물론 전혀 신경 쓰지 않는다고 할 수는 없지만, 그보다도 '어떤 독자가 읽는가, 어떤 편집 방침을 갖고 있는가' 하는 쪽에 더 신경 쓴다는 느낌을 받았습니다. 『분슌 온라인』[43]처럼 페이지뷰만 잡겠다는 미디어라면 다르리라 생각합니다만.

그렇다면 어떻게 접근 가능한 독자층을 쌓으며 자기만의 브랜드를 만들어갈 수 있을까요? 첫 번째도, 두 번째도 당연히 콘텐츠입니다. 지향하는 세계관과 콘텐츠, 그리고 독자가 일치해야 합니다. 일본에서 『비즈니스 인사이더 재팬』은 아무것도 없는 상태에서 기반을 구축해야 했기 때문에, 다양한 플랫폼을 의식한 콘텐츠를 지속적으로 내면서, 의도적으로 '읽어주길 바라는 독자'에게 닿을 만한 콘텐츠도 생산했습니다. 즉, 밀레니얼 세대 중에서도 『비즈니스 인사이더 재팬』이 중요하게 여기는 지속가능성, 젠더 평등 등에 공감해줄 사람들에게 다가가려고, 그러한 가치관을 콘텐츠 구석구석까지 철저하게 담았죠. 예를 들어, 기업가를 다루는 연재 기사에서는 젠더 균형에 신경을 썼습니다. 사실은 50:50으로 하고 싶었지만, 모집단에 차이가 너무 커서 목표를 여성 30퍼센트로 잡았습니다. 그런 부분이 바로 콘텐츠 생산자가 보내는 메시지라고 생각합니다. 광고주들은 지금 그런 부분을 보고 있습니다.

43
저자 주 분게이슌슈(文藝春秋)가 운영하는 뉴스 사이트. 월간 자사 페이지뷰가 약 3.4억, 외부 페이지뷰가 약 3.9억이라고 합니다. http://www.bunshun.co.jp/Portals/0/documents/bunshun-online/bunshun-online_mediaguide.pdf

하지만 우리가 바라는 사람들과 닿는 것만으로 세계는 바뀌지 않습니다. 그렇기 때문에 야후 등의 플랫폼에서는 그쪽 세계관과 접점을 가지려고 노력합니다. 오독되지 않도록 주의하면서, 조금씩 사고방식이 바뀌어가기를 기대합니다.

진지한 기사의 엔터테인먼트화에 주의

웹 미디어는 제목 A/B 테스트[44]를 실시하죠. 똑같은 콘텐츠라도 제목을 달리하는 것만으로 페이지뷰가 크게 달라짐을 실감합니다. 젠더와 관련된 제목은 어떤 점을 고려하며 언어를 사용해야 할까요?

하마다 불법촬영이나 성희롱 같은 사례가 참 어렵습니다. 필연적으로 성과 관련된 표현이 나오니까요. 그런 표현이 제목에 들어가면 선정적으로 보여서 페이지뷰가 올라가는 경우도 있지

44
저자 주 디자인이나 언어 표현의 일부가 다른 콘텐츠 시안을 두 가지 이상(A or B or … X)으로 준비해서 어느 안에 반응이 좋은지를 검증하는 방법. 웹 마케팅에서 많이 이용하는 방식으로, 소비 환경에 최적화시켜 조회수를 높이는 데 효과적입니다.

만, 본래의 의도는 아니죠. 한때는 경제적으로 곤란을 겪는 사람에 대한 기사가 야후 재팬의 뉴스 순위에서 항상 상위를 차지했습니다. 물론 빈곤이나 경제적 불평등의 현실을 알고 싶어서 읽은 사람도 있겠지만, 공감이 아니라 '이 사람보다 내가 낫다'라는 일종의 오락거리로 읽는 사람도 있습니다. 젠더 문제도 자칫 오락거리로 읽힐지 모른다는 점을 염두에 두고서 제목을 붙이고 기사를 써야 합니다. 성폭력 장면을 어디까지 자세히 설명할 것인가 하는 문제도 포함해서요.

다만, 성과 관련된 단어나 묘사가 없으면 본질이 전달되지 않는 경우도 있습니다. 플랫폼 중에는 일률적으로 규제해서 특정한 단어나 사진은 자동으로 막아버리는 곳도 있습니다. 섹스리스 문제를 다루는데 제목에 '섹스'라는 단어를 사용하지 못하게 한다면 곤란하겠죠. 문제의 본질이 아니라 겉으로 드러나는 부분만 보고 사용하지 못하게 해서는 안 됩니다.

관심이 높아지면 바로 뛰어들 수 있는 웹

앞으로는 웹 콘텐츠가 점점 더 일상화될 텐데, 웹 미디어가 기존 미디어에 비해 어떤 강점이 있을까요?

하마다 조직의 계층이 복잡하지 않다는 점입니다. 요즘은 청록색(teal) 조직[45]이라고 하죠. 기자와 편집자의 거리가 가까운 작은 집단이기 때문에, 기자 본인이 쓰고 싶어 하고 사회적으로도 의미 있는 기획이면 쉽게 통과됩니다. 예전에 『아사히신문』이 '소녀에게'(Dear Girls)라는 국제 여성의 날 특집을 내놓았을 때 저도 관여했는데, 사내 조정에 시간이 꽤 걸렸습니다. '왜 여성 문제만 이렇게까지 다루는가' 하는 목소리가 있었죠. 설명하고 조정하는 데에 비용과 노력이 훨씬 적게 든다는 점이 웹 미디어의 강점이라고 생각합니다. 어떤 일이 일어났을 때 '사회적으로 관심이 있구나, 해야겠다'

45

저자 주 피라미드형 조직의 반대로, 계층이나 직위 등이 없어 개인의 재량에 따라 행동하고 의사 결정이 이루어지는 조직을 뜻합니다.

편집자 주 컨설턴트 프레데릭 라루는 저서 『조직의 재창조』(생각사랑, 2016)에서 조직이 인간의 의식 수준의 진화를 반영하도록 발전했다고 주장하면서, 적색 조직, 호박색 조직, 오렌지 조직, 그린 조직, 청록색 조직의 다섯 가지 조직 유형을 제시합니다. 권위적이고 의사소통이 하향식으로 흐르는 적색 조직에서 구성원이 스스로를 관리하며 인간성을 드러낼 수 있는 청록색 조직으로 진화해왔다고 봅니다. 일본에서는 청록색을 뜻하는 영어 teal을 가타가나로 써 틸형 조직(ティール組織)으로 쓰는 편이나, 이 책에서는 한국어판의 번역을 빌려 '청록색 조직'으로 옮겼습니다.

싶으면 기동력 있게 기사를 낼 수 있습니다.

2017년 이토 시오리 씨가 TV 지국장에게 당한 성폭력을 고발하며 기자회견[46]을 열었습니다. 세계적인 미투 운동의 흐름 속에서 일본 역시 이 문제는 그냥 흘려보내서는 안 된다는 분위기가 고조되었고, 웹 미디어는 이를 크게 다루었습니다. 하지만 신문이나 TV 같은 여러 기성 미디어들은 침묵했습니다. 다루더라도 아주 작게 실었죠.

다음 해에는 재무성 사무차관이 저지른 성희롱 사건도 있었습니다. 『비즈니스 인사이더 재팬』에는 신문사에서 이직한 여성 기자가 많은데, 이들도 여러 현장에서 성희롱으로 괴로움을 겪었습니다. 기사 게재와 동시에 미디어에서 일하는 여성들에게 성희롱을 당한 경험이 있는지 설문조사를 했더니, 120명 이상이 눈 깜짝할 사이에 응답했어요. 종이 매체라면 그런 속도로 답변을 모으기가 어려웠겠죠.

46

저자 주 2017년 5월 저널리스트 이토 시오리 씨가 취업 상담 차 함께 식사를 했던 전 TBS 남성 기자에게 성폭력을 당하자, 실명과 얼굴을 드러내고(당시에는 성씨를 비공개로 함) 기자회견을 개최했습니다. 일본의 성범죄에서 피해자가 위치한 사회적·법적 환경 및 형사 사법의 문제점 등에 대해서도 언급했습니다.

다양한 플랫폼을 이용한 덕분에 순식간에 많은 답변을 얻었고, 즉각적인 반응을 느꼈습니다. 성희롱 문제만이 아니라 관료집단의 잔업 문제로도 설문조사를 했는데, 자신이 일하는 실태를 취재해달라는 공무원들의 목소리까지 나와서 사례를 모으기가 훨씬 쉬웠습니다.

또한 종이 매체만으로는 어떤 기사가 읽히는지, 혹은 읽히지 않는지, 어떤 원인에서 구독을 취소하는지 알 수가 없습니다. 제 경우에 『아에라』에서는 오랜 편집 경험을 축적한 전문가의 직감에 의존하며 일했는데, 웹 미디어로 옮긴 뒤에는 그 기사가 어떤 사람에게 어떻게 읽히는지를 알 수 있게 되었습니다. 방송국 기자들에게 듣자니 예전에는 여성이나 젠더 문제를 뉴스나 정보 방송에서 다루기가 어려웠는데, 웹으로 페이지뷰가 명확히 드러나면서 방송 기획으로 제안하기도 쉬워졌다고 합니다. 독자들의 반응을 가시화하고 이를 다시 기성 미디어에 반영해나가면서 각 미디어의 젠더 기획 및 표현도 바뀌어가고 있습니다.

온라인 기사의 제목을 되짚어봅시다

- 풍어, 스쿠미즈아게
- 브루셀라증, 개도 감염[47]
- 아이돌, 완전 노반 시구
- 엄마 러너, 올림픽 대표로
- 집에 가면 이쿠맨 아빠
- 금메달 스승, 남자의 눈물
- 여자 아나운서 등용문, 미인 선발대회 개최
- 누나들에게 인기 있는 아나운서
- 모성 본능 자극하는 꽃미남 등장
- 나쁜 남편에게서 자립한 현모양처에게
- 여걸의 일대기를 그린 드라마
- 기혼 여성의 현실, 일인가 가정인가

47
역자 주 일본식 발음 '브루세라'에서 여학생용 세일러(세라) 교복을 연상하는 사람들이 있음을 노린 제목입니다.

3장 성폭력 보도 현장에서

1 성폭력 보도에서 보이는 표현

> 난폭, 외설[1], 음란 행위, 장난, 밤늦게 돌아다녔다,
> 얇은 옷차림이었다, 도망치지 않았다, 가출한 소녀가
> 소셜 미디어로 알게 된 남자의 집에 갔다.

이런 말들을 뉴스에서 보고 들은 적이 있습니까? 아무렇지 않게 받아들였나요? 하지만 하나하나 뜯어보면 이제까지와 다른 관점이 생겨납니다. 이 장에서는 성폭력을 둘러싼 표현에 대해 생각해보겠습니다.

첫 번째 이유는 성폭력 보도에 담긴 젠더 표현에도 과제가 많기 때문입니다. 두 번째는 왜곡된 젠더 표현이 정착되는 이유를 파고들어보면 성폭력이 이야기되는 방식과 깊이 통하기 때문입니다. 개인이나 사회의 의식에 잠재한 편견 및 차별은 다양한 상황에서 나타나지만, 가장 극명하게 드러나는 상황 중의 하나가 성폭력입니다.

우리 기자들도 '이렇게 표현해도 괜찮을까', '왜 그런 식으로 썼을까' 하는 의문과 반성에 직면합니다. 선정적인 보도가 많았던 성폭력 문제를 미디어가 사회 문제로서 제대로 다루게 된 것은 비교적 최근입니다. 피해자의 인권을 존중해야 한다는 관점에서 직접적이지 않은 표현 방법을 모색해왔지만, 반대로 그런 태도가 성폭력의 실태를 알리기 어렵게 만들기도 했습니다. 젠더에 대한 올바른 인식을 담아 보도하려면 성폭력의 언설을 직시해야 합니다. 성폭력을 보는 방식이 달라지면 편견에 뿌리를 둔 표현도 달라집니다. 이런 생각으로 이 장을 구성했습니다.

1

역자 주 '난폭'(乱暴)이나 '외설'(わいせつ)이라는 표현은 이제 한국의 성폭력 보도에서는 거의 보이지 않습니다. 일본에서는 미디어 보도뿐만 아니라 법적인 용어로도 빈번하게 등장하기 때문에 원어 그대로 사용했습니다. 일본 사회에서 이 단어들이 드러내는 문제점은 3장 본문에서 저자가 상세하게 비판합니다.

편집자 주 한국 언론 보도에서 자주 보이며, 그래서 더욱 문제적인 표현은 '몹쓸 짓'입니다. '악독하고 고약한'이라는 뜻의 '몹쓸'로 강간, 준강간, 성폭력 등을 표현하는 것은 성적 폭력을 가해자 개인의 인성(성격 결함, 사회성 부족, 심신미약 등) 문제로 축소하는 것이라는 비판이 있습니다.

이름을 팔아먹는다고? 피해자 비난

> 아이돌 그룹에 소속된 40대 남성 연예인이 강제 외설[2] 용의로 검찰에 송치되었다는 사실이 알려졌다. 남성 연예인은 2018년 2월 도내에 위치한 자택 아파트로 10대 여성을 불러, 억지로 키스하는 등 외설적인 행위를 한 혐의를 받고 있다. 여성과는 일을 통해 알게 되었다고 한다. 남성 연예인은 용의를 대부분 인정하고 있다. (2018년 4월 보도)

남성 연예인이 저지른 강제 외설 사건 뉴스입니다. 남성은 오랫동안 최고 위치에서 활약해온 아이돌 스타였습니다. 잘 단련된 탄탄한 체격의 남성이 밀실에서 저지른 성폭력[3]이었죠. 그런데 사건 발생 후 '아이돌 이름을 팔아먹으려는 거 아니냐', '방에는 왜 갔느냐'는 등 피해자에게 비난의 광풍이 몰아쳤습니다.

현역 아이돌이 저지른 사건이다 보니 신문을 포함한 많은 미디어에서 크게 다루었습니다. 특히 웹 미디어가 상세히 보도했는데, 그중에는 여성을 특정하기 쉬운 정보도 있었고 '야간에

2 편집자 주 한국에서는 '강제추행'에 해당합니다.

3 저자 주 2009년 유엔 여성지위향상국(현 유엔여성기구)이 발표한 『여성에 대한 폭력에 관한 입법 핸드북』(*Handbook on Legislation Concerning Violence Against Women*)에서는 신체의 통합성과 성적 자기결정권을 침해하는 행위라고 정의합니다.

불러내는데도 응했다'라는 등 피해자에게 잘못을 돌리는 내용도 있었습니다. 연령과 지위, 경제력 등에서 차이가 크다 보니 싫어도 권유를 거절하기 어려웠을 테고, 스무 살 이상 차이가 나는 업무 관계자에게 성적인 피해를 당하리라고는 생각도 못 했겠죠. 어떤 상황이었다고 해도 나쁜 사람은 가해자입니다.

성폭력에 대한 보도는 언론이 어떤 표현을 선택하는가에 따라 쉽게 편견을 조장하고 2차 가해를 불러옵니다. 더 상세히 살펴보겠습니다.

강간이 '난폭'인가

'여성에 대한 난폭 용의로 ○○대생 체포'
경시청은 ○일 데이트 앱에서 알게 된 여성 회사원에게 난폭 행위를 하려다 상처를 입힌 강제성교치상 용의자로 ○○대생을 체포했다. 용의자는 혐의를 부인하고 있다. ○월 ○일, ○○시에 있는 여성의 집에서 여성을 여러 차례 때리고 외설적인 행위를 하려다 상처를 입힌 혐의이다.

'현립고 교사, 강제성교 혐의로 체포'
○○현 경찰은 ○일, 10대 여성에 대한 난폭 행위와 강제성교 혐의로 ○○현립고교 교사를 체포했다. 체포 용의자는 ○월 ○일 ○시경, 식사를 하자며 여성을 불러낸 뒤 승용차에 태우고 ○○시 호텔에 억지로 데려가 얼굴을 때리고 발로 차는 등 성적인 폭행을 한 혐의를 받고 있다.
(모두 같은 지방지 기사에서 발췌)

제목 및 본문에서 '난폭'이라는 단어가 사용되고 있습니다. '난폭'이라는 말을 들으면 어떤 상황이 떠오르나요? '난폭한 사람', '난폭한 말투' 등에서 보듯이 본래는 '행동이 몹시 거칠고 사납다'는 뜻이지만, 일본의 뉴스 보도에서 말하는 '난폭' 행위란 강제성교, 즉 강간을 의미합니다.[4]

각 미디어들이 지금까지 강제성교 등 성범죄 관련 표현을 여러 차례 검토해왔지만, 기준은 제각각입니다. 게다가 개별 사안에 대응해 종합적으로 판단하기 때문에 똑같은 범죄에도 표현을 다르게 사용합니다. 예컨대, 일본의 지방지들이 참고하는 「사회 기사 작성 기준집」(교도통신사 발행)에는 '제목은 되도록 성적인 폭행, 여성 폭행, 난폭 등으로 바꿔 쓴다'고 되어 있습니다. 그 이유는 쓰여 있지 않습니다. 다만, 해당 권고의 바로 앞 단락에서 성범죄를 '영혼 살인이라고도 부른다'라고 지적하며 피해의 영향이 오래 지속됨을 언급하고 있습니다. 깊은 고통을 느낄 피해자를 생각해서 직접적인 표현을 피하려는 의도로 보입니다.

보도 기사로 2차 가해[5]를 하지 않으려고 주의하는 태도는 중요합니다. 하지만 형량 5년 이상의 유기징역이며 경찰도 '중범죄'로 규정하는 강제성교죄(현 비동의성교죄)를 표현하는 데에 '난폭'이라는 말로 충분할까요? '난폭'에는 본래 성적 폭행의 의미가 없습니다. 오래전에는 어린아이들에게 가하는 강제외설 행위를 '장난'이라고 표현하기도 했지만, '범죄 행위를 가볍게 여긴다' 하여 이제는 사용하지 않습니다. 이처럼 성폭력을 둘러싼 표현은 계속 요동치는 중입니다. '난폭'이라는 말도 무심결에 쓸 게 아니라 더 나은 표현이 없을지 항상 고민해야 합니다.

4

편집자 주 원서가 출간되고 1년 뒤 일본은 강제성교죄와 준강제성교죄를 하나로 통합해 '비동의성교죄'로 개정했습니다.

5

저자 주 성폭력 피해를 입은 사람에게 주변 사람들이 더욱 상처를 입히는 행위를 말합니다. 피해 사실을 퍼뜨리거나 피해자에게 원인을 돌리는 말을 던지는 것 등이 모두 2차 가해에 해당합니다.

성폭력의 동기가 성욕인가

> 여고생에 대한 외설 행위 혐의
> ○○경찰서는 ○○시의 회사원 ○○○을 강제외설 혐의로 체포했다고 ○일에 밝혔다. '스트레스를 느껴 불끈불끈했다'며 혐의를 인정했다고 한다. (전국지에 게재된 기사 발췌)

많은 매체가 용의자의 진술에 '불끈불끈해서 저질렀다'라는 식의 표현을 사용합니다. 매우 충동적으로 느껴지는 '불끈불끈하다'란 말은 일본의 성범죄 보도에 흔하게 등장합니다.

성범죄 사건 재판을 방청해보면, 검찰 역시 모두진술 및 논고[6]에서 '성적 욕구를 채우기 위해 본건의 범행에 이르렀다'라는 취지의 말을 종종 합니다. 불끈불끈했다, 즉 갑자기 성욕을 느꼈다는 말은 '전형적인' 범행 이유이자 명쾌한 동기로 받아들여집니다. 경찰도 조사 단계에서 재판을 염두에 두고 이러한 진술을 끌어내려는 경향을 보입니다.

사법의 장이 아니라 일반 시민 중에서도 '충동적인 성욕에 이끌려서 성범죄를 저질렀다'는 구도를 자연스럽게 받아들이는 사람이 많을까요? 나중에 더 자세히 기술하겠습니다

6

저자 주 모두진술이란 형사 재판에서 주로 검찰이(변호인이 하는 경우도 있음) 증거에 의거하여 밝히려는 사실을 명확히 설명하는 절차입니다. 피고인의 경력 및 범행에 이른 경위, 범죄의 내용, 동기, 범행 전후의 행동 등을 밝힙니다. 논고는 형사 재판에서 증거 조사 종료 후 검찰이 증거에 기반을 두고 최종적인 의견을 진술하는 절차입니다. 마지막으로 어느 정도의 형량이 타당한지를 구형합니다.

만, '성폭력은 가해자가 강한 성욕을 제어하지 못해 일어난다'라는 말은 강간 신화 중 하나입니다.

성욕이란 인간의 원시적 욕구의 하나로, 충동성을 동반하기도 합니다. 하지만 갑자기 성욕이 '불끈' 일어났다고 해서 파출소 앞에서 범행을 저지르는 가해자는 없겠죠. 성범죄 사건을 취재하다 보면, 수사 관계자에게서 '사전에 피해자를 미행해서 귀갓길을 파악하고 있었다'는 등 계획성이 엿보이는 용의자의 진술을 듣기도 합니다. 과학경찰연구소의 방범소년부 부속 주임연구관(당시) 우치야마 아야코 씨가 성범죄 용의자들에게 실시한 조사[7]에 따르면 계획성이 '있음' 52.5퍼센트, '없음' 46.0퍼센트, '불명'이 1.4퍼센트였습니다.[8]

성적 가해의 배경에는 명백히 성차별, 여성을 얕보는 마음, 상사와 부하·교사와 학생·부모와 자식 등의 관계를 악용

7

저자 주 「性犯罪被害者の被害実態と加害者の社会的背景」, 『警察時報』, 第55巻 第10-12号, 2000. 적절한 성범죄 피해자 대책을 마련하고 가해자의 특성을 명확히 할 목적으로 실시된 조사입니다. 1997년 10월부터 1998년 1월 말까지 일본 내에서 강간 용의자(강제성교 등 용의자) 및 강제외설 용의로 검거된 피의자 553명과 피해자 204명을 대상으로 분석했습니다.

8

편집자 주 한국의 경우, 성인을 대상으로 한 성범죄로 '위치 추적 전자장치 부착 명령'을 받은 성범죄자 총 128명을 조사한 결과에 따르면, 계획적인 성범죄자의 수(82명)가 우발적인 성범죄자의 수(40명)보다 약 2배 많습니다. '성적 충동'이 성범죄의 원인이라는 생각은 가부장적 통념에 불과하다는 사실이 드러난 셈입니다. 자세한 연구 결과는, 윤정숙 외, 『성범죄 원인 및 발생환경분석을 통한 성범죄자 효율적 관리 방안 연구』, 법무부, 2015 참조.

하려는 의도, '상대보다 우위에 서고 싶다', '상대를 통제하고 싶다'라는 지배욕이 있습니다. '불끈불끈했다'라는 표현은 성범죄의 원인을 단순화하고 '충동적인 성욕 때문에 일어났다'는 고정관념을 재생산합니다. 게다가 '충동적으로 일어난 일은 어쩔 수 없다'는 변명으로도 이용됩니다. 사건 취재 과정에서 수사 당국으로부터 '성욕을 억누르지 못했다', '불끈불끈했다'라는 용의자의 진술을 들었다고 해서 그대로 받아들이지 말고, '정말로 그렇게 말했는지', '다른 원인은 없는지' 의문을 품어야 합니다. '성욕'에 관한 표현을 재검토하는 것도 미디어의 역할이니까요. 그런 말을 직접 들었다 하더라도 그럴 듯하게 이야기되는 '동기'에 주의를 기울여야 합니다.

'외설'의 안이한 사용

> '외설 교직원, 교육 현장의 성폭력을 없애라'
> (한 지방지 사설 제목)

학생에게 성폭력을 가한 교직원의 비열함을 규탄하고 관계 기관에 엄정한 대처를 촉구하는 내용의 사설입니다.

문부과학성의 조사 결과, 교직원들의 성적 가해는 억지로 몸을 만지는 등 형법상 강제외설죄(현 비동의성교죄)에 해당하는 행위뿐만 아니라 '성교', '불법 촬영이나 몰래 엿보기', '성기 노출' 등 여러 가지가 있었습니다. 호텔에 끌고 가 성행위를 요구하거나 성적인 동영상 및 사진을 촬영한 사례도 보고되었습니다. 이러한 행위를 뭉뚱그려 '외설'로 묶어버렸죠. 모두 심각한 성적 폭력입니다.

교직원의 성폭력은 '지도하는 사람'과 '지도받는 사람'이라는 위계를 이용한 것입니다. 가해자가 우월한 지위를 이용해 교묘하게 통제하기 때문에, 피해자는 피해를 자각하기가 어렵고 인식했다고 하더라도 주위에 말하기 힘듭니다. 그런 구조 속에서 일어나는 교육 현장의 성폭력에 주목하고 지속적인 대책을 마련하려는 노력은 환영받아 마땅합니다. 그런데 여기서 '외설 교직원'이라는 표현, 과연 적절한가요?

2019년 사진작가 이시다 이쿠코 씨가 20여 년 전 자신에게 성폭력을 저지른 교직원에게 손해배상청구 소송을 제기했습니다. 2021년 5월에는 '교직원 등에 의한 학생 성폭력 예방에 관한 법률'[9]이 가결되어 발효되었습니다. 이 법률은 교직원 성폭력에 대한 인식을 '교직원 개인의 문제'에서 '아이에 대한 인권 침해'로 변화시켰다는 점에서 큰 의미가 있습니다.

교직원이 학생에게 가한 성폭력에 주목하면서 이와 함께 '외설 교직원', '외설 교사'라는 표현이 미디어에 빈번하게 등장했습니다. 이 법률을 '외설 교직원 대책법'이라고 부르는 미디어도 있습니다.

믿었던 가까운 어른에게 입은 피해는 어린 학생에게 깊은 상처를 남기고 오래도록 영향을 미칩니다. '외설'이라는 말이 귀에 쏙 들어와서인지 2차 피해를 막겠다고 여기저기 갖다 붙이는 경향도 보이는데, 이렇게 일률적인 표현은 피해의 심각성을 전달하지 못할 위험성이 있습니다.

똑같은 이유에서 '교내 성희롱'(スクールセクハラ, 스쿨세쿠하라)이라는 표현에도 주의를 기울여야 합니다. 일본에서 교내 성희롱은 학교에서 주로 교직원이 학생에게 저지르는 성폭력 행위를 가리킵니다. '외설'과 마찬가지로 그 실태는 다양합니다. 안심하고 지내야 할 교육 현장에서, 게다가 학생을 지도하는 입장에 있는 교직원이 저지르는 성폭력. 그 중대한 사태를 표현하는 언어를 재검토해야 합니다.

9
저자 주 법률의 주요 내용은 이러합니다. △ 교원이 학생과 성교를 하거나 성적인 부위를 만지는 등의 행위를 '학생 성폭력'이라고 부른다. △ 동의, 폭행, 협박 등의 유무를 불문하고 금지한다. △ 학생 성폭력 등으로 징계 처분을 받고 면허가 실효된 교원에 대해서는 일본의 각 자치단체 교원위원회가 면허를 재교부할지 판단할 수 있다.

파는 쪽도 나쁘다?
아동성매매 피해자에 대한 시선

> 한 번 접촉한 뒤, 반복적으로 몸을 요구당하며 '학교에 알리겠다'는 말을 듣는 등 궁지에 몰린다. 적발된 사건의 전말에는 이러지도 저러지도 못하는 미숙한 소녀의 모습이 비친다. (한 지방지 칼럼 일부 발췌)

일면식도 없는 남성과 소셜 미디어에서 알게 되어 성범죄를 당한 아동에 대해 쓴 칼럼입니다. 글쓴이는 피해자를 '이러지도 저러지도 못하는 미숙한 소녀'라고 비난하고 있습니다. 여러분은 이런 비난에 공감하시나요, 아니면 위화감을 느끼시나요.

아동 성매매 사건 보도에서 '성매매를 하는 아이에게도 문제가 있음'을 은연중에 드러내는 경우가 적지 않습니다. 소셜 미디어로 성매매를 시도하는 아이들에게 경찰관이 접촉해서 주의를 주는 '사이버 계도'의 성과 등을 전하는 뉴스에도 이런 경우가 많습니다. 조심하지 않는 아이들에게도 책임이 있다는 뉘앙스는 자연스럽게 '파는 사람도 나쁘다'고 생각하게 만듭니다.

한 발 멈춰 서서 생각해봅시다. 왜 18세 미만의 아이들이 '청소년건전육성조례'[10]나 '아동복지법'[11] 등의 틀 안에서 법으로 보호받고 있을까요? 아직 사회 경험이 거의 없는 18세 미만의 아이들을 사회가 지켜야 하기 때문입니다. 이들과 성인들 사이에는 압도적인 사회적, 경제적 힘의 차이가 있습니다. 설령 아이가 호기심에 성매매를 제안했다고 해도 어른이라면 그러지 않도록 타일러야 마땅합니다.

안타깝게도 현실의 소셜 미디어에는 소녀, 소년과 성적인 관계를 맺고 싶어 하는 어른들이 줄을 서 있습니다. 성매매를 하는 아이 중에는 학대나 빈곤, 성폭력 피해를 겪은 아이가 적지 않습니다. '지낼 곳이 없어서', '집에 갈 수가 없어서'라는 절실한 이유로, 잠자리나 끼니와 맞바꾸려고 성행위라는 마지막 카드를 꺼내들기도 합니다. 아이들의 취약한 상황을 이용해서 돈을 주고 성행위를 하는 것은 성적인 착취일 뿐입니다. 나쁜 사람은 그것을 '구매하는' 어른들이죠.

이런 배경을 이해한다면 '아이들에게 책임이 있다'는 말에 얼마나 막대한 문제가 있는지 깨달아야 합니다. 한편에는 'JK 비즈니스', '파파카츠', '원조 교제'[12] 등 마치 '구매하는' 어른과 그들의 성적 대상이 되어 성을 상품화하는 아이가 대등한 관계처럼 보이는 단어들이 있습니다. 아이도 적극적으로 가담하는 느낌을 주는 말들을 미디어에서 안이하게 사용하면, 결국 이 행위는 아이의 '잘못'으로 여겨지겠죠. 가벼운 언어가 넘쳐나고 있지만, 언론인이라면 주의해야 합니다.

10

저자 주 지방자치단체의 조례 중 하나로 청소년 보호 육성 및 환경 정비를 목적으로 합니다. 명칭은 조금씩 다르지만, 모든 자치단체에 제정되어 있고, 보호 대상은 18세 미만입니다. 18세 미만의 남녀 간 음행 및 외설 행위를 금지하는 내용입니다.

11

저자 주 아동(18세 미만)의 건전한 성장과 생활 보장을 이념으로 하여, 필요한 여러 제도를 제정한 법률입니다. '아동에게 음행을 시키는 행위'를 금지합니다.

마찬가지로 청소년건전육성조례 위반 사건을 보도할 때 가끔 등장하는 '난잡한 행위를 했다'라는 표현도 똑같은 편견으로 이어질 우려가 있습니다. '난잡함'에는 '행동이 막되고 문란하다'는 뜻이 담겨 있습니다. 직접적인 표현을 피하려고 사용했겠지만, '난잡'이라는 단어는 서로 능동적으로 성행위에 참여했다는 인상을 풍깁니다. 하지만 아이와 성인 간에 존재하는 힘의 차이를 떠올려보세요. 아동 성매매와 같이 미성년자가 관련된 성범죄 사건을 다룰 때는 더욱 조심스럽게 말을 선택해야 합니다.

12

역자 주 'JK 비즈니스'에서 JK란 여고생을 뜻하는 '조시코세'(女子高生)의 앞 글자를 딴 말로서, 교복을 입은 여고생들에게 성적인 서비스를 받는 성매매 산업입니다. '파파카츠'(パパ活)는 10-20대의 젊은 여성들이 아빠뻘 중년 남성들에게 데이트를 제공하고 금전적 지원을 받는 것을 가리키는데, '원조 교제'와 거의 흡사한 형태지만 '원조 교제'는 주로 미성년 여성들이 연루된다는 점에서 차이가 있습니다.

성폭력 피해는 숨겨야 할까: 피해자 낙인

그러면 성범죄 피해자를 보도하는 기사는 어떤 자세를 갖추어야 하는지 생각해봅시다. 한 지방도시의 보육원에서 남성 보육사가 원아에게 성폭력을 저지른 사건이 일어났습니다. 이때 관할 경찰서는 '피해자의 프라이버시를 지키기 위해서'라며 사건이 일어난 보육원의 소재지는 물론, 용의자의 이름도 공표하지 않았습니다. 최근 일본에서는 경찰이 이렇게 대응하는 경우가 늘어나고 있습니다. 부모 등 '감호하는 사람'이 용의자가 되는 감호자 외설이나 감호자 성교[13] 사건에서도 피해자가 특정될 가능성을 우려해 용의자의 이름을 잘 공표하지 않습니다. 이름만이 아니라 가족 관계나 범행 상황 등 다른 사건에 비해 공표 범위가 좁다는 점에서 경찰 측의 고민과 노력이 엿보입니다.

물론 피해자의 프라이버시는 지켜져야 합니다. 예전과 비교해 경찰이 이를 인식하고 고민하는 경향을 보인다면 환영해야겠죠. 하지만 그런 대응은 피해자에게 '양날의 칼'이 되기도 합니다. 즉, 피해자의 프라이버시를 걱정한 나머지, 피해를

13

저자 주 18세 미만에게 부모 등 '현재 감호하는 사람'이 영향력을 이용하여 외설적인 행위나 성교를 하는 범죄입니다. 폭행이나 협박 사실이 없어도 죄를 물을 수 있으며, 2017년 형법 개정 당시에 신설되었습니다.

편집자 주 감호는 한국어로 '보호'와 유사합니다. 일본어로 '감호자'는 부모, 교사, 스포츠 코치 등을 가리킵니다. 다만, 이 법률이 처벌하는 대상은 '동거하는 감호자'로 제한됩니다.

숨겨야 할 정도로 '부끄러운 짓을 당했다'는 인식을 주기도 쉽습니다. 피해자를 배려하는 보도가 낙인[14]을 더 강화해버릴 가능성도 있음을 잊어서는 안 됩니다.

피해자의 잘못을 묻는 '강간 신화'는 뿌리 깊은 반면, 가해자에게 관대한 '강간 문화'[15]는 여전히 만연합니다. 피해자는 수치스러운 감정을 뼛속 깊이 묻고서 절대로 알려지지 않기만을 바라겠죠. 성폭력 피해자에 대한 시선과 절도나 상해, 살인, 교통사고, 특수 사기 등의 피해자에 대한 시선을 비교해 보세요.

14
저자 주 사회적 오명이나 부정적인 인식, 불명예스러운 평판 등을 가리킵니다.

15
저자 주 성폭력이 존재하는 것을 당연하게 받아들이는 풍조로, 강간하지 않도록 가르치는 게 아니라 강간당하지 않도록 가르치는 문화입니다.

실태만큼 보도되지 않는다

마지막으로 성범죄를 전달하는 보도 현장의 현실을 다뤄보겠습니다. 보도하는 입장의 사정을 이해한 다음, 그 속에서 생산되는 정보의 표현에 주목해주시기 바랍니다.

2020년판 『범죄 백서』[16]에 따르면 2019년 일본 경찰이 '강제외설'로 범인을 검거한 건수는 3,999건, '강제성교 등'은 1,311건이었습니다. 합쳐서 계산하면 매일 열네다섯 건이 일어난 셈인데, 새삼 이렇게 많은가 하는 생각이 들지도 모르겠습니다. 숫자를 실감할 만큼 성범죄 보도가 눈에 띄지는 않으니까요.

성범죄뿐만 아니라 어떤 사건이든 경찰은 용의자를 체포하면 원칙적으로 공표하지만, 미디어가 그걸 모두 보도하지는 않습니다. 각 매체의 보도 기준에 근거하여 무엇을 보도할지 선택합니다. 매체마다 다르지만, 일반적으로 강제외설이나 강제성교 사건 보도는 △ 용의자가 유명한 사람인지 △ 용의자가 교사, 공무원, 의사 등 높은 윤리관을 요구받는 직업의 종사자인지 △ 여죄가 많아 보이거나 수법이 교묘하고 이상해서 특이한 점이 있는지를 기준으로 삼습니다. 뒤에서 더 설명하겠지만, 성폭력 피해는 주변 사람들에게도 말을 꺼내기 힘들어서 표면화되지 못하는 경우가 많습니다. 용기를 내어 경찰

16
역자 주 일본 내에서 일어나는 다양한 범죄에 대해 알리고 재발 방지 대책을 검토·수립할 목적으로 매년 법무성이 작성하여 발표하는 자료입니다.

에 신고한 뒤 가해자가 체포되었다고 해도 언론 보도로 이어지는 사례는 극히 일부입니다. 세상에 인지되는 성폭력은 빙산의 일각일 뿐이고 물속에 어마어마한 숫자의 피해가 잠겨 있죠.

보도 기관의 판단 기준에도 명백히 문제가 있습니다. 앞서 말한 기준에 따른다면 가해자의 속성에 따라 성범죄의 중요도가 바뀌어버리는 셈이니까요.

성범죄 중에서도 불법촬영이나 성추행은 '가벼운 죄'로 보고, 특별한 사정이 없는 한 기사로 쓰거나 방송하지 않는 보도 기관도 있습니다. 지면이나 방송의 틀에 한계가 있기 때문에 매체마다 종합적으로 판단해서 취사선택하죠. 그러나 매일 수없이 발생하는 불법촬영과 성추행은 여성들의 가장 가까운 일상에 도사리고 있는 심각한 성폭력입니다. 보도하지 않는다는 언론사의 선택으로 말미암아 그 심각성이 가시화되지 못하고 범죄가 반복될 수 있습니다.

성폭력 보도 표현에 이어, 다음 장에서는 편견에서 비롯된 '성폭력 상식'이 우리 주변에 만연하는 현실에 대해 이야기하겠습니다. 1장 서두에서 말한 대로 설령 발언자에게 악의나 차별의 의도가 없었다 하더라도, 차별적인 말은 편견을 여기저기에 퍼뜨려 모두에게 영향을 끼칩니다. 성폭력에 대해서도 마찬가지입니다. 더 큰 문제는 본인이 '옳은 말'이라고 생각하며 뱉은 발언에 자각하지 못한 차별 인식이나 편견이 담긴 경우입니다. 일상적으로 보고 듣는 표현을 통해 살펴봅시다.

2 만연한 2차 피해

옷차림과 성추행이 관계가 있나요?

> 현경 철도경찰대와 고교생 자원봉사자 등은 JR ○○역에서 '치한 박멸 캠페인'을 열고, 피해에 대한 주의를 당부했다. 경찰대에 따르면 여성들의 옷차림이 얇아지는 여름에는 전철 내에서 치한이 늘어난다고 한다.
> (7월에 게재된 한 지방지 기사 발췌)

'옷이 얇아지면 치한이 늘어난다.' 경찰이 여름철 방범 캠페인을 벌인다는 뉴스에 등장한 문장입니다. 피부 노출이 많아지는 더운 계절에는 치한이 늘어나니 주의하라고 당부했답니다. 별다를 것 없는 화제라며 그냥 지나치셨나요? 한번쯤 다시 생각해봅시다.

성추행은 상대방의 존엄과 인격을 짓밟는 폭력입니다.

출퇴근이나 등하교처럼 일상적인 상황 속에 일어났다고 해서 성추행 피해와 성폭력을 분리해 생각하지는 않았나요? 지하철에서 성추행을 당했다고 말하면, "여자로 보여서 좋겠다", "남자가 그런 일을 당할 리가 있나"라는 등 진지하게 받아들이지 않더라는 경험담이 많습니다. "지하철 치한 정도로 소란을 피우고 주변에 신경 쓰게 하느냐", "그런 옷을 입고 다니니까 그렇지" 하며 피해자를 비판하거나 책임을 전가하기도 합니다.

매일같이 쏟아지는 뉴스에서는 치한인 가해자가 유명인사이거나 교사, 경찰관 등 특정 직업과 맞물리지 않으면 거의 보도하지 않습니다. '치한', '얇은 옷'으로 각 미디어의 데이터베이스를 검색해보면 경찰의 방범 활동을 소개하는 기사가 쏟아지는데, 그중에는 내용이나 표현에 확신을 담은 사례가 있습니다. 이제부터 '치한'을 둘러싼 미디어 보도 및 공공기관의 태도를 살펴보겠습니다.

치한에 관한 보도

우선 『치한이란 무엇인가: 피해와 원죄를 둘러싼 사회학』의 저자이자 류코쿠대학 범죄학연구센터의 마키노 마사코 씨[17]에게 치한 관련 보도에 대해 들어보았습니다.

치한 사건이 가까운 곳에서 일상적으로 일어남에도, 미디어 보도에는 정작 이러한 성폭력을 철폐해야 한다는 관점이 부족하다는 자성의 목소리가 있습니다. 또한 보도와 대책에 젠더 감수성이 결여되어 있다는 비판도 있고요. 전체 맥락을 파악하기에 앞서 '치한'의 정의와 실태에 대해 설명해주십시오.

마키노 역이나 전철 내 치한 피해 예방을 위한 홍보 포스터에서 '치한은 범죄입니다'라는 문구를 봤는데, 사실 '치한'이라는 죄는 없습니다. 일본 사회에서 널리 쓰이는 속칭일 뿐이에요. 도심부에서 전철로 출퇴근하거나 통학하는 사람들은 치한이라는 말을 들으면 전철 안에서 타인의 몸을 함부로 만지는 행위를

17

저자 주 사회학, 젠더 연구자. 인간·환경학 박사. 교토대학 비상근 강사. 저서 『나는 침묵하지 않는다: 성폭력을 없애는 30가지 관점』(わたしは黙らない: 性暴力をなくす30の視点), 『치한이란 무엇인가: 피해와 원죄를 둘러싼 사회학』(痴漢とは何か:被害と冤罪をめぐる社会学), 『형사사법과 젠더』(刑事司法とジェンダー) 등.

떠올릴 텐데, 그밖에 영화관, 쇼핑센터, 길거리 등에서 저지르는 성추행도 치한이라고 부릅니다. 몸을 만지는 것만이 아니라 체액을 묻히거나 의복을 찢거나 성기를 노출하는 행위도 포함하고요. 더 넓게는 성범죄 자체를 가리키기도 하고, 강간까지 치한이라 부르는 사람도 있어요. 또 가해 당사자를 일반적으로 치한이라고 부르고요.

전철에서 타인의 몸을 만지는 행위는 대부분 행정자치단체의 민폐방지조례 위반으로 검거되지만,[18] 속옷 안에 손을 넣는 정도의 심각한 행위는 형법의 강제외설죄가 적용됩니다. 『범죄 백서』 등에 기술된 치한 사범 건수는, 전철에서 발생한 강제외설사건 인지 건수와 치한 행위로 민폐방지조례를 위반한 사건의 검거 건수를 합산한 수치입니다. 조례를 위반한 치한 검거 건수에는 발생 장소 구분이 없어, 전철 이외의 공간에서 발생한 건도 포함되어 있습니다. 여기서 주의해야 할 점은, 인지 건수는 피해 신고가 들어온 수치인 반면, 검거 건수는 피의자가 검거된 수치이기 때문에 피해를 당했다고 신고만 들어온 경우는 포함하지 않는다는 것입니다. 치한 사건이 대부분 민폐방지조례 위반으로 다루어

18
편집자 주 일본의 '치한'에 해당하는 범죄를 한국에서는 '성폭력범죄의 처벌 등에 관한 특례법' 제11조 공공밀집장소추행죄로 처벌합니다.

지고 있음에도, 치한 피해 신고에 대한 공적 통계가 없습니다. 피해 신고가 어느 정도인지 제대로 파악조차 못하는 상태인 것이죠.

옷차림이 얇아지는 계절에 치한이 늘어난다?

'옷차림이 얇아지는 계절에 치한이 늘어난다'는 말을 듣곤 합니다. 실제로는 어떤가요?

마키노 방금 말씀드렸다시피, 치한 피해 신고 추이를 알 수 있는 통계는 없습니다. 경찰청에 정보개시청구를 해서 2013년부터 2017년까지 철도경찰대가 '치한 및 성격 이상자의 출몰과 기타 외설스러운 언행'으로 상담을 수리했던 정보 파일을 제공받았고, 하나하나를 데이터화하며 매월 상담 건수를 정리해봤습니다.[19] 성폭력 피해자들이 피해를 신고했는데도 경찰이 이걸로는 사건이 안 된다며 접수해주지 않았다는 이야기를 듣곤 하는데, 상담에서는 그렇게 사건 수리 여부의 판단이 개입되지 않기 때문에 상담

19
저자 주 牧野雅子, 『痴漢とは何か : 被害と原罪をめぐる社会学』, エトセトラブックス, 2019.

건수의 변동을 살펴보는 게 더 의미가 있습니다.

매월 상담 건수의 추이를 보면, 상담 수는 여름에 훨씬 적어집니다. 가장 옷이 얇아지는 8월에 상담 건수가 가장 적었던 해도 있었죠. 오사카부 경찰에게서 치한 행위에 관한 다른 데이터도 제공받았는데, 같은 경향을 읽어낼 수 있었습니다. 상담 수가 줄어드는 시기는 여름휴가로 학생들이 전철을 이용하지 않게 되는 시기와 겹칩니다.

경찰에서 성폭력이 포함된 범죄 피해자 대책을 마련하던 1990년대 중반부터 수년간 철도경찰대에 접수된 성적 피해 상담 상황을 분석한 자료가 있습니다.[20] 이 자료를 봐도 어느 해에나 여름철에는 상담이 줄어드는 경향이 있었습니다.

오락처럼 취급되었던 성추행

미디어에서는 치한 문제를 어떻게 다룹니까?

마키노 지금 말하는 전철 내의 치한 피해는 2차 세계대전 이전부터 있었습니다. 전쟁이 끝난 뒤, 여성들이 출

20
저자 주 永嶋猛, 「鉄道警察隊の被害者対策」, 『警察時報』, 57巻 7号, 2002 등.

퇴근이나 통학을 이유로 전철을 많이 이용하게 되면서 피해가 더 일상화되었죠. 당시에도 여성에게 치한 행위는 틀림없는 성적 피해였지만, 남성에게는 양상이 달랐습니다. 미디어에서는 막아야 할 성적 피해로 보기는커녕, 가볍게 여기거나 심지어 긍정적으로 보기까지 했습니다. 유명한 작가들이 치한 행위를 하는 남자는 유망하다느니, 여자도 그런 걸 내심 원한다는 발언까지 했죠. 치한은 여성이 유발하는 거라고 주장한 어처구니없는 신문 칼럼도 있었고요.

1970, 80년대가 되자 남성지를 비롯한 여러 잡지에서 한층 더 치한을 긍정적으로 보는, 어쩌면 권장했다고까지 할 만한 기사가 쓰였습니다. 치한이 많은 노선 정보가 잡지 기획의 단골 소재였으니까요. 치한 피해 경험담은 오락거리로 전락했고 피해는 점점 축소되었죠. 피해자인 여성도 치한을 일종의 성적 행위로 즐긴다는 식의 기사도 많았습니다.

1990년대에는 더욱 심해져서 치한 체험기나 치한 매뉴얼, 치한 상습자의 수기 등이 나왔습니다. 피해를 입어도 아무 말 못 할 만한 여성들에 대한 정보나 치한으로 몰리지 않을 방법까지 실렸습니다. 범죄라는 인식이 있으면서도 신고는 당하지 않기 위한 정보가 노골적으로 공유되고 있었죠. 또한 유명인사가 치한 가해 경험을 공공연히 떠벌리는 일도 드물지 않았는데, 비난 하나 없이 받아들여졌습니다. 한편으로 여성지에서는 치한 피해를 당했을 때의 대처법 등을 다루기 시작해, 이를 두고 보지 않겠다는 여성들의 의식은 높아지고 있었음이 엿보입니다.

그러다 2000년 몇 건의 치한 사건에서 무죄 판결이 연이어 나오면서 양상이 바뀌었습니다. 비로소 사회 문제가 되었죠. 이전처럼 치한을 오락거리로 다루던 기사는 거의 자취를 감추었고 범죄로 바라보기 시작했습니다. 그때까지 나온 치한 관련 기사량을 훨씬 능가할 정도였어요. 치한 사건에서 무고 판정을 받은 경우도 있었는데, 대부분 피해는 있었지만 범인은 다른 사람이라는 판결이었습니다. 가해자로 오인받지 않고 싶은 이들에게도 치한 사건이 많이 일어나는 노선 정보는 유용했겠지만, 2000년 이후 그런 기사는 사라졌습니다. 치한 피해가 많이 일어나는 노선 정보가 치한 행위를 하기 쉬운 노선 정보로 읽혔다는 점을 드러냅니다.

이러한 성추행 피해와 무고는 어떤 관계가 있다고 보십니까?

마키노 성추행 피해와 무고는 결코 대립하는 관계가 아닙니다. 피해를 문제 삼을 때 무고를 들고 나와 맞서는 게 문제죠. 하지만 신문에서도 여성이 치한에게 성추행을 당했다는 것과 남성이 치한 누명을 뒤집어쓸까 두려워한다는 것을 대치시키는 기사가 심심치 않게 나옵니다. 인권 침해인 무고는 완전히 별개로 문제 삼아야 합니다. 피해를 말하는 사람 앞에서 '치한이라고 하지만, 무고인 경우도 있다'라고 받아치는 것은 피해를 부정하는 꼴입니다.

2000년 이후, 남성 대상의 미디어에서는 '치한으로 오인받았을 때 어떻게 해야 하는가' 하는 기사를 빈번하게 실었습니다. 전형적인 내용은 역무실에 가면 안 된다느니 하는 조언이었는데, 치한 단속 실정에 맞지도 않을뿐더러, 과연 무고를 불안하게 생각하는 남성들에게 유익한 정보인지 의문이 들었습니다. 반면에 치한 피해를 당했을 때나 목격했을 때의 대처 방법은 그리 주의 깊게 소개하지 않았습니다.

방범 캠페인의 문제점

경찰 등이 제작하는 방범 포스터에는 어떤 문제점이 있나요?

마키노 치한 문제뿐만 아니라 어떤 범죄에 대해서든, 방범의 취지는 피해를 입을 만한 사람이 주의함으로써 범죄의 발생을 미리 막자는 겁니다. 따라서 방범 활동의 일환으로 어떤 정보가 나가든 피해자 비난으로 연결되기 십상입니다. 그래서 소셜 미디어 등에서 치한 예방 캠페인 포스터가 문제시될 때마다 '피싱 사기에 주의하라'나 '문단속을 잊지 말자'도 마찬가지 아니냐는 소리가 나오는 거라 생각합니다.

성범죄 피해 예방 활동 및 관련 자료가 문제인 이유는, 무엇보다 그 속에 묘사된 여성상이나 성폭력의 이미지가 현실에 근거하지 않기 때문입니다. 공공기관이 강간 신화를 긍정할 뿐만 아니라 심지어 확산시키고 있어요. 피해 예방이 목적이라면 피해 실정에 근거해야 하는데, 그렇지 못한 이유가 도대체 뭘까요? 여성을 폄하하는 표현, '여자력'처럼 편견을 담은 표현까지 사용한 홍보물은 그 자체가 여성 차별입니다. 무엇보다 성폭력은 심각한 범죄라는, 사회를 향해 강한 메시지를 담은 홍보물을 내놓아야죠. 성폭력은 당연하게 존재하니 피해자가 되고 싶지 않으면 여성 스스로 조심하라는 메시지야말로 강간 문화 그 자체입니다.

방관자가 되지 않을 구체적인 정보를

언론 보도에서 유념해야 할 점은 무엇일까요?

마키노 지금까지 설명했듯이 공공기관이 제공하는 정보에 성폭력에 대한 잘못된 인식이 깔려 있는 경우가 있습니다. 그걸 그대로 보도하면 강간 신화에 정당성을 부여해주는 셈이 되죠. 정보의 진위를 확인한 다음, 보도가 어떠한 영향을 미칠지 고민도 해보고 기사의 표현에도 주의를 기울였으면 좋겠습니다.

성폭력 피해 예방에 대해 다루면서, 피해를 당했을 때는 '경찰과 상담을', '용기를 내어' 같은 말로 끝내버리는 기사들이 있어요. 경찰에 연락해서 어떻게 해야 하는지, 가해자를 어떻게 확보해야 하는지, 신고할 때 필요한 정보는 무엇인지 등 구체적인 내용을 담아야 합니다.

치한 문제는 피해 가능성이 높은 사람이 조심한다고 해서 해결되지 않습니다. 피해자가 목소리를 높였는데 주변 승객들이 무시한다면요? 치한 행위를 목격했을 때의 대처법 같은 정보도 필요합니다.

뿌리 깊은 강간 신화

마키노 씨의 이야기에서 성폭력을 왜곡시키는 표현이 면면히 이어져왔다는 사실과 그 구체적인 사례를 확인할 수 있었습니다. 이러한 표현이 왜 생겨났을까 생각해보면 그 배경에 강간 신화가 있습니다. 강간 신화란 성폭력에 대한 잘못된 믿음과 편견입니다. 많은 사람의 인식 속에 새겨져 있기 때문에 '신화'라 불리죠.

'젊은 여성만 성폭력을 당한다'라는 말이 대표적인 강간 신화입니다. 실제로는 영유아부터 고령자까지 모든 세대가 위험에 노출되어 있으며 남성도 피해를 입습니다. '도발적인 복장이 성폭력을 유발한다'는 신화도 있는데, 복장과 성폭력은 별 관계가 없습니다. 또한 '본 적도 없고 알지도 못하는 사람이 갑자기 덮친다'라는 믿음도 있죠. 『범죄 백서』에 따르면 2020년 검거 건수 중, 강제성교 등의 68.9퍼센트, 강제외설의 39.8퍼센트가 용의자와 피해자가 서로 얼굴을 아는 사이였습니다.

'어두운 밤길이나 인적 없는 장소에서 갑자기 덮친다'라는 말에는 심각한 문제가 있습니다. 피해 장소는 실내가 많고, 성욕을 통제할 수 없었던 게 아니라 대부분은 계획적인 범행입니다. 성범죄 사건의 재판을 자주 방청하는 기자의 경험상 피고인이 피해자의 복장 때문에 범행에 이르렀다고 진술하는 경우는 거의 없었습니다. 대부분 '신고하지 않을 줄 알았다'는 이유를 댔죠. 연배가 있는 여성이 피해를 입은 강제외설 사건 재판에서는 피고인이 '젊지 않으니까 피해를 당했다는 게 부끄러워 신고를 못 할 것 같았고, 도망쳐도 걸음이 느릴 거라 생각했다'라는 말을 내뱉기도 했습니다.

'피해자는 곧바로 누군가에게 상담한다', '온 힘을 다해 저항하면 도망칠 수 있다', '마음만 있으면 왜 못 막겠느냐'라는 말도 모두 강간 신화의 결과물입니다. '여성은 강간당했다고 거짓말을 한다', '성적인 피해는 다른 피해에 비해서 크지 않다'는 등 일방적으로 피해자를 평가하고 판단하는 태도도 마찬가지고요.

여성은 '24시간 셀프 방어'를 해야 하는가

단속과 계도를 담당하는 경찰이나 공공기관이 '성범죄 예방 캠페인'을 펼치지만, 피해 실정과는 동떨어져 있거나 정형화된 대책을 내놓는 경우가 많습니다. 때로는 여성에 대한 편견이 담겨 있기도 합니다. 실제 사례를 몇 가지 소개하겠습니다. 효고현 니시노미야서와 니시노미야 방범협회가 치한 및 날치기 예방을 위해 배포한 전단지에는 '무방비여, 안녕', '방범 활동으로 여자력 up!' 등의 문장이 들어가 있었습니다. 이에 항의하는 목소리가 높아지자 2019년 경찰서에서는 '오해를 부르는 표현이 있었다'며 일부 회수했습니다.[21]

니시노미야서와 니시노미야 방범협회가 만든 전단지.
"안녕, 무방비"라고 적혀 있다.

전단지에 가장 커다란 글씨로 강조되어 있는 글자는 '무방비여, 안녕'입니다. 무방비로 있다가는 피해를 당한다는 뜻으로 받아들일 수 있습니다. 피해자 입장에서 '당신이 무방비했기 때문이다'라는 말을 들으면 얼마나 상처를 받을까요? 편견이 엿보이는 '여자력'이라는 말을 방범 활동과 겹쳐 놓아 어떤 의도를 전달하려는지도 알기 어렵습니다. 게다가 교복과 미니 원피스를 입은 여성을 그려놓고 '얌전한 분위기', '눈에 띄는 복장' 등의 설명을 붙이며 '이런 사람은 표적이 되기 쉽다'면서 여성에게 잘못을 돌릴 뿐만 아니라 일방적인 피해자상을 부여하고 있습니다.[22]

2020년 후쿠오카현경의 캠페인 내용에는 '밤길을 걸을 때는 경계해라', '방범 부저를 가지고 다녀라' 등 여성에게 스스로 지키라고 요구하는 내용만 담겨 있어, 요점을 벗어난 성

21
저자 주 『朝日新聞朝刊』(大阪本社版), 2019年 5月 23日, 26面.

22
편집자 주 한국의 사정도 크게 다르지 않습니다. 2010년대에 만들어져 지하철 객차 내에 부착된 성폭력 예방 요령에는 '계단을 오를 때 핸드백이나 가방으로 뒤를 가린다', '의심스러울 때는 옆으로 몸 자세를 바꾼다' 등이 제시돼 있습니다. 2015년 한 지자체가 배포한 여름철 성폭력 예방 수칙에는 '늦은 시간 음악 들으며 혼자 귀가하지 않기', '불쾌한 신체 접촉 시 강한 거부 의사 표현', '지하주차장 및 외진 곳 주차 금지' 등 여성이 주의해야 할 내용으로 가득합니다.

범죄 대책이라며 인터넷에서 비판이 쏟아졌습니다.[23] '모르는 사람이 성적 충동으로 범행을 저지른다'는 고정관념이 전면에 드러나 있었죠. 전문가들은 행정의 역할이란 성범죄가 '지인 간에도 일어난다'는 사실을 알리고 대책과 교육에 주력하는 것이라고 꼬집었습니다.

'여성 여러분에게, 24시간 경계 태세로 자기방어력을 높입시다!' 이 문장은 미야기현 경찰의 홈페이지에 게시된 성범죄 피해 예방 표어입니다. 아이치현 경찰의 '방범의 기술: 여성 여러분, 조심하세요!'에는 '자는 동안에도 주의!'라는 항목도 있습니다. 피해를 입지 않을 요령으로는 '주변을 잘 살펴보고 주의를 기울인다', '엘리베이터에서 남성에게 등을 돌리지 않는다', '조심스럽게 집에 들어간다' 등을 제시합니다. 이 2가지 사례뿐만 아니라 여러 지역의 기관에서 주의사항으로 종종 내세우는 항목이 '밖에다 속옷을 말리지 말라'입니다. 후쿠오카현 경찰이 감수한 '방범 포인트 셀프 체크'를 보면, 창문에 '여성스럽고 귀여운 커튼'을 달아두면 방범의식을 '초급'으로 평가해 '더 노력하기'를 요구합니다. '여성스럽다'는 편견에 '귀엽다'는 주관과 취향까지 방범의 주의사항에 담겨 있죠.

쓸데없는 참견이라며 웃어넘기고 싶지만, 별 생각 없이 일상적으로 보고 나누던 말이 피해를 막는 '상식'이 되어버린

23
저자 주 『西日本新聞朝刊』, 2020年 3月 18日, 24面.

데에 우리는 경각심을 지니고 있나요? 성범죄도 다른 범죄와 마찬가지로 사회 전체가 막아야 합니다. 가해를 막을 방법과 가해자에 대한 언급은 제대로 하지 않고서 여성들에게만 주의를 촉구하다 보면, 피해를 입었을 때 결국 '조심하지 않은 내 잘못이다'라고 생각하게 됩니다. 경찰이 사용한 표현에도 문제가 있지만, 이를 그대로 보도한 언론 역시 무거운 책임감을 느껴야 합니다.

한편으로는 기존 표현에 위화감을 느낀 여성들이 철도회사와 협력하여, 성추행으로 입은 '마음의 상처'를 드러내는 포스터 제작의 움직임도 보도되었습니다.[24] 미니스커트 차림의 여성을 묘사한 그림이나 자기방어를 강조하는 말 등 '피해자를 괴롭히는 표현'을 없애고, 피해자의 생생한 발언을 포스터에 넣었습니다. 앞으로 경찰 홍보물 및 성폭력 관련 계도 기사에 더욱 관심을 기울여주세요. 과연 이전과는 어떻게 달라질지 지켜봅시다.

24
저자 주 『京都新聞朝刊』, 2021年 12月 28日, 22面.

만들어진 피해자상

'강간 신화' 외에도 '평생 사라지지 않을 고통을 안고 있다', '영혼 살인' 등 성폭력 피해자를 무조건 '약자'로 그리는 태도에 대해서도 고민해봐야 합니다. 피해자의 비참함이나 연약함을 과도하게 강조하는 미디어의 '피해자상'은 새로운 편견과 2차 피해를 낳기도 합니다.

2007년 7월 취재 중 나가사키시 간부에게 성폭력을 입었음을 밝힌 여성 기자가 2019년 4월 나가사키 지방재판소에 시를 상대로 손해배상청구소송을 제기했습니다. 이 여성은 '성폭력은 인생이 뒤집힐 정도로 충격적인 사건이었다'고 설명합니다. 하지만 자신의 경험을 근거로 '피해자는 인간관계를 재구성하고 자신과 다시 마주하는 과정을 거친다'며, 사회에서 일어나는 차별을 마음 속 깊이 깨닫는 시기를 통과하면서 기나긴 싸움을 견딜 힘을 얻고 총체적인 회복으로 나아갈 수 있었다고 말했습니다.

자신의 편견이나 무지는 자각하지 못한 채 '받아들여지기 쉬운 피해자상'을 요구하고, 그에 맞추어 피해를 이해하려고 했던 적은 없었나요? 이 여성 기자는 '전형적인 피해자상이 아니라는 반발과 끊임없이 싸워야 했다'고 합니다. 그리고 '피해자는 성폭력을 당했다는 사실을 받아들이고 여유로움을 되찾음으로써 회복해나간다'는 사실을 세상에 알려야 한다고 강조합니다.

3 편견을 재생산하지 않으려고 배운다: 성폭력 피해의 실태

왜 성폭력에 관한 표현은 왜곡되는 걸까요?

그 배경에는 피해에 대한 몰이해와 오해, 편견이 있습니다. 여기서는 성폭력 피해의 실태를 다루겠습니다. 성폭력 피해에 대해 올바른 지식을 갖추고 간극을 메워가려면 반드시 필요합니다. 피해의 실태를 알아야 보도하는 과정에서 2차 피해를 일으키지 않고 올바른 언어를 사용하겠죠. 중요한 핵심 사항을 정리해보겠습니다.

성폭력 가해자 대부분은 면식범

성폭력은 겉으로 드러나지 않는 피해가 많습니다. 일본 내각부가 2021년 발표한 『남녀 간의 폭력에 관한 조사 보고서』를 보면([표 1] 참조), 여성에 한해 6.9퍼센트(14명 중 1명)가 강제로 성교나 항문성교, 구강성교를 한 경험이 있다고 답했지만, 아무에게도 상담하지 못했던 사람이 많습니다. 2019년 법무성의 『범죄 피해 실태(암수[25]) 조사』에서도 과거 5년간 강제성교 및 강제외설, 치한 등의 성적 피해를 입은 사람 중에서 수사 기관에 신고했던 사람은 불과 14.3퍼센트였습니다.

[표 1]

강제로 성교 등을 당했던 피해 경험(%)	여성 1,803명	남성 1,635명
1명 이상 있었음	5.3	0.8
2명 이상 있었음	1.6	0.2
전혀 없음	89.2	95.5
무응답	3.9	3.4
있었음(합계)	6.9	1.0

강제로 성교 등을 당했던 피해를 상담한 경험의 유무(%)	여성 125명	남성 17명
상담했음	37.6	29.4
상담하지 못함	58.4	70.6
무응답	4.0	-

출처: 内閣府,『男女間における暴力に関する調査報告書』, 2021

성폭력 피해를 호소하기 어려운 이유 중 하나는 가해자와의 관계 때문입니다. 성범죄나 성폭력이라고 하면 밤길을 가다가 갑자기 모르는 사람에게 습격당하는 장면이 먼저 떠오르나요? 하지만 피해자와 가해자가 전혀 모르는 사이였던 경우는 앞선 내각부의 조사에서 10퍼센트도 되지 않습니다. 대부분은 근무지나 학교 관계자, 지인 등 얼굴을 아는 사람에게 피해를 입습니다. 부모나 형제, 친척 등 대단히 가까운 상대에게 피해를 입는 사례도 적지 않습니다.

원래 속해 있었던 인간관계에서 폭력이 일어나면, 피해가 주위에 알려지거나 2차 피해를 당할지도 모른다는 공포가 커집니다. 섣불리 피해를 호소했다가는 직장이나 지역, 혹은 가정에서 생활하는 데 불이익을 입을지도 모른다는 불안감도 따라오죠. 일정한 관계를 쌓아온 상대에게 폭력을 당하면, 사람에 대한 신뢰가 크게 무너지기도 합니다.

25
역자 주 暗數. 실제 수량과 통계상 다루어지는 수량의 차이. 주로 범죄 통계에서 경찰 등 공공기관이 인지하는 범죄 건수와 실제 사회에서 일어나는 건수의 차이를 가리킵니다.

목소리를 내기까지

[표 2]를 보면 자신의 피해를 밝힌 사람도 그렇게 하기까지 상당한 시간이 필요했음을 알 수 있습니다. 다른 범죄와 다름없이 '피해를 당하면 바로 신고하거나 상담할 것이다'라고 생각할지 모르지만, 성폭력에서는 그러기가 무척 어렵다는 뜻입니다([표 3] 참조). 왜일까요?

[표 2]

강제로 성교 등을 당하는 피해를 입은 뒤 상담까지 걸린 기간(복수 응답)

	전체(%)	여성(%)	남성(%)
그날 내	15.4	14.9	20.0
다음 날-3일	30.8	27.7	60.0
4일-1개월 미만	21.2	23.4	-
1개월-1년 미만	30.8	31.9	20.0
1년-5년 미만	9.6	8.5	20.0
5년-10년 미만	-	-	-
10년 미만	9.6	10.6	-
무응답	1.9	2.1	-

출처: 内閣府,『男女間における暴力に関する調査報告書』, 2021

[표 3]

강제로 성교 등을 당했던 피해에 대해 상담하지 않은 이유(복수 응답)	전체(%)	여성(%)	남성(%)
부끄러워 아무에게도 말하기 어려워서	43.5	49.3	8.3
자신만 참으면 어떻게든 이대로 지낼 수 있을 거라 생각해서	32.9	32.9	33.3
그 일에 대해 떠올리고 싶지 않아서	21.2	23.3	8.3
상담해도 소용없을 것 같아서	20.0	17.8	33.3

출처: 内閣府, 『男女間における暴力に関する調査報告書』, 2021

성폭력 피해자를 지원하는 NPO법인 '성폭력구원센터 오사카 사치코'(SACHICO)[26]의 대표이자 산부인과 의사인 가토 하루코 씨는, 목소리를 내기까지 시간이 걸리는 가장 큰 이유로 얼굴을 아는 사람에게 피해를 입는 경우가 많다는 점을 들었습니다. 가해자가 지인이고 자신의 생활에 영향을 미칠 수 있

26

저자 주 일본 최초의 성폭력 피해자 지원 원스톱센터. 2010년 4월, 오사카부 마쓰바라시의 민간 병원인 한난추오병원 안에 설립되었습니다. 산부인과 및 정신과 의료, 상담, 법적 지원 등 성폭력 피해 당사자들과 지속적으로 만나온 전문가들이 몸과 마음의 치료 및 회복을 지원합니다.

는 위치에 있으면, 피해를 공개했을 때의 보복이나 2차 피해에 더 강한 공포를 느끼게 됩니다. '그런 장소에 가지 말았어야 했는데, 내가 잘못했다'라는 생각에 빠지는 사람도 많겠죠. 자신의 책임이라고 생각해버리면 주위에 말할 엄두를 좀처럼 내지 못합니다. 상담 이전의 문제로서, 자신이 피해를 당했음을 인식하지 못하는 경우마저 있습니다.

'상식'이 적용되지 않는다

성폭력 상황에 처했을 때 도망치거나 저항하기란 쉽지 않습니다. 몸이 굳어 움직이지 못하게 되는 '경직 반응'[27]에 빠지는 경우가 많습니다. 떨림이 멈추지 않거나 온몸에 힘이 빠져, 합의하지 않았는데도 두려움 때문에 상대의 말에 따르게 되죠. 성폭력 피해자 임상에 종사해온 정신과 의사, 히토쓰바시대학 대학원의 미야지 나오코 교수[28]는 이를 '비정상적인 사건을 대하는 정상적인 반응'이라고 말합니다. "트라우마를 일으킬 정도의 공포는 일상적인 수준에서 느끼는 무서움과는 다릅니다. 인간은 그런 공포를 느끼면 평소처럼 사고하지 못하고, 생각조차 해본 적 없는 반응을 보입니다." 즉, 일반적인 가치관이나 경험으로 성폭력 상황에 처한 사람의 반응을 판단해서는 안 된다는 뜻입니다.

설령 자신의 의사로 몸을 제어한다고 해도 정말로 저항할 수 있다고 장담하기는 어렵습니다. 남성도 피해를 당하지만,

27
저자 주 freeze response. 습격을 당하는 등 강한 공포나 놀라움을 느꼈을 때, 몸이 얼어붙듯이 굳어서 움직이지 못하게 되는 반응. 동물의 경우에는 공격을 받았을 때뿐만 아니라, 몸의 움직임 대신 눈과 귀의 감각을 연마함으로써 주위 상황을 관찰하고 적에게 들킬 위험성을 낮추려 할 때에도 일어난다고 합니다.

28
저자 주 히토쓰바시대학 대학원 사회학연구과 지구사회연구 전공 교수. 정신과 의사, 의학 박사. 전문 분야는 문화정신의학, 의료인류학, 트라우마와 젠더. 저서 『트라우마』(トラウマ), 『트라우마에 닿다: 심리적 외상의 신체론적 전환』(トラウマにふれる—心的外傷の身体論的転回) 등.

[표 4]

성폭력 피해를 당한 직후에 피해자가 취하는 행동의 예
어찌할 바를 몰라 다른 사람들이 눈치 채지 않도록 통근이나 통학 등 평소와 똑같이 행동함.
사고 기능이 저하돼 습관적인 행동을 반복함.
일시적으로 의식과 기억을 잃음.
현실을 받아들이지 못해 감정이 마비되고 한순간 냉정하게 보이는 말과 행동을 함.

출처: 日本弁護士連合会,『性暴力被害の実態と刑事裁判』, 信山社, 2015

[표 1]에서 보듯 피해 상황에 처하는 사람은 여성이 많습니다. 자신보다 몸이 크고 힘이 센 가해자에게 저항한다고 해서 정말로 도망칠 수 있을지는 모르는 일이죠. 저항했다가는 오히려 더 심각한 폭력, 어쩌면 죽임을 당할 위험마저 있습니다.

얻어맞거나 걷어차이는 물리적 폭력이 없는 경우에도 저항하기 어렵기는 마찬가지입니다. 가해자가 얼굴을 아는 사람이거나 권력의 격차가 현격해 이후의 생활에 영향을 미칠 만한 사람일 때는, '거스르면 어떻게 될까', '다른 사람에게 폭로하면 어쩌나' 하는 공포감 때문에 상대를 뿌리치거나 소리를 지르는 등 확실한 거부 의사를 드러내기가 어렵겠죠. 예컨대 가해자가 자신의 진학을 담당하는 교사거나 직장 상사라면 어떨까요? 자신의 처지와 장래가 위협당할까 두려워서 목소리를 높이기 힘들지 않을까요? 옆에서 보기에는 저항하지 않은 것처럼 보일지 모릅니다. 하지만 동의가 없었다면 명백히 몸과 마음에 깊은 상처를 입히는 폭력입니다.

피해를 입은 뒤에도 평소처럼 학교나 회사에 다니면서 냉정하게 지내는 듯 보이는 사람도 적지 않습니다. 그런 모습을 '부자연스럽다'고 생각하는 이도 있습니다. 하지만 미야지 교수는 이러한 모습이 결코 드물지 않다고 말합니다. 너무나도 충격적인 사건을 겪은 경우에는 [표 4]와 같은 상황에 빠지기도 합니다. 피해자의 표면적인 행동만으로 그가 입은 정신적 손상을 추측해서는 안 됩니다.

피해자의 상처

성폭력 피해가 낳는 정신적 영향은 매우 크고, 여러 형태로 나타납니다. '영혼 살인'이라고도 불릴 정도로, 특히 마음에 깊은 상처를 남긴다고 하죠. 이를 나타내는 통계 중의 하나가 PTSD(심리적 외상 후 스트레스 장애)의 높은 발병률입니다. PTSD는 생사와 관련된 위험에 직면하거나 그런 현장을 목격함으로써 대단히 강한 공포감을 체험한 이후에 나타납니다. 일정 기간이 지난 뒤에도 자신의 의사와 관계없이 기억이 떠오르고, 너무나 괴로운 나머지 현실감을 잃기도 하죠. 특정한 증상이 남아 커다란 고통을 초래함으로써 사회적 기능에 지장을 줍니다.

PTSD 증상으로는 [표 5]와 같은 내용이 알려져 있습니다. 1995년 미국에서 실시된 조사에 따르면 강간 피해자에게 PTSD가 발병할 확률은 여성의 경우 45.9퍼센트로, 신체 폭행(21.3퍼센트), 자연재해나 화재(5.4퍼센트) 등에 비해 높으며, 남성은 65퍼센트로, 전투 체험(38.8퍼센트)보다도 두드러지게 높습니다.

물론 성폭력으로 인한 심리적·정신적 상처를 PTSD라는 증상만으로 이해할 수는 없습니다. 우울증이나 공황장애, 거식이나 폭식 등 섭식장애, 자해 행위, 사람에 대한 신뢰감 상실 등으로 나타나기도 하니까요. 알코올에 의존하거나 성폭력 피해 경험을 덮기 위해 성적인 행위로 폭주하기도 하죠. 몸의 상처는 치료한다고 해도, 마음의 상처는 오래도록 남아 피해자의 삶에 영향을 미칩니다.

[표 5]

PTSD의 4가지 증상군	
재체험(침입)	트라우마 체험의 기억이나 감각이 반복되거나 스스로 제어할 수 없는 순간에 되살아나, 마치 지금 자신이 그 체험을 하는 듯한 상황에 빠짐. 꿈을 꾸는 경우도 있음.
회피	트라우마 체험과 결부된 장소나 사람, 사물을 때때로 무의식적으로 피하려고 함.
부정적 인지·기분	강하고 급격한 감정을 견디지 못해 감정 자체를 못 느끼게 됨. 고립감이 심해져 자신과 타자에게 부정적인 감정과 인식을 강하게 품음. 트라우마 체험 자체를 기억하지 못하게 되거나, 중요한 활동에 관심을 잃기도 함.
과각성	과도한 긴장이나 경계심이 지속되어 항상 신경이 곤두선 상태에 놓임. 불면증, 집중력 저하, 타자에 대한 공격적인 태도가 나타나기도 함.

출처:『DSM-5: 精神疾患の診断・統計マニュアル』

힘의 격차

성폭력은 자신의 의사에 반하여 특정한 시간에 대단히 밀접한 거리에서 가해자에게 침입을 당하는 것입니다. 성에 대한 기본 인권을 침해당하는 체험이죠. 그 공포는 오감을 통해 몸에 새겨집니다. 자신의 몸을 피할 수는 없기 때문에, 몸 자체가 끔찍한 기억을 떠올리는 방아쇠가 되기도 하죠. 예컨대 목욕을 하다가 가해자에게 닿았던 신체 부분이 눈에 들어오면, 그걸 계기로 플래시백[29]이 일어나 다시 고통에 빠지기도 합니다. 플래시백을 예측하기는 어려우며 제어도 불가능합니다. 괴로워하던 끝에 알코올, 약물 등에 의존하거나 섭식장애에 빠지기도 하고, 자해 행위, 자살 미수를 반복하는 사람도 있습니다.

앞서 언급했던 성폭력구원센터 오사카 사치코의 가토 씨는 성폭력이 일어나는 배경에 남녀 간 사회적·신체적 힘의 격차가 있다고 봅니다. 오사카 사치코에 상담했던 어떤 여성들은 "이런 일로 전화를 걸어도 되나요?"라고 묻는다고 합니다. '동의 없고, 대등하지 않고, 강요당한 성행위는 모두 성폭력'입니다. 그럼에도 사회적 지위가 낮고 피해를 '수치'라고 여기는 분위기 때문에 스스로 성폭력을 축소하거나 상담조차 못하고 괴로워하는 사람들이 있습니다. 피해자에게 '왜 도망치

29 저자 주 flashback. 강한 트라우마가 남은 사건을 다시 체험하듯, 당시의 감각이나 감정이 자신의 의사에 반해 선명하게 되살아나는 현상.

지 않았느냐'라고 질문하는 등 2차 가해도 일어나죠. 성폭력과 2차 가해가 여전히 일어나는 배경에는 남성이 여성을 성적으로 지배하는 것을 당연시하는 사회 분위기가 있습니다. 최근 젠더 평등에 대한 관심이 높아지고 있지만, 여성과 남성을 차별하는 세태는 성폭력처럼 잘 보이지 않는 부분에 여전히 남아 있죠. 성폭력 문제에 대해 충분히 생각해본 뒤에, 현재의 실태에 대해서도 반드시 고민해봐야 합니다.

4 법제도의 문제점: 외국과의 비교

여기서는 성폭력을 둘러싼 법제도에 대해 생각해봅니다. 본래는 피해자를 보호해야 할 법제도 또한 사회 전체에 만연한 강간 문화와 관계가 없다고 보기 어렵습니다. 법이 사회의 틀을 짓는 기반이라는 측면에서, 법제도 자체가 강간 문화를 만들어내는 커다란 요인 중 하나였다고 할 수 있습니다. 이는 성폭력을 둘러싼 보도 및 표현에도 막대한 영향을 끼쳤습니다. 해외 여러 나라와 비교해보며 왜곡된 표현을 초래한 일본 법제도의 문제점을 살펴보겠습니다.

사법의 장에서 피해를 인정해주지 않는다

성폭력 피해자 대부분은 자신의 피해를 털어놓기를 어려워합니다. 앞서 소개한 내각부의 2020년 조사에서 '강간 등을 당했던 피해 경험'이 있다고 응답했던 사람 중에 '상담하지 않았다'라고 응답한 사람이 여성은 60퍼센트, 남성은 70퍼센트에 달했습니다. '경찰에 연락했다'라고 응답한 사람은 성별을 불문하고 5.6퍼센트에 불과했죠. 집계되지 않는 성폭력 피해가 얼마나 많을지 짐작할 수 있습니다.

용기를 내어 신고했다 하더라도 가해자가 반드시 법적 처벌을 받는 것은 아닙니다. 일본 법무성에 따르면 2018년 강제성교죄의 기소율은 39.3퍼센트에 머물렀습니다.[30] '피해자가 동의했을 가능성'이나 '가해자가 둘 사이에 동의가 있었다고 믿었을 가능성'이 있다고 판단해 불기소가 된 경우가 적지 않습니다.[31]

피해를 법적으로 인정받는 것은 회복으로 가는 여정의 첫걸음입니다. 성범죄를 가리는 형법에서 이 첫걸음을 가로막는 대표적인 과제들을 짚어보겠습니다.

30
저자 주 法務省, 『性犯罪に関する施策検討に向けた実態調査ワーキンググループ取りまとめ総合報告書』, 2000.

31
저자 주 같은 보고서. 2018년 강제성교죄 불기소 361건 중 혐의 불충분 사유로는 '피해자가 동의했을 가능성을 제외할 수 없다'가 180건, '피해자가 동의한다고 피의자가 잘못 믿었을 가능성을 제외할 수 없다'가 152건이었습니다.

해결해야 할 과제들[32]

☐1 '폭행·협박', '항거 불능·심신 상실' 요건

일본에서 강간 등을 처벌하는 강제성교죄가 성립되려면, 저항이 현저히 어려운 정도의 폭행과 협박이 있었음을 증명해야 합니다. 이를 '폭행·협박' 요건이라고 합니다. 또한 '준강제성교죄'가 성립되려면 상대를 신체적, 심리적으로 현저히 저항하기 어려운 상황에 몰아넣거나 저항이 매우 어려운 상황을 기회로 삼아서 성적 폭행을 가했음을 증명해야 하죠. '항거 불능·심신 상실' 요건입니다. 필사적으로 저항했고 그 저항을 넘어선 폭력과 협박으로 제압당했음을 증명하지 못하면, 강간이 일어났어도 가해자에게 죄를 묻지 못합니다.

하지만 명백한 '폭행'이나 '협박'만 피해자를 억압하는

32 편집자 주 앞서 말했듯, 일본 국회는 2023년 강제성교죄를 비동의성교죄로 개정했습니다. 개정의 주요 내용을 간단히 살펴보겠습니다. 강제성교죄의 구성 요건에 '동의하지 않은'이라는 문구를 넣어 폭행이나 협박이 없어도 죄를 인정하도록 했고, 공소시효는 기존 10년에서 15년으로, 성관계 동의 연령도 13세에서 16세로 상향했습니다. 이 개정과 관련해서는 일본의 성폭력 피해자들이 만든 사단법인 '스프링'의 인터뷰를 번역한 기사 「한국보다 앞서 강간죄 개정한 일본…'비동의성교죄' 들여다보기」, 『일다』, 2023년 9월 21일 참조. 한편, 스웨덴, 스페인, 크로아티아, 그리스, 독일, 오스트리아 등이 비동의강간죄를 채택하고 있습니다. 좀 더 섬세하게 본다면 '동의'(yes means yes, 예스라고 말해야 진짜 예스다)를 강조하는 법률과 '비동의'(no means no, 아니라고 말했으면 아닌 것이다)를 강조하는 법률로 나뉩니다. 이와 관련해서는 「동의의 문제로!」(242쪽)에서 자세히 다룹니다.

게 아닙니다. 예컨대 교사와 학생처럼 힘의 관계가 치우쳐 있거나 신뢰하는 상대에게 성폭력을 입으면, 피해자가 눈에 보이는 형태로 저항하기가 어렵습니다. 결과적으로 폭행이나 협박을 동반하지 않고도 동의 없는 성행위가 일어나게 되죠. 이러한 실태에 근거하여 성폭력 피해자와 관련 활동가들은 폭행이나 협박이 아니라 동의 여부를 요건으로 하는 '비동의성교죄'로 개정하자는 목소리를 높이고 있습니다.

2 공소 시효

현행 일본 형법의 공소 시효를 살펴보면 강제성교죄는 10년, 강제외설죄는 7년으로 정해져 있습니다. 시일이 그 이상 경과하면 가해자에게 죄를 묻지 못합니다. 하지만 자신이 겪은 일을 '피해'라고 인식하기까지 오랜 시간이 필요한 성폭력 피해자도 있습니다.

성폭력 피해자들이 만든 사단법인 '스프링'(Spring)이 2020년에 피해자 5,899명에게 실시한 조사에 따르면, 성폭력을 겪은 직후에는 '피해'임을 인식하지 못했다고 응답한 사람이 전체의 51.7퍼센트였습니다. '삽입을 동반한 피해'에서는 그것을 피해라고 인식하기까지 걸린 시간이 평균 7년이었고, 6세 이하의 아이인 경우에는 절반 이상이 피해를 인식하기까지 11년 넘게 걸렸습니다.

성폭력 피해자는 때때로 '확실히 거절하지 못한 내 잘못이다'라는 자책에 사로잡힙니다. 스스로 마음을 지키기 위해, 피해를 입은 뒤에도 겉으로는 평소와 다름없는 나날을 보내려고 애쓰는 사람도 있죠. 또한 성에 대한 지식이 적은 아이가 피해를 입으면, 자신의 몸에 일어난 일을 제대로 인식하기까지 오랜 시간이 걸리기도 합니다. 겨우 피해를 직면할 수 있게 되었을 때는 이미 공소 시효가 지나서 가해자를 법적 제재에 맡기기가 어려워집니다.

③ 성관계 동의 연령

성관계 동의 연령이란 '성관계 동의 여부를 판단할 수 있다'고 간주되는 연령을 말하며, 일본의 현행 형법에는 13세 이상으로 규정되어 있습니다. 13세 미만과 성행위를 하면 동의를 했더라도 처벌받습니다. 한편 13세 이상과 성행위를 했을 때는 성인 간의 경우와 마찬가지로 가해자의 폭행이나 협박, 피해자의 항거 불능 상태 등을 증명하지 못하면 형법에서 죄를 묻지 못합니다.

예외도 있습니다. 2017년 성범죄 관련 형법 개정에서는 '감호자 성교죄'가 신설되었습니다. '아이를 감호하는 입장에 있는 성인'을 대상으로 하는 처벌 규정입니다. 성인이 자신이 감호하는 아이와 성행위를 했을 때는 아이가 13세 이상이더라도 동의 여부와 관계없이 처벌할 수 있습니다. 다만 '감호하는 입장'을 아이와 동거하며 돌보는 부모나 친족 등 대단히 좁은 범위로 한정하고 있습니다. 동거하지 않는 친족이나 교사, 스포츠 지도자 등의 성인은 '감호자'로 간주하지 않습니다.

동의의 문제로!

해외의 상황은 어떨까요. 2018년 국제인권단체 '휴먼라이츠 나우'(HRN)가 일본을 포함한 동아시아와 서구권 등의 10개국을 조사해서 보고서를 펴냈습니다. 이 보고서를 중심으로 각국의 '동의 없는 성행위' 처벌 규정과 성관계 동의 연령에 대해 살펴보겠습니다.

[표 6]

외국의 성관계 동의 연령

국가	동의 연령	참고
캐나다	16세 원칙	2008년 법 개정시 14세에서 상향
영국	16세 원칙	16세 미만에 대한 행위는 연령 차이 등의 조건하에서 동의 여부와 관계없이 범죄가 됨
프랑스	15세	15세 이상 18세 미만에 대한 성행위도 연령 차이 등 일정한 조건하에서는 동의 여부와 관계없이 범죄가 됨
미국	주로 16-18세	주에 따라 다름
독일	14세	14세 미만은 합의가 있어도 강간죄 성립

출처: ヒューマンライツ・ナウ,『性犯罪に関する各国法制度調査報告書』, 2018

우선 '동의 없는 성행위' 처벌 규정입니다. 주목해야 할 곳은 스웨덴입니다. 2018년 성범죄 관련 처벌 규정이 개정·시행되면서 '자발적으로 참여하지 않은 사람과 성관계를 하거나 성관계와 동등하다고 인정되는 성적 행위를 하는 것은 강간죄에 해당한다'라고 규정했습니다. 상호 자발적으로 동의를 나타내야만 비로소 성행위에 동의했다고 간주하는 '예스 민즈 예스'(yes means yes)의 사고방식입니다.

스웨덴과는 달리 '노 민즈 노'(no means no) 방식으로 동의 없는 성행위를 처벌하는 곳은 캐나다와 영국입니다. 캐나다에서는 피해자가 말과 행동으로 동의하지 않음을 명시했거나 피해자가 동의할 수 없는 상황, 또는 가해자가 지위나 신뢰 관계를 남용한 경우에는 폭행이나 협박 등이 없어도 '동의 없는 성행위'로 간주하고 처벌 대상으로 봅니다.

'동의했다고 믿었다' 같은 가해자의 변명을 막기 위해 스웨덴 등에서는 상대방이 동의하지 않았다는 사실에 주의를 소홀히 한 경우에도 처벌 규정을 마련해놓고 있습니다.

다음으로는 성관계 동의 연령을 살펴보겠습니다. 앞서 기술한 대로 일본에서는 '성관계 동의 여부를 판단할 수 있다'고 간주되는 연령을 13세 이상으로 정하고, 13세 미만에 대한 성행위는 동의 여부에 관계없이 처벌합니다. 하지만 이 기준은 국제적인 관점에서 볼 때 지나치게 낮다는 지적이 잇따르고 있습니다.

서구권을 비롯한 해외의 성관계 동의 연령은 일본보다 높습니다. 휴먼라이츠나우의 보고서에 따르면, 캐나다에서는

14세였던 동의 연령을 2008년에 16세로 상향했습니다. 영국도 16세입니다. 프랑스는 원칙적으로 15세이지만, 15세부터 18세 미만에 대한 성행위도 연령 차이 등 일정한 조건에서는 동의 여부에 관계없이 범죄로 간주합니다. 미국은 각 주마다 다르지만, 주로 16세에서 18세입니다.

성관계 동의 연령 상향을 두고, 미성년끼리의 연애나 대등한 관계에서 하는 성관계까지 제한해버리는 게 아니냐는 신중론도 있습니다. 캐나다 등의 예를 보자면 성관계 동의 연령에 미치지 않더라도 양쪽의 연령이 비슷한 경우는 상호 동의한 성행위로 인정하는 예외 규정을 두고 있습니다.

이러한 해외 사례에 비추어보면 13세라는 일본의 성관계 동의 연령은 두드러지게 낮습니다. 실제로 일본의 성관계 동의 연령은 100년이 넘도록 변하지 않았습니다.

2014년 유엔 자유권규약위원회는 성관계 동의 연령 상향을 일본에 권고했습니다. 2016년에는 유엔 여성차별철폐위원회(CEDAW)도 일본의 성관계 동의 연령이 13세 이상이라는 점에 우려를 표했습니다.

법률의 성립과 사회 규범의 근거는 나라마다 다르므로, 해외의 법 규정이 모두 일본에 적합하다고 보기는 어렵습니다. 그럼에도 성폭력 피해 실태에 맞추어 법을 개정한다면 국제적인 흐름과도 발맞추는 결과가 되지 않을까요?

형법 개정을 둘러싼 일본 사회의 논의

세계의 흐름에서 뒤처진 일본이지만, 형법 개정 논의는 진행되고 있습니다. 현행 형법은 1907년에 제정되었습니다. 강력한 가부장제 아래 여성은 아무런 권리도 없이 종속적인 입장에 놓여 있었죠. 형법 제정 이후로 한 세기 이상이 지나면서 여성의 사회적 지위와 사람들의 가치관, 사회 질서의 요건 등이 변했지만, 성범죄에 관한 규정은 오랫동안 변하지 않았습니다.

그러다 2017년 성범죄와 관련된 형법이 110년 만에 대폭 개정되었습니다. 이 개정으로 피해자의 고소 없이도 기소할 수 있는 '비친고죄'화, 강제성교죄의 법정형 상향, 부모 등이 18세 미만 아동에게 한 성행위를 처벌하는 '감호자 성교죄' 신설 등이 실현되었습니다. 다만, 개정 뒤에도 많은 과제가 남아 있습니다. 2017년 당시에도 '폭행·협박' 요건 철폐, '성관계 동의 연령' 상향 등의 문제가 논의되었지만, '마음속의 동의를 증명하기가 어렵다'는 등 반대 의견이 있어 반영되지 않았습니다.

개정안에는 '시행 후 3년을 목표로 실태에 근거한 시책을 검토한다'는 부칙이 포함되어 있었습니다. 이에 따라 2020년 형법을 재검토하는 위원회가 설치되었고 다시 형법 개정을 둘러싼 논의가 일어나기 시작했습니다. 왜 피해가 피해로 인정받지 못하는가. 성폭력 피해자들의 절실한 호소가 형법 개정으로 한 번 더 결실을 맺을 수 있을까요? 그 행방을 주목해 봅시다.

5 취재에 응하는 피해자의 입장에서

지금까지 성폭력 보도를 둘러싼 문제점과 사회적 배경에 대해 살펴보았습니다. 이제부터는 피해자의 관점에서 더 바람직한 보도 자세와 표현에 대해 생각해봅니다.

피해자의 목소리와 어떻게 마주할 것인가. 피해자의 편에 선다는 마음가짐을 바탕으로 성폭력 보도를 둘러싼 표현을 고민하면 됩니다. 미투 운동이나 '플라워 데모'[33]가 확산되

33
역자 주 2019년 3월경 연이은 성폭력 사건 무죄 판결에 분노한 일본의 시민들이 성범죄에 대한 강력한 처벌을 촉구하기 위해 일으킨 사회운동입니다. 4월 11일 도쿄역에서 처음 시작되어 일본 전역으로 크게 퍼져나갔습니다. 참가자들이 피해자와 연대하는 의미로 꽃을 들고 모이거나 피켓 등을 꽃으로 장식하기도 해 '플라워 데모'라고 부릅니다. https://www.flowerdemo.org 참조.

면서, 미디어 역시 최근 몇 년 사이에 성폭력에 대해 다룰 기회가 늘어났습니다. 그런데 정작 내용을 들여다보면 남성 중심 조직인 미디어가 피해를 축소하거나 지나치게 선정적으로 다루는 등 여전히 많은 과제를 안고 있습니다. 성폭력을 포함한 가정폭력(이하 'DV'[34]) 피해자 지원에 힘쓰며 취재에 협조한 경험이 많은 사단법인 '에이플러스'[35]의 대표이사 요시자키 마사오 씨의 이야기를 들어보겠습니다.

34
역자 주 Domestic Violence의 약자. 일본에서 'DV'는 여성이 친밀한 관계인 남편이나 애인에게 당하는 폭력을 뜻하고 '가정폭력'은 남편아내, 부모자식 등 가족 관계에서 일어나는 폭력을 포괄하여 칭한다는 점에서 차이가 있습니다.

35
저자 주 エープラス. 2006년에 설립된 단체로서, DV로 고통받는 여성들을 상담하고 지원하는 활동과 더불어 DV 예방 강좌, 가해자 갱생 프로그램 등에도 힘쓰고 있습니다.

피해는 '불상사'인가

요시자키 씨에 따르면 미디어에서 취재 의뢰가 많이 오지만, 실제 성사되는 취재는 10퍼센트에도 미치지 못한다고 합니다. 취재 준비 및 성폭력 관련 지식이 부족하고 '피해의 심각성과 실태를 제대로 전달하겠다'는 인식이 없는 기자나 데스크가 일부 존재하기 때문입니다.

피해자를 취재할 때 지원 활동가가 동석하기를 거부하거나 원고를 사전에 확인하겠다는 양해를 받아들이지 않는 등 피해자가 안심하고 말할 수 있게 하려는 제안을 거절하는 기자도 많다고 합니다. 기자나 프로듀서 입장에서는 '취재에 개입하지 말라', '완성되지 않은 원고는 사전에 보여줄 수 없다'라는 마음이 강할지도 모르겠습니다. 이해 못 할 부분은 아니지만, 아직도 강간 신화를 믿거나 피해와 '무고' 문제를 같이 놓고 생각하는 관계자들이 적지 않습니다. 그런 사람들이 써내는 기사나 방송은 실태를 전하기는커녕, 잘못된 표현을 써서 강간 신화를 강화하거나 재생산하는 결과를 낳습니다. 성폭력 피해를 '불상사'라고 표현하는 미디어도 있다고 합니다. '불상사'란 '바람직하지 않고 불명예스러운 일'이라는 뜻을 담고 있으며, 가해자의 관점으로 바라보는 경박한 표현입니다.[36] 이래서는 피해가 전달되지 않습니다.

36
편집자 주 '불상사'를 가해자에게 대응시킨 경우도 있습니다. 한창 한국에서 미투 운동이 이어지던 2018년, 한양대학교 학생처에서 "학생 여러

피해자에게 용기를

"너덜너덜하게 찢어진 옷을 보여주시면 좋겠는데요", "좀 더 심각한 일을 당한 사람은 없습니까?", "최근 사흘 이내에 성폭력 피해를 입은 사람을 찾습니다". 모두 다 요시자키 씨 앞에서 미디어가 직접 '요구'한 말입니다. 분노가 치밀 만한 비상식적인 요구죠. 피해의 팩트를 보도하는 것은 무척 중요합니다. 하지만 비참함을 강조하고 싶은 나머지 피해자의 존엄을 짓밟는 행동을 해서는 안 됩니다. 우리의 일상에 잠재한 성적 피해는 보고도 지나치기 쉽습니다. 배우자나 파트너 사이에서라도 상대가 원치 않는 성적 행위를 강요하는 것은 성폭력입니다. 하지만 '배우자라면 상대방의 요구에 언제라도 응해야 한다'라는 인식도 여전하고, 자신은 피해자가 아니니 '상담할 정도의 일'이 못된다고 생각해버리는 사람도 많죠. 시청자나 독자의 주의를 끄는 '선정적인' 표현은 피해자의 입을 막아버릴 가능성도 있습니다. '나는 이 정도로 피해를 입지는 않았다'라고 생각하게 만들죠. 보도 관계자는 '시선 끌기'를 추구할 게 아니라, 피해 경험을 가슴에 담고 괴로워하는 사람들에게 용기를 북돋아주는 보도를 해야 하지 않을까요.

분께서는 의도치 않게 성폭력·성희롱의 가해자가 되는 불상사가 일어나지 않도록 각별히 유의해주시기를 당부한다"라는 메일을 학생들에게 보냈다가 비판을 받은 적이 있습니다.

피해자의 편에 서기

그렇다면 왜 미디어는 성폭력 피해자의 입장을 헤아리지 않을까요? 그 배경에는 남성 중심 업계의 구조적인 문제가 있습니다. 10여 년쯤 전까지는 요시자키 씨의 단체에 취재를 오는 기자가 모두 남성이었다고 합니다. 그중에는 '남자는 다 틀렸다고 생각하지? 그런 믿음을 깨뜨려주겠어'라는 기세등등한 태도를 보이는 사람도 있었다고 합니다. 피해자 편에 서는 자세와는 거리가 멀죠.

여전히 충분하지는 않지만, 지금은 보도 현장에 여성이 늘었습니다. 여성 기자가 취재하러 오는 일이 많아지면서 성폭력이나 DV 피해자를 더 이해하고 공감하게 되었죠. 피해자의 시선에 서서 취재하는 남성 기자들도 있습니다. 다만, 피해자의 압도적으로 많은 수가 여성이다 보니 아무래도 여성 기자가 더 당사자성을 갖고 임합니다. 자신은 성폭력과 별 관계없다고 생각하며 '살고 있는 세계가 다르다', '나는 그럴 리 없다'라는 태도로 취재하다가는 '특별한 사정으로 일어난 사건'으로 다루어 버릴 가능성이 있습니다. 성폭력을 정면으로 마주하기란 쉽지 않습니다. 어떻게 하면 남성 중심주의에서 벗어나 여성과 성소수자를 포함한 다양한 시선을 엮어갈 수 있을까요?

미디어에서 일하는 남성들만 변하면 된다는 말이 아닙니다. 미디어업계 자체의 감수성과 체질에 젠더 평등이 결여되어 있었고, 이를 자각조차 못 하고 있었으니까요. 이제는 미디어의 자세에 대해 질문해야 할 때입니다.

성폭력 피해를 전달하며 느끼는 갈등

니시모토 사호미
마이니치신문노조

'당사자의 시각으로 뉴스를 전달하고 싶다.' 그런 마음으로 성폭력 피해 및 여성차별 문제를 취재했던 많은 기자들은 이내 남성 중심적인 조직 내부에 벽이 가로놓여 있음을 깨달았을 겁니다.

지금과는 다른 신문사에서 근무하던 기자 3년차 시절, 가정에서 성학대를 입은 여성들을 인터뷰했습니다. 몇 시간에 걸쳐 이야기를 들으면서 여성들의 존엄을 짓밟은 성적 가해의 부조리함에 분노와 슬픔을 느꼈습니다. 그리고 해리성정체장애, 우울증, 자해 행위 등 이들이 오랜 기간 겪어온 심각한 고통을 사회에 전해야 한다는 생각을 강하게 품었습니다.

그런데 남성 상사들은 '성폭력 기사를 웹에 올리는 건 무리'라고 발뺌하거나 '가해자한테 회사가 고소당하면 곤란하니까, 증거로 삼을 수 있게 당시 상황을 아는 관계자의 목소리를 더 취재하라'는 주문을 붙였습니다. 취재 경험이나 능력이 충분하지 않아서인지는 모르겠지만, '피해자 주변 취재는 프라이버시 침해가 될지도 모르는데다, 본인의 증언을 믿지 않는다는 메시지가 되진 않을까? 이게 바로 2차 가해 아닌가?' 하는 생각이 들어 괴로웠습니다.

어떤 표현이 적절할지 사전에 피해자와 꼼꼼하게 의견을 주고받으며 작성한 원고가 남성 데스크의 검토 단계에서 대폭 잘려나가는 일도 있었습니다. '피해를 남의 일로 생각하지 않는 여성 데스크가 현장에 더 많았다면 결과가 달라지지 않았을까' 하고 무척이나 분한 마음이 들었습니다. 성폭력 피해 취재가 아니더라도 이런 체험은 보도 관계자, 특히 여성 기자라면 한 번쯤 경험하지 않나요?

취재에 협력해준 요시자키 씨는 기자들이 느끼는 이러한 괴로움을 스스럼없이 당사자에게 이야기하라고 조언했습니다. "남성 중심 조직 안에서 이를 악물고 애쓰는 여성 기자들도 많이 있죠. '지금은 아니더라도 5년 뒤에는 상사를 쓰러뜨려주마!'(웃음) 하는 울분을 자양분으로 삼아주세요. 그런 여성들과 각자의 입장을 넘어서서 연대하고 싶습니다"라는 든든한 말을 건네주었습니다.

'선정적인 보도'를 추구하며 '너덜너덜 찢어진 옷' 같이 전형적인 내용을 재생산하는 것도 바람직하지 않지만, 반대로 '성폭력을 성실하게 마주하는 기사'를 쓰고 싶어도 조직 내의 이해를 얻지 못해서 고민하다가 성폭력 취재 자체를 피하게 되면, 이 역시 회사에는 손해입니다.

도쿄대학 대학원 교수 하야시 가오리 씨는 저서 『'여자·아이'의 저널리즘: 케어의 논리와 함께』에서 사회적 약자를 취재하는 기자와 당사자 사이의 관계성에 대해 기술합니다. 기자들은 '더 힘 있는 발언'을 하는 당사자들의 잠재력에 눈을 뜨면서, 오히려 당사자들에게 위로와 용기를 얻었다고 합니다. 성폭력 피해자가 용감하게 언어화한 피해 체험이 취재하는 사람에게도 제대로 받아들여지면, '내 말에 힘이 있구나' 하는 자신감이 생기면서 마음의 상처를 회복해나가게 됩니다. 그리고 취재한 사람 자신도 당사자의 말을 엮어내는 과정에서 용기를 얻습니다.

각자의 생각을 함께 나누고 입장을 넘어 연대하는 것이야말로 사회에 뿌리 깊은 젠더 편견을 조금씩 풀어나가는 희망임을 요시자키 씨의 말에서 새삼스럽게 실감했습니다.

성폭력 뉴스의 표현과 실제 법률 용어

- 강제외설
  강제성교죄(폭행·협박을 동반한 경우)
- 난폭·성적 폭행
  준강제성교죄(심신 상실이나 저항하지 못하는 상태를 이용한 경우), 강제성교죄, 감호자 성교 등의 죄(18세 미만에게 생계를 지원해주는 부모 등 감호자가 외설 행위를 한 경우에는 폭행이나 협박이 없어도 처벌함)
- 외설 행위
  주로 강제·준강제외설죄(몸을 만지는 등). 청소년건전육성조례 위반(결혼을 전제로 하지 않은 성교섭)으로 다루는 경우도 있음
- 음란 행위·음행
  청소년건전육성조례 위반 및 아동매춘[37]·아동포르노금지법 위반
- 아동 매춘
  아동매춘·아동포르노금지법 위반
- 치한
  민폐방지조례 위반, 강제외설죄
- 불법촬영
  민폐방지조례 위반 및 아동매춘·아동포르노금지법 위반

37
역자 주 한국에서 '매춘'(賣春)이라는 단어는 성, 특히 여성의 성을 대상화한다는 비판을 받으면서 더는 사용하지 않게 되었고, 일반적으로 '성매매'라는 용어를 사용합니다. 그러나 여기서는 일본의 법률명을 표기해야 하므로 '아동매춘'이라는 단어를 그대로 사용했습니다.

4장 실패에서 배우는 사람과 조직 만들기

1 '내부인'이 말하는 편견을 낳는 현장 바꾸기

> 여성 및 성소수자와 관련해 사용한 표현을 두고
> 인터넷에서 비판이 쏟아졌다. 비판을 받은 표현이 신문이나
> TV에서 부적절한 사례로 다루어졌다.

이런 일은 자치단체의 홍보 및 기업 광고, 미디어 보도 등 도처에서 일어납니다. 젠더에 대한 몰이해는 조직의 평판과 평가를 떨어뜨리고, 다른 사람에게 상처를 주거나 주위를 불쾌하게 만듭니다. 젠더 표현에 실패하지 않으려면 콘텐츠를 생산하는 사람과 조직 자체에 눈을 돌려야 합니다.

여러분 주위에 지속적으로 의식을 변화시켜나갈 수 있는 시스템이 있나요? 이 장에서는 미디어업계의 상황을 살펴봅니다. 각자 소속된 기업, 단체 등으로 치환해 읽어주세요. 문제를 새롭게 바라보고 자신의 일로서 고민하는 계기가 될 겁니다.

[표 7]

인터뷰 조사 대상자						
연령	성별	소속	근무지	연차	현재 지위	특기 사항
40대	여	신문사	수도권	15년	데스크/편집장(4년)	타 미디어 경험 있음
50대	여	신문사	수도권	33년	지면 심사 (8개월)	지방총국 데스크, 편집장 경력 5년
40대	남	신문사	비수도권	24년	데스크 (1년 8개월)	지국장 경험 있음
50대	여	방송국	비수도권	26년	데스크 (2년)	수도권 근무 경험 있음
30대	여	방송국	비수도권	12년	데스크/프로듀서 (6개월/11개월)	기자도 겸직
40대	여	방송국	수도권	16년	데스크 (3년 반)	뉴스 데스크 7명 중, 여성 2명
30대	여	웹 미디어	수도권	2년	데스크 (2년)	타 미디어 경험 있음
40대	여	웹 미디어	수도권	5년	편집장 (2년)	타 미디어 경험 있음
40대	남	웹 미디어	수도권	5년	편집장 (2년)	타 미디어 경험 있음

젠더 표현에 실패하는 원인을 찾으려면 개인의 자질이 아닌, 직장 등 조직에서부터 고민해야 합니다. 방해물은 무엇이며 이를 넘어설 방법은 무엇일까요? 도쿄대학교 전문가의 조언을 얻어, 일본 내의 신문·방송·웹 미디어에서 뉴스의 가치 판단에 관여하는 사람 9명을 대상으로 인터뷰 조사([표 1])를 실시했습니다.[1]

9명의 답변을 분석한 결과, 미디어업계뿐만 아니라 다양한 상황과 서로 통하는 문제점 및 개선책을 발견했습니다. 또한 다양한 성(性)을 존중하는 의식을 키워나가는 데 필요한 핵심사항도 있었습니다.

1 저자 주 여성의 업무 방식 및 생활 방식, 성소수자에 관한 기사 및 방송이 사회에 보도되기까지 편집과 제작 과정에서 어떻게 의사결정이 이루어지는지 등을 조사했습니다. 대중 매체나 미디어에서 '게이트 키핑'(gate keeping)이란 다양한 뉴스 소재 중에서 무엇을 선택해 전달할 것인지 결정하는 과정을 뜻합니다. 이렇게 뉴스 결정권자의 취사선택으로 정보의 흐름이 결정될 뿐만 아니라, 어떻게 단편적인 정보들을 엮어내는지에 따라 서로 다른 모습의 현실을 만들어내게 됩니다(Pamela J. Shoemaker and Timothy Vos, *Gatekeeping Theory*, Routledge, 2009).

이 조사의 대상은 신문사, 방송국, 웹 미디어에서 일하는 데스크 이상의 관리직 9명(여성 7명, 남성 2명)이었습니다. 코로나19 감염 예방을 위해 온라인으로 한 시간 이내의 인터뷰를 실시했고, 대상자와 매체는 프라이버시를 고려하여 비공개로 했습니다. 조사의 목적은 젠더를 의식한 뉴스가 선택되는 과정을 파악함으로써 향후 젠더 관련 보도가 전체 보도에서 차지하는 비율을 올리는 것입니다.

1 의사 결정의 장에 존재하는 여성의 비율

'크리티컬 매스'(critical mass)란 어떤 결과를 얻는 데에 필요한 최소한의 수를 가리킵니다. 보통 그 비율을 30퍼센트로 보고, 이를 넘어설 때 주장이 실현된다고 합니다. 유엔이 여성 정치인 및 기업의 여성 관리직을 30퍼센트로 늘리자고 주장하는 근거도 여기에 있습니다. 여성의 수가 전체의 30퍼센트에 도달할 때 건강한 의견 교환의 장을 만들 수 있습니다.

2 수평적인 인간관계, 투명한 소통

상사와 부하가 일대일로만 대화하다 보면 폐쇄적인 인간관계나 개인의 편견에 좌우되기 쉽습니다. 개인의 경험이나 기준에 갇혀, 그 속에서 이해를 구하지 못하면 모처럼 만든 기획도 빛을 보지 못하죠. 검토할 때는 다수로, 가능하면 다른 전문성과 배경을 지닌 사람들과 토의를 거치는 것이 중요합니다.

3 '당사자'라는 관점

젠더 문제는 성별에 관계없이 누구나 당사자입니다. 지금은 여성이나 성소수자만의 문제로 받아들이는 경향이 있지만, 젠더는 문화적인 성차이므로 남성에게도 자신의 일입니다.

4 조직 차원의 의식 개선

젠더 감수성을 향상하려면 조직 전체의 쇄신이 있어야 합니다. 전문 지식이 있는 사람의 의견을 듣고 함께 논의할 때 다양성이 반영된 보도를 할 수 있겠죠.

1 의사 결정의 장에 존재하는 여성의 비율

인터뷰의 조사 대상은 신문·방송·웹 미디어에서 뉴스의 가치 판단에 관여하는, '데스크'라 불리는 언론인 및 편집장 9명입니다. 모두 10-20년 동안 기자나 프로듀서 생활을 했고 현재는 기사 및 뉴스의 보도 여부를 결정하는 관리직에 있습니다. 여성의 경우에는 관리직이 되기 전, 직장이나 가정에서 '여성'으로 살아가는 현실에 직면했던 경험이 있습니다. 대다수가 남성인 직장에서 일하는 '여성'으로서, 오랜 기간 노동 현장에서 시간 단축 근무를 했던 '엄마'로서, 또는 파트너가 없는 가정에서 혼자 아이를 키우며 겪은 자신의 경험을 취재와 연결짓고 있었죠. 비수도권 방송국에 근무하는 한 50대 여성은 이렇게 말합니다.

"내가 여성 문제와 씨름하기 시작한 것은 20년 전 경찰서 담당 기자였던 시절이었습니다. 당시에 '저출산은 일하는 여성이 늘어났기 때문'이라고들 했고, 나는 '이런 식으로 일하면 출산 이전에 연애조차 못하는데', 이대로 가다가는 '저출산은 여성들 탓'으로 방송이 나가겠구나 하고 생각했습니다. 그래서 '일하는 방식이 중요하다'라고 목소리를 내기 시작했죠. '24시간 일할 수 있다'는 사고방식에 문제가 있다고 계속 주장했지만, 데스크에게 '바보 같은 소리'라는 말을 듣기도 했습니다. '일하기 싫은 놈은 (문제 삼을 것도 없이) 됐다'고 일축했고, 기획은 없어졌습니다."

한편, 의사결정권자에게 당사자 의식이 결여된 경우에는

문제의식의 차이 때문에 고민합니다. 젠더에 대한 편견 때문에 확인도 제대로 하지 않은 채로 기사가 나가버리기도 하죠. 수도권 방송국의 40대 여성은 이렇게 말했습니다.

"프로듀서에게서 오는 압박이 있습니다. 남성 프로듀서가 많고, 몇십 년이나 한 회사에 있었던 사람이 많으니까요. '(젠더 문제를 다룬 소재는) 뉴스가 안 된다'며 떨어뜨리는 사람도 있죠."

지방 신문사의 40대 남성은 "미디어의 일원으로서, 언론계에 젠더에 대한 무지, 편견이 있었음을 반성합니다. 지금까지 기자 생활을 하면서 늘 정신을 차리자고 다짐하며 지면으로 보여주려 했고, 앞으로도 그러려고 합니다. 내일 지면에도 그런 고민의 결과를 내놓을 겁니다"라는 의견을 전했습니다.

결정권을 행사할 수 있는 관리직에 오른 여성들은 젠더 관련 보도를 하기가 예전보다는 나아졌다고 느낍니다. 같은 관리직에 있는 남성이나 더 윗선의 편집국장 및 남성 임원들의 벽에 부딪히기도 하지만, 그런 협상이 자신의 역할이라고 자부합니다.

수도권 신문사에서 근무한 지 33년이 된 50대 여성은 이렇게 말합니다. "'이게 젠더만의 문제인가?', '여자니까 이런 피해를 입는다는 말이야?'라는 질문을 받을 때, 근거나 이론으로 무장해 있지 않으면 통하지 않습니다. 남성 데스크들이 실제로 젠더 관련 주제를 기획에서 제외한 일도 몇 번 있었고요. 사회에 만연한 격차와 편견으로는 바로 이해하지 못하기 때문에 신중하게 설명했고, 그래도 주제가 밀려났을 때는 취재팀에서 휴식을 취한 뒤에 다시 대안을 만들었습니다."

나아가 수도권 방송국의 40대 여성은 "적어도 이제는 시청률이 올라가겠다 싶은 기획은 시도할 수 있게 되었습니다. 그렇게 올라갔을 때의 데이터를 모아서 자료를 축적해놓았으니까요. 내가 데스크를 맡지 않으면 다루기 힘들겠다는 생각이 드는 주제가 있으면 기록을 모아두세요. 뭐든 근거가 있어야 해요"라고 강조했습니다.[2]

2 수평적인 인간관계, 투명한 소통

기존 편집 과정에서 기자의 초고는 우선 소속 부서의 데스크가 보도 여부를 결정한 뒤, 편집해서 완성시키는 과정을 거칩니다. 더 상부의 관리직에서 수정을 요구하는 경우도 있습니다. 모두 수직적인 시스템 속에서 의사 결정이 이루어지죠.

반면에 웹 미디어에서는 수평적인 시스템을 지향합니다. 슬랙(Slack)이나 라인(LINE) 같은 채팅 애플리케이션을 활용해 여러 사람이 원고를 검토하고 활발히 소통하도록 권장합니다. 그날의 담당 데스크가 참여하는 것은 당연하며, 작성자가 전문성이 있는 다른 선배에게 의견을 내달라고 부탁하

2
저자 주 TV 방송에서는 시청률, 신문 기사에서는 독자 수, 웹 미디어에서는 클릭 수 등으로 관심도를 측정합니다.

기도 하죠. 상하 관계없이 모든 참여자가 대등하게 의견을 냅니다.

웹 미디어의 30대 여성은 이렇게 설명합니다. "예를 들면 내가 쓴 원고를 검토해달라고 3-4명에게 멘션을 보냅니다.[3] '서술 방식을 바꾸는 게 좋겠다'라든가 '이렇게까지 밝혀도 괜찮을까', '이 부분은 말한 사람에게 한 번 더 확인하는 게 좋겠다' 등의 조언을 얻죠. '그럼에도 이런 표현은 그대로 내고 싶다'고 생각하는 부분이 있을 때는 함께 더 토론하고 의사소통을 합니다."

신문사의 50대 여성도 활발한 의견 교환을 중요하게 꼽았습니다. "데스크와 필자라는 일대일 구도를 넘어섰을 때 아이디어도 많이 나오고 다각적인 관점에서 볼 수 있죠. 굉장히 중요한 부분입니다."
웹 미디어의 남성 역시, 편집장이라 하더라도 전문성이 있는 기자에게 따로 의견을 구한다고 말했습니다. "다루는 주제가 여러 분야에 걸쳐 있다 보면 솔직히 잘 모르는 부분도 있습니다. 그러면 해당 전문 분야의 기자에게 보여줍니다. 논점이 여러 가지인 화제의 경우에는 다양한 의견을 들어야 하기 때문에 최종 결정권자인지 아닌지와 관계없이 의견을 묻습니다."

젠더나 인종에 관한 원고에는 함께 의견을 내는 시스템을 구축하여 다양성을 고려했는지 확인하는 보도 기관도 있

3
저자 주 채팅 애플리케이션으로 원고를 제출할 때 '@계정명'을 넣어 해당 계정의 사용자가 못 보고 지나치는 일이 없도록 알립니다.

습니다. 수평형 시스템을 통해 기자 및 데스크가 원고에 더 폭넓은 시선과 다양한 의견을 담으려는 노력입니다.

3 '당사자'라는 관점

젠더는 '여성만의 문제'로 간주하는 경향이 있습니다. '젠더 담당'이나 '젠더 팀'은 여성 중심으로 만들어지고,[4] '아직은 모든 사람이 고민해야 할 주제로 받아들이지 않는다'라는 목소리도 들립니다.

신문사의 50대 여성은 "몇 년 전까지 '젠더 관련 기사만 쓰려면 원하는 대로 그쪽 부서에 가야지'라는 소리를 들었습니다. 면접이나 잡담에서 그런 말을 듣기도 했죠"라고 말합니다.

지방 방송국의 제작 프로듀서인 30대 여성의 언급은 상징적입니다. "'젠더에 대해서는 누구나 당사자이고, 남성도 주어가 될 수 있습니다. 하지만 젠더라고 하면 '여성들이 힘들다는 이야기'가 되어버리죠. 아직도 우리 부서에는 젠더를 여성의 이야기로만 보는 인식이 있습니다."

또 기사의 의의를 다른 뉴스에서 요구되는 정도보다 더 깊이 설명할 필요에 쫓깁니다. 설득하는 데에 시간과 노력을 들이다 보니 '(기사 및 방송 취재의) 성공률은 좋아도 기동력을 잃었고 스트레스가 쌓였다'(40대 여성, 방송국)는 말도 있었습니다.

30대 여성(방송국)은 다른 남성 데스크에게 이해받으려고, 시사 뉴스와 화젯거리를 조금씩 지속적으로 내놓으며 설득의 근거로 삼았던 경험을 이야기합니다. "몇 개월이나 시간을 들여서 틀을 잡았죠. 월경이라는 주제 하나를 다루는 데에 이렇게나 노력이 필요하다니요." 자신의 기사나 기획을 상사에게 계속 부정당하면, 자신감을 잃고 자신의 능력을 스스로 판단하지 못하는 '가면증후군'에 빠집니다.[5]

신문사에 근무하는 50대 여성의 경험에서도 이를 짐작할 수 있습니다. "신입 시절에는 자신이 여자라서가 아니라 아직 능력이며 기량이 충분치 않으니까 별로 높은 평가를 못 받는구나, 지지해주지 않는구나 하고 생각했죠."

'자신도 당사자'라는 관점을 혼자서 갖게 되기는 어렵습니다. 그렇기에 다음과 같이 다함께 배울 필요가 있습니다.

4 조직 차원의 의식 개선

정보의 생산과 유통은 대개 팀으로 이루어집니다. 그렇기 때문에 조직 전체의 의식 개선이 중요합니다. 바쁜 사람이 많은

4

편집자 주 한국에서는 미투 운동이 일어난 2018년 이후 언론사들에 젠더 팀이 생겨났습니다. 이와 관련해서는, 「'미투' 후 도입된 젠더 부서·기사, 5년이 지난 지금은…」, 『기자협회보』, 2023년 3월 7일 참조.

5

저자 주 imposter syndrome. 높은 능력이나 지식이 있으면서도 자신감을 갖지 못하고 자신을 과소평가하는 심리. 여성에게 많이 나타난다고 합니다.

조직일수록 시스템을 갖춰 두면 개인의 부담은 줄고 참가율은 높아지겠죠. 이번 조사에서는 전문가를 초대해 강연회를 실시하거나, 회사 및 팀 차원에서 공부 모임을 열어 새로운 지식을 배우는 조직이 보였습니다.

방송국의 50대 여성은 '사내의 이해도를 높이기 위해' 문제가 되었던 젠더 기사에 대해 분석하는 세미나를 열고 있다고 합니다.

웹 미디어 역시, 반성하는 차원에서 "필요하다면 외부 전문가들을 초대해서 세미나를 열어요. 그렇게 하면 전체적인 이해도를 높일 수 있습니다"(30대 여성)라고 말합니다.

신문사의 50대 여성은 젊은 세대가 의식 향상을 견인하는 역할을 한다고 증언했습니다.

"지금은 온라인 채팅으로 정보 교환이 가능하다 보니까 쓰고 싶은 의욕이 넘치는 사람들이 있습니다. 20-30대 남성 기자들, 특히 지역에서 고군분투해온 이들이 현 상황을 바라보면서 자신들이 느낀 억압과 여성의 억압에 비슷한 점이 있다고 하더군요."

다양한 배경의 내부인이 필요하다

사회에는 다양한 성, 다양한 배경을 지닌 사람들이 살고 있습니다. 현시대 언론 보도에 종사하는 사람은 그러한 다양성을 있는 그대로 받아들이고 전달할 수 있어야 합니다.

보도 기관은 그 선두에 서 있어야 함에도 늘 늦습니다. "적절한 기자 교육을 받을 수 있다면 '나 자신의 일'로 취재하는 자세를 익힐 수 있을지도 모르겠습니다"라고 말하는 데스크(40대 남성, 신문사)도 있었습니다.

다양한 배경을 지닌 사람이 보도에 관여하면 내용도 다양해집니다. 보도하는 내용에 공감을 얻으려면, 우선 남성 중심형 모델에서 벗어나 여성 및 소수자의 관여도를 높여야 합니다.

미국 부대통령으로 소수자 여성이 선출된 일은 아프리카계 및 아시아계 소녀들과 여성들에게 미래의 가능성을 믿을 기회가 되었습니다. 이번 조사에 협력해준 여성 보도 관계자들 중에는 특종을 터뜨리거나 변혁으로 가는 흐름을 만들어낸 사람들도 있습니다. 이들의 존재는 다른 여성들과 다음 세대에게 본보기가 될 겁니다. 일부 '튀는 여성'의 사례로 그쳐서는 안 되겠지요. 본보기를 이어받고 넓혀나갈 수 있는 조직이 되는 것이 무엇보다 중요합니다.

2 변화의 움직임과 연대

2021년 2월 도쿄올림픽·패럴림픽 대회조직위원회의 모리 요시로 위원장(당시)이 내뱉은 '여성이 많은 이사회의는 시간이 걸린다'라는 발언을 둘러싸고 일어난 일들은 젠더 표현에 관한 일본의 현재를 상징한다고 하겠습니다. 세계를 무대로 하는 올림픽인데도, 앞서 2장에서 말했듯이 젠더 국내 기준에만 매달려 국제 기준은 안중에도 없음을 노골적으로 드러냈습니다. 해당 발언 후 이사회의 여성 비율은 40퍼센트대로 높아졌습니다. 모리 씨의 사임 직전 비율은 20퍼센트대였죠. 계기는 좋지 않았습니다만, 바꾸려고 하면 얼마든지 바꿀 수 있는 부분이었습니다.

그 외에도 정치계에서는 자민당 간부회의를 여성 의원에게 '보여드린다'(니카이 도시히로 전 간사장), '여성은 얼마든지 거짓말을 한다'(같은 당 스기타 미오 의원) 등 여성혐오에

기반을 둔 말이 꼬리에 꼬리를 물고 터져 나왔습니다.[6]

그런데 이러한 뉴스를 비판적으로 보도하는 미디어업계는 어떨까요? 2장의 말을 다시 떠올리자면, 여전히 '너나 잘해'라는 소리나 듣고 있습니다. 이제부터 신문업계를 예로 들어 살펴보겠습니다.

6

저자 주 '공적 발언에서 젠더 차별을 허용하지 않는 모임'의 캠페인으로서, 정치가의 성차별 발언 중에서 '최악'을 뽑는 인터넷 투표. 2017년부터 대학 교수 등이 시작했으며, 모리 씨와 스기타 씨의 발언 외에 순위에 오른 주요 발언은 다음과 같습니다(웹사이트에서 일부 발췌).

- 조직위 회장에 취임했던 하시모토 세이코 씨에게 "성희롱으로 들렸다면 안 됐네요. 지금 같은 세상에서 누가 성희롱이라고 생각하면서 말하겠습니까?" ―중의원 다케시타 와타루 씨
- "그럴 리는 없겠지만, 일본인이 전부 L(레즈비언), G(게이)가 되면 다음 세대는 한 사람도 태어나지 않습니다." ―도쿄도 아다치구 의원 시라이시 마사테루 씨

어디를 가도 소수

일본 정부는 2003년 남녀공동참획기본계획[7]에서 '2020년까지 사회의 다양한 분야에서 지도적 위치에 있는 여성의 비율을 적어도 30퍼센트로 만들겠다'는 목표를 세웠지만 성과는 미미했습니다. 이 목표는 최장 10년 더 연장되었습니다.

신문노련[8]의 조사(2019년 4월 1일 기준)에서는, 38개 신문사의 회사법상 임원 총 319명 중 여성은 단 10명으로 드러났습니다. 약 3퍼센트라는 지극히 낮은 수준에 머무르고 있습니다([표 8]). TV 방송국도 마찬가지입니다([표 9]). 일본의 상장기업 여성 임원 수도 6.2퍼센트(내각부 조사)로 낮지만, 그럼에도 신문업계와 비교하면 2배입니다.

7
역자 주 일본에서는 '성평등'보다 '남녀공동참획'이라는 표현을 많이 사용하는데, '참획'(参画)은 단순한 참여를 넘어서서 정책의 기획과 결정에 적극적으로 관여한다는 의미입니다.

8
저자 주 일본신문노동조합연합. 전국의 신문 관련 산업의 노조가 가입하는, 일본에서 유일한 산업별 노동조합입니다. 전국지·블록지·지방지·전문지·뉴스통신사 및 인쇄·판매 관련 회사 노조 등 86개 조합이 가입해 있고, 약 1만 8,000명이 등록되어 있습니다(2021년 12월 1일 현재).
역자 주 '블록지'란 일본에서 북부, 중부, 서부, 남부 등 광역(블록)별로 발행되는 대형 지방지를 말합니다.

[표 8]

신문사 내의 여성 비율	전체	여성	응답 회사 수	여성 비율
직원 수	22,593명	4,501명	38개	19.92%
임원 수 (회사법상 임원)	319명	10명	38개	3.13%
임원 수 (집행 임원을 포함한 넓은 의미의 임원)	397명	16명	37개	4.03%
관리직 수 (관리 업무 종사자)	4,565명	352명	38개	7.71%
관리직 수 (데스크나 현장 취재를 지휘하는 기자 등 사내에서 지도·교육의 역할을 맡은 직원을 포함한 넓은 의미의 관리직)	6,326명	538명	35개	8.5%
기자 수	9,635명	2,160명	37개	22.42%

- 일본신문협회가 매년 공표하는 「직원 수·노무 구성 조사」 결과에 기반을 두었고, 각사의 응답은 가입 단위 조직을 통해 문의해서 정리함(2019년 4월 1일 현재). 요미우리·닛케이는 후생노동성의 「여성 활약 추진 기업 데이터베이스」를 참고함. 도쿄·주니치의 직원 수는 파견 근무자를 포함한 추정치임(2019년 3월 1일 현재).

[표 9]

TV 방송사 내의 여성 비율 (NHK 포함)		
	사원	임원
도쿄 소재	22.6%	4.8%
오사카 소재	20.2%	1.5%

- 도쿄·오사카 소재 민영방송국의 보도, 제작, 정보 제작 부문 국장 중에는 여성이 없음.
- 민방 노련 조사(2018년 10월 - 2020년 1월 중 임의 시점의 데이터)
- 각사의 상황 등 상세한 조사 결과는 아래 자료 참조. http://shimbunroren.or.jp/wp-content/uploads/2020/04/20200306MIC-1.pdf

신문 및 뉴스통신업계의 단체인 '일본신문협회'는 매년 신문 대회를 개최합니다. 일본 내 각 회사의 간부들이 모이는 이 행사를 둘러보면 모조리 남성뿐입니다. 일본 국회의 풍경과 비슷합니다. 게다가 최근 10년 동안의 신문대회 결의 사항 중에 젠더 평등 관점에서 나온 내용은 없었습니다. 정부와 자치단체, 지역사회에서 내보내는 메시지와 비교해도 훨씬 뒤처져 있습니다.

여성 기자도 소수입니다. 일본신문협회는 매년 신문사와 뉴스통신사에서 일하는 기자 중 여성의 비율을 공표합니다. 2021년 조사에서는 23.5퍼센트였습니다. 2001년 10.6퍼센트, 2011년 15.9퍼센트와 비교해 착실히 증가하고 있지만, 여전히 적습니다.

일본 미디어의 여성 종사자 비율은 세계적으로 최저 수

준입니다. 국제여성미디어재단(International Women's Media Foundation)과 유네스코가 2011년 공동으로 실시한 조사를 보면, 세계 59개국의 신문, TV, 라디오 등 미디어에서 일하는 여성의 평균 비율은 거의 3분의 1입니다. 반면에 일본은 7분의 1이었습니다. 스웨덴은 거의 절반이었고, 일본 정부가 '개발도상국'으로 간주하는 인도는 5분의 1, 에티오피아는 3분의 1이었습니다. 일본 정부는 정부개발원조(ODA)로 인도와 에티오피아의 여성 활동을 지원하고 있는데, 미디어에서 일하는 여성 비율에서만큼은 일본보다 앞서 있는 것입니다.

일본의 어느 지방지에는 행정 및 사건·사고 취재의 발판인 현청과 현경 담당 기자 중에 여성이 1명도 없습니다. 현경은 7년 동안 모두 남성 기자만 담당했죠. 지사에게서 "현청에 여성 직원이 적다고 기사로 지적했으면서, 그쪽 담당 기자 중에는 여성이 1명도 없네요"라는 말을 듣고 아무런 대꾸도 못했다고 합니다.

또한 과거에 딱 1명 있었던 여성 부장이 퇴직한 뒤, 다시는 여성이 부장 직위에 오르지 못한 일도 여러 지방지에서 있었습니다. 공공기관이 이러하면 엄격한 비판을 들이대면서, 미디어에는 이중 잣대가 있어도 괜찮은 걸까요? 젠더 표현이 여전히 타성에 젖어 국제 기준에 부합하지 못하는 근원적인 이유가 보이는 듯합니다.

젠더 뉴스 가치의 절하

미디어의 의사결정층에 여성이 적으면, '무의식적 확신'으로 젠더 편견에 치우친 보도를 해서 독자나 시청자들의 신뢰를 잃지 않을까? 그런 우려를 바탕으로 신문노련에서는 신문사 및 뉴스통신사에 근무하는 조합원들에게 '편집 업무 중에 젠더 의식이 부족한 표현을 발견하고 위화감을 느낀 적이 있는지' 묻는 설문조사를 실시했습니다. 이에 '있다'고 응답한 여성이 80퍼센트 이상, 남성도 50퍼센트 이상이었습니다.[9]

뉴스의 가치 판단에도 그 영향이 나타납니다. '젠더 평등 관련 보도에 대한 이해도 설문조사'[10]에서는 '젠더 평등에 관한 기사를 내려고 시도했다가 주위의 저항에 부딪히거나 내용에서 낮은 평가를 받았다', '젠더 평등 관련 기사를 두고 비웃음을 사거나 바보 취급당했다' 등의 응답이 있었습니다. 내부의 이해가 여전히 부족함을 보여줍니다.

9
저자 주 3월 8일 국제 여성의 날에 맞추어, 2021년 2월 신문노련이 웹 설문조사를 실시.

10
저자 주 2021년 4-5월 신문노련 조합원을 대상으로 실시한 설문조사. '소속 매체에서 보도한 젠더 평등 관련 뉴스에 대해 어떻게 생각하십니까?' 등을 질문했습니다.

괴롭힘

조직의 남성 중심적인 성격은 기사의 표현에 영향을 끼치는 데에만 머무르지 않고, 업무 수행에까지 지장을 줍니다.

신문사 편집국에서 책임 있는 위치에 있는 사람이 이렇게 지적했습니다. "지위가 높아지면 높아질수록 주변의 태도가 공손해지니, 자신이 존경받고 있다고 착각합니다." 떠오르는 얼굴들이 있습니까? '나는 폭언을 내뱉지도 않고 여성을 최대한 배려하는데'라는 푸념은 철지난 상식에 불과합니다. '주변의 압력을 극복했기 때문에 내가 이 자리까지 올라온 것'이라는 말은 제 자랑이나 하는 꼴이죠. 다양한 가치관을 중요하게 여기는 사회에서 그렇게 둔감한 태도는 필요 없습니다.

소수파인 여성 기자들이 겪는 성희롱은 심각한 수준입니다. 가해자는 취재원을 비롯해 직장 상사, 동료 등 다양하고, 피해 내용도 광범위합니다. 여성이라는 이유로 접대를 시키거나, 야비하고 외설스러운 언행을 서슴지 않고 심지어 키스나 성행위를 강요하기도 합니다. 2018년 4월에는 당시 재무성 사무차관이 TV 방송국의 여성 기자에게 "가슴 만져봐도 돼?"라고 말했던 사건이 밝혀졌습니다. 전년도인 2017년에는 저널리스트 이토 시오리 씨가 『블랙박스』라는 책을 출판해 전 TBS 기자에게 입은 성폭력을 고발했죠.

이후 '나도 같은 피해를 입었다'는 기자들의 목소리가 연이어 터져나왔습니다. 그러나 드러난 것은 빙산의 일각입니다. 많은 기자가 익명으로 목소리를 냈다는 점만 보더라도, 여성이 피해를 증언하기란 쉽지 않습니다. '회사의 치부를 외부에 드러내지 마', '그냥 흘려보내' 같은 상사의 압력 때문에 목소리를 내지 못한 기자도 있습니다. 깊은 내상을 입고 일을 그만둔 사람, 혹은 경력에 크게 지장을 받은 사람도 있죠.

다른 장에서 썼듯이, 일본사회는 여성에 대한 성폭력에 대단히 관대하고, 여성을 종속적인 존재로 보는 경향이 뿌리 깊게 남아 있습니다. 2021년도 세계경제포럼 '남녀평등지수'에서 일본은 156개국 중 120위였죠.[11] 기자가 평소에 취재하는 관공서나 기업 등 조직의 고위층은 대부분 남성입니다. 게다가 다른 매체보다 빠르고 자세한 정보를 얻어야 하는 취재활동에서는 정보를 손에 쥔 취재 상대가 '위', 취재 기자가 '아래'에 서는 구도에 빠지는 일도 적지 않습니다.

예전에는 '취재원과 잠자리를 해서라도 정보를 얻어 오라'고 여성 기자에게 말하는 상사, 남성 취재원과의 술자리에 여성 기자를 '접대부' 삼아 불러내는 남성 기자도 있었습니다. 여성 기자 1명을 남성만 있는 취재처에 보내는 것을 '구노이치 작전'[12]이라고 부르기도 했죠. 여성 기자는 무조건 '성'을 무기로 삼는 존재, 취재 중에 반복되는 성적인 언행을 감수해야만 하는 존재로 여기는 이들이 여전히 있습니다. 여러분의 회사, 조직, 단체는 어떻습니까?

11 편집자 주 같은 해에 한국은 156개국 중 102위였습니다. 2024년에는 조사 대상 146개국 중 94위(남녀평등 지수 69.6퍼센트)입니다.

12 역자 주 くノ一作戦. 이 단어에서 '구노이치'(くノ一)는 '女'자의 획을 풀어서 읽은 것으로, 여성을 계집 등으로 낮추어 일컫는 속어입니다.

씨실로 연대하다

이렇듯 현재로서는 젠더와 관련하여 편견과 차별이 담긴 표현들이 미디어를 통해 퍼져나가고, 업계 내부의 검증도 시스템도 따라가지 못하는 상황입니다. 그러나 한편으로는 미디어업계에 몸담은 사람들이 스스로 개선의 노력을 하고 있습니다.

커다란 전환점이 된 사건은, 앞서 언급한 재무성 사무차관이 여성 기자에게 저지른 성희롱이었습니다. 여성 기자 대부분은 이 사건을 자신의 일로 받아들였습니다. 그중에서도 노동 환경 개선을 요구하며 경영자 측과 대립하던 각 미디어의 노동조합이 움직이기 시작했죠.

사실, 노동조합 내에도 여성 임원은 지극히 적습니다. 그런 성비 불균형과 폐해를 '자신의 일'로 크게 받아들이지 않았죠. 미투 운동에 호응해 신문사 등 미디어 기업과 노동조합에서 일어난 성희롱 피해를 고발하고 문제를 제기하려는 움직임도 있었지만, 큰 흐름을 만들어내지는 못했습니다.

사무차관 성희롱 사건을 계기로 신문노련 내에 '여성 기자들이 고립되지 않도록 함께하겠다'라는 목소리가 높아졌습니다.[13] 소속 회사도, 부서도 각기 다른 여성들이 노동조합 간의 연계성을 살려 그간의 성희롱 피해 등을 함께 밝히는 집회를 열었을 때는 미디어의 취재 열기가 뜨거웠습니다. 이전까지는 취재를 하던 이들이 취재의 대상으로 입장이 바뀌며, 방치되어 있었던 현실에 급격히 눈을 뜬 것입니다.[14]

또 거의 같은 시기인 2018년 5월 1일 신문, 통신, 방송,

출판 등 미디어업계의 여성들(프리랜서 포함)이 '미디어에서 일하는 여성 네트워크'(WiMN)를 결성했습니다.

미디어업계 여성들의 목소리가 하나로 모인 첫 번째 사건이자 일본의 미투 운동이 시작되던 순간이었습니다. 네트워크에는 4가지 목적이 있었습니다. ① 피해를 입은 여성을 고립시키지 않는다, ② 자신들이 입은 피해를 고발한다, ③ 미디어업계에 만연한 성폭력 및 성희롱 실태를 알리고 문제를 제기한다, ④ 여성들의 연대로 보도업계의 젠더 불평등을 내부에서부터 바꾸어나가고 사회에 파급시킨다.

관료나 정치인, 경찰 등 공권력이 행하는 괴롭힘과 성폭력은 힘으로 지배하여 정보를 통제하려는 행위인 동시에 언론의 자유를 침해하는 행위입니다. '여자니까'라는 이유로 여성 기자의 활동이 저지당한다면, 이는 민주주의의 위기이죠. 한 사람의 저널리스트로서 활동하며 자신의 능력을 최대한 발휘할 때, 시민의 알 권리와 언론의 자유 또한 보장됩니다.

13
저자 주 2018년 4월 18일 신문노련은 피해를 입은 여성 기자가 고립되지 않도록 성명서 「'성희롱은 인권침해' 재무성은 각성하라」('セクハラは人権侵害' 財務省は認識せよ)를 발표했습니다.

14
저자 주 2018년 7-8월 미디어 노동단체 '일본 매스컴 문화 정보 노조 회의' 등이 실시한 '성희롱 온라인 설문조사'에서는 '성희롱을 당한 경험이 있다'고 응답한 여성이 70퍼센트를 넘었습니다. 외근 기자들의 경우, 가해자로 가장 많이 지목한 사람은 사내 선배였고 그다음은 취재처(경찰, 검찰, 지방·국가 공무원, 정치가)였습니다.

그런 점에서도 WiMN의 움직임은 커다란 의미가 있습니다.

2020년 2월에는 미디어업계가 젠더 불평등으로 성폭력 및 성희롱의 온상이 되었음을 고발하는 『매스컴 성희롱 백서』(マスコミ・セクハラ白書)라는 책이 출판되었습니다. 내용 중에서 놀라운 부분은, 여성들이 성희롱 역시 업무의 일부이며 제 몫을 하는 기자가 되려면 어쩔 수 없이 받아들여야 할 과정으로 여기고 있었다는 점입니다. 또한 자신들이 피해를 고발하지 않았기 때문에 후배들에게 경고가 전달되지 못했고, 피해가 더욱 확산되어 성희롱과 성폭력에 지나치게 관대한 환경을 만들어버렸다는 통렬한 반성이 담겨 있었습니다.

안타깝게도 소속 회사 및 가해자의 보복 행위가 두려워 여전히 실명으로 활동하기를 주저하는 참여자도 있습니다. 실명으로 활동하는 사람은 거의 한 줌에 지나지 않습니다. 그럼에도 WiMN의 결성은 과거에 피해를 입었던 여성 기자들에게 용기를 주었습니다. 10년도 더 지난 성폭력 피해를 떠올리며 투쟁을 지속하고 있는 사례도 있습니다. 나가사키시 간부에게 성폭력을 당한 뒤, 시 당국을 고소한 여성 기자도 그중 한 사람입니다.

이렇게 여성들은 '미디어업계의 젠더 불평등'이라는 씨실로 연대하고 있습니다.

의사결정의 장이 변하면 표현도 바뀐다

많은 젠더 과제가 미디어 내에서 방치되어온 이유는 당사자인 여성들이 의사결정의 장에 없었기 때문이 아닐까요? 그러한 문제의식에서, 신문노련은 현장에서부터 변화하기 위해 2019년 의사결정의 장에 쿼터제를 도입했습니다.[15]

여성 비율이 30퍼센트를 넘으면 젠더 평등 관점에서 다양한 과제를 '가시화'해나갈 수 있습니다. 2020년 11월에는 남성 조합원을 대상으로 '남성으로서 느끼는 삶의 괴로움'에 대한 설문조사를 실시해, '남자다움'을 강요당하는 고충을 부각시켰습니다. 응답자 중 3분의 1이 '괴로움을 느낀다'라고 응답해,[16] 젠더 격차 및 일·가정 양립의 여러 과제는 여성만의 문제가 아니며, 성별과 관계없이 한 사람 한 사람이 존중받는가 하는 인권의 문제임을 인식하게 되었습니다.

2021년 2월 신문노련과 민방노련(일본민간방송노동조합연합회), 출판노련(일본출판노동조합연합회), WiMN이 함께

15
저자 주 쿼터제는 성별 격차 등 사회적·구조적 차별로 불이익을 당한 사람에게 일정 범위 내에서 참여 기회를 제공하도록 의무화함으로써 실질적인 기회 균등을 꾀하는 잠정적 조치입니다. 신문노련의 경우, 2019년 의사결정기관인 '중앙집행위원회'의 30퍼센트 이상을 여성에게 할당하는 '특별중앙집행위원회' 제도를 도입했습니다.

16
저자 주 전국 남성 조합원 중 622명이 응답했습니다. 연령대로는 233명인 40대 응답자가 가장 많았고, 30대는 166명, 50대 135명, 20대 75명 순이었습니다.

여성 임원 비율의 목표를 30퍼센트 이상으로 설정하자고 미디어업계의 각 단체에 호소했습니다.[17] 정부의 30퍼센트 목표는 '과장급 이상'의 여성 비율이지만, 언론의 자유를 지키고 민주주의 실현에 기여하는 미디어업계는 다른 분야보다 더욱 젠더 평등에 솔선수범할 책무가 있기 때문입니다.

먼저 우리가 딛고 선 곳에서 시작하겠습니다. 그 지침으로서 '신문노련의 젠더 평등 선언'을 작성했습니다.

[표 10]

신문노련 젠더 평등 선언 [전문]	
신문노련은 모든 노동자의 인권을 존중하고, 사회적·문화적으로 만들어진 성차(젠더)에 관계없이 누구나 평등하게 개성과 능력을 발휘할 수 있는 조직과 다양성이 살아 있는 사회를 만들기 위해 행동합니다.	
1	누구나 당사자 의식을 지니고, 다양한 입장과 상황에서 젠더 평등을 실현하기 위해 끊임없이 배우고 생각하고 행동합니다.
2	남성은 일, 여성은 가정이라는 성별 분업 의식을 타파합니다. 인간으로서 존엄을 지키고 마땅히 누려야 할 생활을 영위하도록, 몸과 마음 모두 건강하게 일할 수 있는 직장 환경을 만듭니다.
3	직장의 인력 배치 및 의사 결정의 장에 목표 수치를 정하여 젠더 균형을 실현합니다.
4	취재 보도·광고 영업·특판 행사 등 신문 및 뉴스통신사의 다양한 정보 생산 및 유통 과정에서 젠더 평등을 실현하기 위해 노력합니다.
5	선언 내용의 성취도와 실시 상황을 정기적으로 검증하고 개선합니다.

이 책의 주제인 '실패 없는 젠더 표현'에 대해서도 지금까지는 여러 조직들이 서로 연계하여 재검토해볼 기회가 없었습니다. 하지만 업무 방식과 직장에 만연한 젠더 불평등을 해소하려면, 표현과 보도 자체에 뿌리내린 젠더 불평등 요소를 개선해야 함을 알게 되었습니다. 언어와 영상에서 드러나는 표현은 대화나 논의를 할 때 보이지 않는 편견을 낳기도, 좋은 영향을 미치기도 합니다. 이는 각 개인의 가치관에도 영향을 끼치죠. 젠더 표현을 차근차근 변화시켜가다 보면 다른 부분에서도 변화가 일어납니다. 표현에는 보이지 않았던 것을 가시화하는 힘이 있기 때문입니다. 글쓰기, 이메일, 혼잣말부터 바뀝니다. 확성기를 들지 않아도 매일 주고받는 말에서 바뀌어갈 수 있습니다.

가족, 학교, 지역, 직장 등 나와 가까운 집단의 젠더 표현을 재검토하는 차원에서, 자기 나름의 말로 엮은 젠더 평등 선언을 내걸어보면 어떨까요? 세미나나 다양한 기획을 통해 젠더 평등으로 가는 더 나은 표현을 모색해보아도 좋겠습니다.

하루하루의 일상 속에 받아들여, 실패하더라도 방치하지 말고 함께 이야기하는 과정을 반복합시다. '쉽게 바뀌지 않는다'는 말로 끝내서는 안 됩니다. 한 사람 한 사람의 행동을 질문해야 할 때입니다.

17
저자 주 민방노련, 출판노련, WiMN, 신문노련이 공동으로 일본신문협회 등 미디어업계의 단체에 요청문을 발송했습니다. 기자 회견에서는 '여성이 남성에게 부탁하는 상황은 이제 사라질 때가 되었다', '사회에 영향을 미치는 미디어부터 일단 달라져야 한다'라는 주장을 펼쳤습니다.

부록 젠더 평등을 둘러싼 일본 사회의 움직임

1945년	여성 참정권 획득
48년	민법 개정으로 가제도(家制度, 호주제[1]) 폐지
59년	NHK '엄마와 함께'[2] 방송 시작, '아빠와 함께' 방송은 2013년 시작
60년	첫 여성 대신(장관)으로 나카야마 마사 후생대신 취임
66년	'결혼퇴직제'는 성별에 따른 차별이라는 위헌 판결 (도쿄 지방재판소)
70년	일본에서 처음으로 '우먼 리브(women lib)' 거리 행진 개최 여성지『앙앙』창간

1

역자 주 호주제(戶主制)는 한 집안의 가장을 중심으로 가족 구성원을 등록하는 제도를 말하지만, 단순한 등록제도만이 아니라 남성(주로 장남)이 가족을 통솔하며 재산 관리 및 집안 대소사의 결정에 우월한 권한을 갖는 가부장제의 기반이었습니다. 일본의 경우, 평등을 표방하는 전후 헌법의 이념에 위배된다는 이유로 1947년에 호주제를 폐지했습니다. 인구등록제도로서 '호적'이라는 개념은 여전히 존재하지만, 그 기록 범위를 부부와 미혼 자녀로만 한정하고 있습니다. 한국의 경우는 여성단체들이 중심이 되어 오랜 싸움을 벌인 끝에 2008년에 호주제가 폐지되었고 이와 함께 '호적'이라는 개념도 사라져, 현재는 개인별로 신분을 등록하고 목적에 따라 가족관계 등을 증명하는 방식으로 바뀌었습니다.

2

역자 주 NHK 교육TV의 어린이 프로그램. 2세부터 4세까지의 연령층을 대상으로 정서, 언어, 신체 등의 발달을 돕는 내용으로 구성되며, 1959년에 시작되어 현재까지 방영되고 있는 장수 프로그램입니다.

75년	세계 여성의 해. 여성 지위 향상을 목표로 유엔이 각국에 행동을 촉구하며 3월 8일을 세계 여성의 날로 지정 '하우스식품'의 TV 광고 '나(私)는 만드는 사람, 나(僕)는 먹는 사람'[3] 이 성별 역할을 고정시킨다는 거센 비판을 받고 방송 중지됨
81년	유엔 여성차별철폐협약 발효
85년	남녀고용기회균등법 제정, 노동자파견법 제정 일본, 여성차별철폐협약 비준
89년	직장 성희롱을 둘러싼 일본 최초의 재판 제소 (후쿠오카 지방재판소) '세쿠하라(성희롱)'[4]가 신조어·유행어 대상을 수상함 참의원 선거에서 '마돈나 선풍'이 일어남[5]
90년	전년도 합계 출생률이 최저를 기록하는 '1.57 쇼크'
91년	육아휴업법 제정
92년	일본 첫 성희롱 재판에서 원고 승소 맞벌이 세대 수가 전업주부 세대 수를 처음으로 추월함

3
역자 주 일본어에서 '私'(와타시)와 '僕'(보쿠)는 둘 다 자신을 가리키는 말이지만, '私'가 성별과 관계없이 누구나 사용하는 반면, '僕'는 주로 남성이 사용합니다.

4
역자 주 セクシュアルハラスメント(sexual harassment)의 줄임말.

5
역자 주 1989년 참의원 선거에서 3당 연합체가 민자당을 누르는 대승을 거두었는데, 이 승리의 중심에 있었던 인물이 일본사회당 최초의 여성 위원장 도이 다카코 의원이었습니다. 명료하고 단호한 말투로 리더십을 발휘했던 이 여성 정치인이 당시 선거에 끼친 영향력을 두고 '마돈나 선풍'이라고 불렀습니다.

94년	고교의 가정 과목이 성별 구분 없이 공통 수업이 됨 무카이 치아키 씨, 일본인 여성으로서 첫 우주 비행
95년	유엔 세계여성대회에서 국제적인 성평등 지침이 되는 '행동 강령' 및 '베이징 선언' 채택
96년	법무대신 자문기관 '법제심의회'가 선택적 부부별성제 도입을 제안함
97년	남녀고용기회균등법 개정(모집·채용·배치·승진에서 차별 금지)
99년	'남자는 일, 여자는 가정'이라는 의식에 사로잡히지 않도록, 남녀공동참획사회기본법 제정 남녀고용기회균등법 개정(사업주에게 성희롱 예방을 의무화함)
2000년	첫 여성 지사로 오타 후사에 씨 선출(오사카부) 스토커규제법 시행
01년	네덜란드, 동성혼 세계 최초 합법화 DV방지법 시행
02년	국가 차원에서 육아휴직률 목표치(남성 10퍼센트, 여성 80퍼센트) 설정
03년	소자화(少子化, 저출생)사회대책기본법 시행 '젠더 프리'(gender free)에 대한 백래시가 각지에서 일어나기 시작함
04년	성동일성장애특례법 시행 '30대 이상·비혼·자녀가 없는 여성은 마케이누'[6]라고 표현한 사카이 준코의 책 『네, 아직 혼자입니다』가 베스트셀러에 오름

6

역자 주 원래 '마케이누'(負け犬)는 싸움에서 져 꼬리를 내린 개라는 뜻이지만, 사카이 준코는 직장 생활을 하는 30대 비혼 여성들에게 '당신들은 인생의 실패자가 아니라 승리자'라고 격려하기 위해 이 말을 사용했습니다.

06년	남녀고용기회균등법 개정(남성도 포함한 성차별 금지)
07년	야나기사와 하쿠오 후생노동대신이 '여자는 애 낳는 기계'라고 발언
10년	'이쿠맨'이 늘어남
14년	도쿄 남성 도의원이 여성 도의원에게 '빨리 결혼하는 게 좋을 텐데'라고 조롱함 '마타하라'(임산부 괴롭힘)[7]가 신조어·유행어가 됨
15년	여성활약추진법 제정. 대기업을 중심으로 하는 여성 관리직 비율 향상 등 구체적인 행동계획 수립을 의무화 유엔, SDGs(지속가능발전목표) 채택. 17가지 사회 과제의 국제 목표에 젠더 평등이 포함됨 도쿄도 시부야구, 동성 커플 파트너십제도 도입 최고재판소, 처음으로 부부 동성(同姓)을 '합헌'으로 판결
16년	여성 혼자 육아 부담을 떠맡는 '독박육아'라는 단어가 확산되기 시작함 가사 노동을 일로 제안하며 계약 결혼을 하는 드라마 「도망치는 건 부끄럽지만 도움이 된다」가 큰 인기를 얻음
17년	일본의 남녀평등지수(세계경제포럼의 남녀 격차 순위), 144개국 중 114위로 사상 최저 순위 기록 성폭력과 성희롱을 고발하는 미국발 미투 운동이 세계 각지로 확산됨 개정 형법 시행. 1907년 제정 이래 처음으로 성범죄 관련 규정이 대폭 개정됨. 강간죄를 강제성교죄로 개정하고 '가해자는 남성, 피해자는 여성'으로 하는 성별 제한도 철폐함 성적 지향 및 성 정체성과 관련한 혐오를 뜻하는 '소지하라'[8]라는 단어가 확산됨

7
역자 주 マタニティーハラスメント(maternity harassment)의 줄임말.

18년	재무성 사무차관이 여성 기자에게 저지른 성희롱 발각, 이와 관련하여 아소 다로 재무대신은 '성희롱이라는 죄는 없다'라고 선거에서 후보의 성별을 균등하게 맞추도록 하는 '후보자남녀 균등법' 제정 도쿄의대가 입시에서 여성 수험생들의 점수를 일률 감점한 사실이 발각됨 스기타 미오 중의원이 동성 커플에 대해 "아이를 낳지 못한다, 즉 '생산성'이 없다"라고 주장함
19년	딸에 대한 준강제성교죄로 기소된 아버지, 무죄 판결(나고야 지방재판소 오카자키지부). 성폭력 무죄 판결이 이어지며, 이에 항의하는 '플라워 데모'가 시작됨 성적 피해를 공론화한 저널리스트 이토 시오리 씨, 민사재판에서 승소. 전 TBS 기자에게 배상 명령. 전 기자 측은 항소 대만, 아시아 최초로 동성혼 합법화
20년	딸에 대한 준강제성교죄로 기소된 아버지, 원심 뒤집혀 유죄 판결(나고야 고등재판소) 파와하라방지법[9]의 지침에서 성적 지향 및 성 정체성을 본인의 동의 없이 타인에게 밝히는 '아웃팅'을 괴롭힘으로 규정함
21년	삿포로 지방재판소, 동성혼(同性婚)을 인정하지 않는 민법 등의 규정을 위헌으로 판결함 일본 최고재판소, 부부 동성(同姓) '합헌' 재결정 일본의 남녀평등지수, 156개국 중 120위 육아·개호(돌봄)휴업법 개정으로 '남성출산휴가' 도입 결정 '젠더 평등'이 신조어·유행어가 됨

8
역자 주 SOGIハラ. Sexual Orientation과 Gender Identity의 머리글자인 'SOGI'에 '괴롭힘'(ハラスメント)를 결합한 단어.

9
역자 주 '파와하라'란 パワーハラスメント(Power harassment)의 줄임말로 직장 내에서 일어나는 권력형 괴롭힘, 즉 '갑질'을 뜻합니다.

나가며

이 책을 다 읽은 뒤, 지금까지는 생활 속에서 당연하게 받아들였던 신문이나 잡지, TV 뉴스, 포스터 속의 말과 디자인을 떠올리며 '어?' 하고 위화감을 느끼지는 않았나요? 그렇게 마음이 술렁이는 위화감을 느꼈다면 이 책에 참여한 우리는 무척 기쁠 겁니다.

이 책은 신문 및 뉴스통신사에서 일하는 기자들이 기획했습니다. 사실은 지금껏 우리가 몸담아 온 직장에서도 젠더 불평등은 별다른 자각 없이 여기저기 만연해 있었습니다.

"젠더 문제에 관한 기사는 중요하지 않다며, 상사에게 이제 더 쓰지 말라는 말을 들었다."

"여성 기자들이 생활인의 관점에서 열심히 기사를 생산하며 발전시켜온 부서가 축소되었다."

젠더 평등의 중요성을 이해받지 못하는 상황에 힘겨워하다 더는 참지 않기로 한 여성들의 고민이 신문·뉴스통신사에서 일하는 동료들의 노동조합인 신문노련에 닿았습니다. 이것이 지금 일본 미디어의 현실입니다.

현실에 대해 '이상하지 않느냐'고 호소했다가 사내에서 고립되거나 빈정대는 소리를 듣고, 변치 않는 현실을 비관하던 끝에 어쩔 수 없이 휴직이나 퇴직을 결정했던 사람들의 사례는 끊이지 않았습니다. 직장을 떠나던 동료의 표정과 눈물, 말을 떠올리면 너무나 가슴이 아프고, 부조리에 분노가 끓어

오릅니다.

2021년 세계경제포럼이 발표한 일본의 남녀평등지수는 156개국 중 120위로, 선진국 중에서는 최저 수준입니다. 미디어업계의 젠더 감수성은 이 같은 일본 사회의 상황을 그대로 투영하고 있죠. 사회 정의와 글로벌 스탠더드가 필요하다고 기사를 쓰지만, 외형과 내실의 간극은 크게 벌어져 있고 미디어계 내의 백래시도 존재합니다.

이러한 상황을 우려하며, 뭐라도 해보려고 움직이기 시작한 이들이 신문노련의 여성들이었습니다.

2020년 9월, 쿼터제 '특별중앙집행위원제도'를 통해 신문노련의 임원을 맡고 있는 여성 기자들이 모여, 얼굴을 마주하고 각 직장의 현재 상황을 이야기했습니다.

"웹 미디어에서 성적인 연상을 하게 만드는 제목을 고치자고 몇 번이나 주장했지만, 담당자가 상대도 해주지 않았습니다."

이러한 호소에 동료들은 크게 고개를 끄덕였습니다. 그리고 "회사 내에 아무런 울림이 없다면, 우리가 업계 전체에 제시할 수 있는 지침을 만들어 회사 밖에서 목소리를 높입시다"라는 의견이 나왔죠. 이 책이 첫걸음을 떼던 순간이었습니다.

우선, 미디어 관계자들에게 젠더 평등 관점에서 문제가 있는 표현을 살펴봐달라고 요청하는 일부터 시작했습니다. 물론 정보의 전달이 미디어기업만의 전유물은 아닙니다. 지금은 개인이 기사나 사진을 자유롭게 배포하며 사회에 구석구석 영향을 끼치는 시대입니다. 또한 행정, 교육 등의 공공기관이나 기업에서 내보내는 포스터며 TV 광고에 이르기까지 수많은 콘텐츠가 세상을 돌아다니죠. 젠더 평등에 대한 올바른 관점을 담았는지, 아니면 개선해야 할 과제만 담았는지는 미디어에서 일하는 우리만이 아니라 사회 전체의 문제입니다.

일본 정부는 젠더 평등을 추진하겠다며 제5차 남녀공동참획기본계획을 발표했습니다. 지도적 위치, 즉 의사결정에 관여하는 회사 임원 및 관리직 여성의 비율을 30퍼센트 이상으로 만들자는 목표를 포함하고 있었습니다. 하지만 많은 기업에서 달성하지 못했습니다.

미디어의 현재 상황도 똑같습니다. 젊은이들이 미디어에 대한 신뢰를 잃고 멀리하게 된 주요 원인이 바로 그렇게 뒤처진 미디어의 모습입니다. 이 책을 읽고서 기사 및 사진에 들어가는 표현을 겉으로만 아무리 바꾼다고 해도, 본질적인 부분에서 개선된 모습이 보이지 않으면 미디어에 미래는 없습니다. 이는 비단 미디어에 한정된 이야기만은 아닐 겁니다. 그렇지 않은가요?

'젠더 평등'의 관점은 성차만이 아니라, 취약한 입장에 있는 사람, 즉 성별, 인종, 국적, 경제적 측면의 소수자성 때문에 힘을 발휘하지 못하는 사람들에 대한 다정한 시선과도 연결됩니다. 사회에서 살아가는 한 사람 한 사람을 소중하게 여기는 관점이니까요.

이 책은 당사자를 멀리 하며 경험도, 아픔도 이해하지 않으려드는 '자각 없음의 죄'를 일깨웁니다. 보통 사람들보다 젠더 감수성에 예민하다고 생각했던 우리 저자들조차도 사례를 접하면서 '여기에도, 저기에도 문제가 있구나' 하며, 스스로 무신경한 표현 속에 흠뻑 젖어 있었다는 사실을 깨닫고 놀라움을 금치 못했습니다. 자신이 모르고 있었음을 아는 것이 무엇보다 중요합니다.

우리 안에 있는 생각을 세상에 널리 알리겠다는 『실패 없는 젠더 표현 가이드북』의 의도를 깊이 이해해준 쇼가쿠칸 출판사에 경의를 표하며 감사를 전합니다. 특히 출판에 대해서는 완전히 문외한이었던 우리를 이끌어주신 출판노련 위원장(쇼가쿠칸 노조 출신) 사카이 가오리 씨와, 책의 취지에 적극 동의하며 많은 부분을 자세히 가르쳐주시고 다양한 아이디어를 가득 담아주셨던 라이프스타일국 라이프스타일 브랜드 스튜디오 편집장 후쿠다 요코 씨에게 많은 도움을 받았습니다.

이 책 4장에 실린 조사를 진행할 때에는 기획 단계에서 도쿄대학 대학원 교수 하야시 가오리 씨에게 조언을 받았습니다. 신문노련의 젠더 관련 행사에 항상 참석해주시고 도움을 주셨습니다. 모바일 프린스 씨, 시마오카 마나 씨(오사카대학 교수), 마키노 마사코 씨, 오다 게이코 씨, 다케이 유키코 씨, 하마다 게이코 씨, 가토 하루코 씨, 미야지 나오코 씨, 다니구치 유미 씨, 요시자키 마사오 씨 등 많은 분들에게도 각각의 연구 성과와 식견을 얻었습니다. 들려주신 말씀을 여기에 모두 소개하지는 못했지만, 다시 한번 감사드립니다.

이 책의 집필은 신문노련의 활동으로서 가맹 단위 노동조합의 승인을 받아 진행되었습니다. 기획 단계에서 바쁜 틈을 쪼개어 자료를 모으고 내용을 다듬어 원고로 집대성한 신문노련의 조합원들에게 감사를 표합니다. 신문 편집국뿐만 아니라 디지털 부문 및 계열 TV 방송국에 몸을 둔 참여자도 있었습니다. 홋카이도에서 오키나와, 20대부터 50대 등 지역, 나이, 성별 측면에서도 다양하게 구성되어 있었죠. 젠더 과제를 다룬 책을 함께 편집한 경험은 신문노련만이 아니라, 미디어계 전체에게도 역사의 한 페이지가 될 것입니다.

전체 조정 역할을 맡아 집중적으로 참여해준 나카쓰카 구미코 씨(아사히신문 노조)를 마지막으로 특별히 언급하고 싶습니다. 그의 헌신적인 노력이 없었다면 이 책은 완성되지 못했을 겁니다.

편집·집필에 관여한 동료를 아래에 소개합니다(○은 팀리더, 밑줄은 현역 및 과거의 특별중앙집행위원, 경칭 생략).

1장 ○구리바야시 후미코(아사히신문 노조), 오가와 마키(미나미니혼신문 노조), 사토 유리(가나가와신문 노조)

2장 ○슌노 다카토시(에히메신문 노조), 오가와 미사(교도통신 노조), 게다시로 나나세(류큐신보 노조), 쓰키오카 가쿠(에히메신문 노조), 마쓰시마 요시코(가나가와신문 노조)

3장 ○이누이 에리코(전도쿠시마신문 노조), 이와다테 다쓰야(신문노련 서기장, 지지통신 노조 출신), 고탄다 가즈미(미나미니혼신문 노조), 시오타 아야(마이니치신문 노조), 니시모토 사호미(마이

니치신문 노조), 모리타 지히로(고치신문 노조)

4장 ○마쓰모토 지에(신문통신 합동유니온), 오사와 사치코(홋카이도신문 노조), 고바야시 가나(주고쿠신문 노조), 하나후사 아사코(아사히신문 노조), 미나토야 아키코(지지통신 노조)

자료 가타야마 유키(홋카이도신문 노조), 오이카와 시호(신문노련 서기), 가토 겐(신문노련 서기 차장), 단노 아야코(가호쿠신보 노조), 하라다 아케미(간사이신문 합동유니온)

이 책이 보다 많은 분들의 손에 닿아 젠더 평등 실현을 향한 표현 방법이 깊어지기를, 나아가 미디어의 건강한 발전에 기여해 이 사회가 더욱 좋아지기를 기원합니다.

2022년 1월
일본신문노련 중앙집행위원장
(마이니치신문 노조 출신)
요시나가 마미

옮긴이 후기

출판이나 영상 같은 창작물 번역에 종사하는 사람에게 가장 큰 즐거움이라면, 아마도 매 작업마다 새로운 소재 및 주제를 담은 책, 혹은 영상물과 만날 수 있다는 점이 아닐까 합니다. 하지만 새로운 책을 마주할 때마다 매번 조금씩 다른 고민과 도전 과제 역시 받아안게 됩니다. 과제란 대개, 번역해야 할 도서의 분야에서 사용되는 특정 용어나 고유한 표현을 어떻게 한국어로 적확히 나타낼 것이냐, 그리고 그 나라와 한국 간의 사회·문화적인 차이까지도 잘 담아낼 것이냐 하는 문제입니다.

한국어와 일본어는 많은 한자어(특히 개념어)를 공유하는 까닭에, 일본어의 한자만 그대로 한국식 독음으로 바꾸면 깔끔하지는 않지만 대강 의미가 통하는 경우도 꽤 있습니다. 일본어 번역의 어려움 중 하나는 오히려 여기서 발생합니다. 무척 비슷하지만, 사회·문화적 차이가 분명히 존재하다 보니 완전히 똑같지는 않다는 점이죠. 그 안에 존재하는 미세하지만 중요한 차이를 고려하지 않고서 타성에 젖어 작업하다가는 도리어 오해를 낳거나 '잘못된'(이 책의 제목을 빌리자면 '실패한') 번역이 되기도 합니다.

『실패 없는 젠더 표현 가이드북』에서는 당연히 '젠더'와 관련하여 의미는 똑같거나 거의 유사하지만 용어는 서로 다르게 사용하는 경우에 대해 고민이 많았습니다. 예를 들어 한국에서 '트랜스젠더'를 의학적으로 지칭하는 단어는 '성별 불일치'이지만, 일본에서는 '성동일성장애'입니다. 특별한 맥락 없이 언급되는 경우라면 '성별 불일치'라는 단어로 바꾸어도 관계가 없지만, 문제는 법률 용어로서 등장하는 경우입니다. 전 세계적으로도 트랜스젠더를 '장애'로 보아서는 안 된다는 흐름이 분명히 감지되는데 '성동일성장애'라는 단어를 그대로 사용해도 되나 하는 개인적인 저항감이 있었습니다. 그러나 이것은 개인 의지의 문제가 아니라 일본 사회의 공식적인 법률 용어이므로, 존중하는 의미에서 그대로 쓰고 주석을 붙였습니다.

사실, 트랜스젠더를 지칭하는 단어로는 '성별 불일치'와 더불어 '젠더 디스포리아'(gender dysphoria)라는 단어도 있습니다. '성별 위화감' 또는 '성별 불쾌감'이라고 번역되기도 하지만, 성소수자 커뮤니티에서는 한국어로 바뀌는 과정에서 필연적으로 따라오는 뉘앙스 차이나 불필요한 오해를 되도록 피하기 위해 원어 그대로 '젠더 디스포리아'라고 지칭하는 경우가 많다고 합니다. 이때 당사자의 편에 서서 그 의도를 존중하기 위해 '젠더 디스포리아'라는 단어를 쓸지, 그럼에도 보다 폭넓게 이해될 만한 한국어를 선택하여 '성별 불일치'라는 단어를 쓸지, 번역자는 한 번 더 선택해야 합니다.

이 책에는 'ally'라는 단어도 등장합니다. 성소수자의 인권 개선을 적극적으로 지지하고 연대하고자 하는 사람들을 일컫는 이 단어는, 아직 널리 정착된 한국어 표현이 없습니다. 그렇다면 성소수자 커뮤니티 등에서 사용하듯이 그대로 '앨라이'라고 써야 할까요, 그렇지 않으면 '동맹', '협력자',

'지지자', '옹호자' 등의 번역어 중에서 하나를 골라 써야 할까요? 커뮤니티의 의도를 존중하고 싶은 마음도 크지만, 그럼에도 한국어 표현을 우선해야 하는 입장이므로 이 책에서는 '옹호자'라는 단어를 쓰기로 했습니다. 인권 분야에서 많이 쓰이는 '인권 옹호'라는 단어가 떠오르기도 했고, '지지자'나 '협력자'처럼 지나치게 평이한 단어는 피하고 싶었습니다. 앞으로 'ally'라는 말이 어떤 변화 과정을 거치며 한국 사회에 정착되어 나갈지 무척 궁금하고 기대됩니다.

누군가가 시대에 뒤떨어진 발언을 했을 때, 사람들은 '그건 이미 낡아버린 말이다'라고 비판합니다. '철지난 말', '시대착오적인 말' 모두 비슷한 표현입니다. 많은 이들이 앞다투어 그렇게 비판한다면, 그런 말을 더는 쓰지 말아야겠죠. 말에 담긴 가치가 낡았기 때문일 테니까요. 그런데 예전에는 괜찮았지만 이제는 '시대가 변해서' 달라진 게 아니라, 사실은 원래부터 잘못된 것인데 사람들이 이제야 깨닫고 바로잡은 말들도 있습니다. 젠더와 관련해서는 여성혐오, 성소수자 비하, 여성/남성에 대한 편견을 강화하는 표현이 그러합니다. 장애가 있는 사람들을 가리키는 수많은 차별어도 그렇죠. 아마도 인권과 관련된 많은 표현들이 여기에 해당되지 않을까 싶습니다.

저 역시 이 책의 원고를 출판사에 넘긴 뒤, 수정된 원고를 주고받는 과정에서 이 부분에 대해 다시금 생각해볼 기회가 있었습니다. 제가 쓴 "이 시대에 어울리는 질문"이라는 문장에 편집장님이 남겨 놓은 '이것이 시대적 요청일까?'라는 메모를 보았을 때였죠. 이전에도 '시대착오적 말/생각이다'라는 말을 종종 쓰곤 했는데, 사실은 아무데나 갖다 붙여서는 안 될 말이라는 점을 깨달았습니다. 그 외에도 스스로 인식하지 못하는 사이에 얼마나 많은 '잘못된' 말들을 써왔을까 생각하면 부끄러워집니다. 어쩌면 이 책에 실린 또 다른 부분에도 적절치 않은 표현이 있을지 모르겠습니다. 비판을 받는다면 그 또한 겸허하게, 감사히 받아들이면서 저의 젠더 감수성을 한 발짝 더 진전시키고 번역가로서의 태도를 가다듬는 기회로 삼으려 합니다.

지난해인 2023년 3월, 반갑게도 한국의 전국언론노동조합 성평등위원회에서 「젠더 보도 가이드라인」을 만들어 발표했습니다. 일본 신문노련의 이 가이드북이 누구나 참고할 수 있도록 언론 기사를 중심에 두고 공공성이 있는 여러 정보들도 예로 들며 폭넓은 분석을 시도했다면, 한국 언론노조의 가이드라인에는 기자들이 취재 및 기사를 작성할 때 바로 활용할 수 있도록 체크리스트 및 주의사항 등이 잘 정리되어 있습니다. 가이드의 형식도 대상도 조금 다르지만, 일상적으로 고정관념을 확산시키는 어휘와 표현, 젠더 폭력을 보도하는 방식, 성적 대상화가 드러나는 이미지 활용, 스포츠 보도 등에 드러나는 성차별 등 문제의식을 느끼는 영역과 구체적인 사례들에서 비슷한 부분이 무척 많았습니다.[1]

이렇게 한국과 일본의 언론인들이 비슷한 시기에 젠더라

1 역자 주 더 자세한 내용은 전국언론노동조합 홈페이지(http://media.nodong.org)의 '성평등위원회 활동자료' 참조.

는 주제에 집중해서 각자 발간물을 발표했다는 사실을 접하고 의미심장한 기분이 들었습니다. 비슷하면서도 다른 사회·문화적 배경 속에 있는 동아시아의 나라들이 어떠한 젠더 문제를 겪고 있는지, 그 속에서 공유할 수 있는 경험은 무엇인지, 어떤 차이 속에서 각자 고군분투하고 있는지 나눌 수 있다면, 함께 앞으로 나아갈 수도 있지 않을까요?

이 책을 번역하는 사이, 일본에서 두 가지 소식이 들려왔습니다. 2022년 11월부터 도쿄도 전체에 성소수자파트너십 제도가 시행된다는 소식과, 2023년 2월에 확정되어 공표된 일본 형법 개정안 내용 중 강간죄의 구성 요건에 '동의하지 않은'이라는 문구가 들어가 폭행이나 협박 없이도 강간죄를 인정하게 되었다는 소식입니다. '비동의강간죄' 도입, 성소수자의 제도적 권리 보장 등은 한국의 인권 단체들도 여전히 힘겨운 싸움을 이어가고 있는 중요하고도 첨예한 문제들입니다. 한 발을 먼저 내딛은 일본 사회에 축하를 보내며, 이러한 성과를 얻어낼 수 있었던 배경과 접근 방식 등이 무척 궁금해집니다.

한국과 일본의 시민사회에서 일어나는 변화를 바라보며, 한국이 폭발적으로 뜨거워졌다가 때로는 식었다가 하는 과정을 반복하며 나아간다면, 일본은 서서히 끓으며 오랜 시간에 걸쳐 온기를 더해간다는 느낌을 받곤 합니다. 각자가 서 있는 토양 위에서 각자의 관점과 활동 방식을 서로 존중하고 이해하고 배우고 또 응원하며 다양한 연대 활동이 일어나길 바랍니다. 그리고 이 책을 번역한 일이 그 연대 과정에 작은 도움이나마 되기를 기원합니다.

참고문헌

朝日新聞社社内資料『ジェンダーガイドブック 2017』

太田啓子『これからの男の子たちへ 「男らしさ」から自由になるためのレッスン』大月書店、2020年

レイチェル・ギーザ著、冨田直子訳『ボーイズ 男の子はなぜ「男らしく」育つのか』DU BOOKS、2019年

ダフナ・ジョエル、ルバ・ヴィハンスキ著、鍛原多惠子 訳『ジェンダーと脳 性別を超える脳の多様性』紀伊國屋書店、2021年

チママンダ・ンゴズィ・アディーチェ著、くぼたのぞみ訳『男も女もみんなフェミニストでなきゃ』河出書房新社、2017年

WiMN (メディアで働く女性ネットワーク) 編著『マスコミ・セクハラ白書』文藝春秋、2020年

南彰『政治部不信 権力とメディアの関係を問い直す』朝日新聞出版、2020年

特定非営利活動法人 ジャパン・ウィメンズ・イノベイティブ・ネットワーク (J-Win)『J-winレポート36号』、2019年11月

性的指向および性自認等により困難を抱えている当事者等に対する法整備のための全国連合会(通称: LGBT法連合会) 編集・発行『LGBT報道ガイドライン』、2019年

内閣府男女共同参画局『男女間における暴力に関する調査報告書』

法務省『犯罪被害実態(暗数)調査』

宮地尚子『トラウマ』岩波書店、2013年

宮地尚子編『トラウマとジェンダー 臨床からの声』金剛出版、2004年

宮地尚子『トラウマにふれる 心的外傷の身体論的転回』金剛出版、2020年

日本弁護士連合会 両性の平等に関する委員会編『性暴力被害の実態と刑事裁判』信山社、2015年

Kessler RC, Sonnega A, Bromet E et al.: Post-traumatic

stress disorder in the national comorbidity survey, Arch. Gen. Psychiat., 52:1048-60, 1995
齋藤梓・大竹裕子編著『性暴力被害の実際 被害はどのように起き、どう回復するのか』金剛出版、2020年
特定非営利活動法人 性暴力救援センター・大阪SACHICO編 性暴力被害者の総合的・包括的支援シリーズ1『性暴力被害者の法的支援◆性的自己決定権・性的人格権の確立に向けて◆』信山社、2017年
特定非営利活動法人 性暴力救援センター・大阪SACHICO編 性暴力被害者の総合的・包括的支援シリーズ2『性暴力被害者の医療的支援◆リプロダクティブ・ヘルツ&ライツの回復に向けて◆』信山社、2018年
特定非営利活動法人 性暴力救援センター・大阪SACHICO編 性暴力被害者の総合的・包括的支援シリーズ3『性暴力被害者への支援員の役割◆リプロダクティブ・ライツをまもる◆』信山社、2018年
林香里『〈オンナ・コドモ〉のジャーナリズム　ケアの倫理とともに』岩波書店、2011年

일본신문노련 젠더 표현 가이드북
편집팀 지음

'신문노련'은 일본신문노동조합연합의 줄임말로, 일본 내 신문 관련 산업의 노조가 가입하는 일본 유일의 산업별 노동조합이다. 신문사·통신사 노조뿐만 아니라 인쇄·판매 관련 회사 노조 등 86개 조합이 가입해 있고, 2021년 12월 기준으로 약 1만 8,000명이 등록되어 있다. 이 책은 신문노련의 특별중앙집행위원으로 활동했던 여성 기자들을 주축으로 지역, 나이, 성별 등 다양한 배경의 구성원들이 모여 공동으로 집필했다. 일본 언론인들이 체계적으로 자료를 구축해서 펴낸 첫 번째 젠더 관련 발간물이다.

조지혜 옮김

대학에서 건축학을 전공한 뒤, 여성, 청소년, 인권 분야의 단체 및 기관에서 오랫동안 일했다. 도서출판 또하나의문화 편집장으로 일하면서 책의 세계를 좀 더 본격적으로 경험했고, 현재는 일본어 전문 번역가로 활동하고 있다. 옮긴 책으로 인문서 『가족과 국가는 공모한다』와 『만 년 동안 살았던 아이』, 소설 『의대생 다이어리』가 있다.

실패 없는 젠더 표현 가이드북
혼잣말도 바꾼다

일본신문노련 젠더 표현 가이드북 편집팀 지음
조지혜 옮김

초판 1쇄 인쇄 2024년 12월 20일
초판 1쇄 발행 2025년 1월 2일

발행처 도서출판 마티
출판등록 2005년 4월 13일
등록번호 제2005-22호

발행인 정희경
편집 서성진, 조은
디자인 체조스튜디오

ISBN 979-11-90853-60-6 (03300)

주소 서울시 마포구 잔다리로 101, 2층 (04003)
전화 02. 333. 3110
메일 matibook@naver.com
홈페이지 matibooks.com
인스타그램 instagram.com/matibooks
트위터 twitter.com/matibook
페이스북 facebook.com/matibooks